정보미디어 정책평가와 과제

정보미디어 정책평가와 과제

김 동 욱

도서출판 대영문화사

이 저서는 2014년 정부(교육부)의 재원으로 한국연구재단의
지원을 받아 수행된 연구임(NRF-2014S1A3A2044645).

머리말

급속한 스마트 기기 등의 확산에 따른 스마트 미디어의 영향력이 우리의 생활 방식과 생활환경을 급속도로 변화시키면서 이제는 '스마트 라이프스타일'이 미래의 생활 양식으로 부각되고 있다. 또한 스마트 미디어의 급속한 확산에 따른 ICT(Information Communication Technology) 생태계의 지각 변동으로 인해 정치 · 경제 · 사회 · 문화 등 우리 사회 전반에서 상상해 왔던 것들이 현실화되고 있으며, 미처 상상하지 못했던 현상과 변화들이 나타나고 있다.

특히, 인터넷을 중심으로 다양한 혁신적 서비스들이 융합되고 콘텐츠(C) – 플랫폼(P) – 네크워크(N) – 기기(D)가 유기적으로 연결되는 스마트 ICT 생태계는 매우 복합적이고 다층적인 성격을 가지고 있다. 따라서 이 책에서는 우리에게 다가온 미래인 복잡하고 다층적인 스마트 ICT가 창조하는 대한민국의 변화를 사회 전반의 관점에서 관찰하고 있다. 이를 위해 이 책은 총 6장으로 구성되어 있다.

제1장에서는 ICT와 미래 사회를 설명하고 있다. 즉, ICT가 정치 · 경제 · 사회 부문에 어떤 영향을 미쳤는지를 소개하고 있다. 그러나 이런 스마트 사회가 우리에게 수많은 기회뿐만 아니라 위험 확산이라는 새로운 도전과 과제를 제시해 주고 있다. 따라서 빅 데이터 ·

사물 인터넷 · 클라우드 컴퓨팅 등의 기술 분야, 정보 보호 · 프라이버시 · 감시사회 · 정보 격차 등의 위험 분야, 그리고 인터넷 거버넌스 · 국제 협력 · 사이버 안보 · 국제적 데이터 유통 · 중국의 부상 등 국제 이슈 분야에서의 정책 대응을 제시하고 있다.

제2장에서는 최근 중국의 ICT 주요 정책과 텐센트, 알리바바, 바이두, 샤오미 등 중국의 주요 인터넷 기업의 발전 과정에 대한 소개와 이런 중국 인터넷 기업들의 앞으로의 전망을 예측하고 있다. 그뿐만 아니라 중국 ICT의 발전에 따른 한국의 대응 과제를 제시하고 있다.

제3장에서는 청년 일자리 해법으로서 대학과 ICT를 대안으로 제시하고 있다. 이를 위해 미국, 이스라엘, 영국, 중국 등 주요 선진국의 고용 창출 정책의 공통점을 도출한 후에 창조경제 역량으로 대학의 역할과 대학 혁신 방안에 대한 로드맵과 기대 효과를 제시하고 있다.

제4장에서는 종합편성채널을 중심으로 미디어 환경 변화와 비즈니스 방식의 변화를 소개하고 있다. 즉, 새로운 미디어의 등장과 함께 미디어 환경 변화에 따른 종합편성채널 도입과 성과, 그리고 종합편성채널에 대한 비판적 평가와 스마트 미디어 환경에서 종합편성채널의 발전 방안을 제시하고 있다.

제5장에서는 공공데이터 활용의 이상과 현실에 대해 살펴보고 있다. 이는 공공데이터 개방과 활용 정책을 소개하고, 공공데이터 활용에서의 이용 · 품질 · 관련 법적 문제 등의 장애 요인을 제시하고 있다. 또한 앞으로의 공공데이터 개방과 활용의 발전 방향을 제시하고 있다.

제6장에서는 정보통신 생태계 관점에서 정보정책 방향과 조직을 제시하고 있다. 이를 위해 한국 ICT산업의 위상과 이명박 정부와 박근혜 정부의 ICT산업 정책의 추진 내용 및 성과와 비판, 그리고 한국 ICT산업 정책의 발전 방향을 제시하고 있다.

스마트 ICT가 창조하는 미래의 세상은 더욱 진일보할 것으로 예측된다. 따라서 이런 스마트 미디어 등이 제공하는 사회적 가치를 극대화하기 위해서는 대한민국의 스마트 생태계(smart ecosystem)를 재정립할 필요성이 더욱 커지고 있다. 그뿐만 아니라 스마트 미디어 빅뱅의 시대에 미래를 대비하는 스마트 코리아(Smart Korea) 전략도 매우 절실하다. 왜냐하면 우리가 어떻게 준비하고 대처하느냐에 따라서 스마트 사회는 우리에게 무한한 기회와 발전의 사회가 될 수도 있지만 오히려 위험사회가 될 수도 있기 때문이다. 이런 점에서 저자의 이 책이 스마트 사회의 도래에 따른 스마트 코리아의 비전을 어떻게 담아야 할 것인지를 성찰하는 밑거름이 되기를 소망하는 바이다.

이 책을 기꺼이 출판해 준 대영문화사의 임춘환 대표와 그리고 자료 수집과 교정에 도움을 준 서울대 행정대학원의 전대성 박사, 이민상 박사과정생, 허태정 석사과정생과 신승윤 석사과정생에게 감사의 말씀을 전하고 싶다.

2015년 8월

서울대학교 행정대학원 원장 김동욱

차 례

제 1 장

ICT와 미래 사회

제 1 절 서론: 스마트 사회의 도래와 패러다임의 변화

2015년 여름 우리 사회에서 흔하게 듣고 보는 것이 바로 '스마트(smart)'라는 단어이다. 2009년 말부터 스마트폰이 본격적으로 보급・확산되기 시작한 이후 2010년 9월에 스마트폰 이용자 수는 500만 명을 넘어섰다. 2014년 국내의 스마트폰 사용자는 4,000만 명을 돌파했으며 세계 스마트폰 사용자는 26억 명가량으로 추정하고 있다(한국정보화진흥원, 2014). 스마트폰의 폭발적인 보급과 이용으로 다양한 분야에서 '스마트'가 화두가 되고 있다. 그리고 이제는 스마트폰으로 하루를 시작해서 스마트폰으로 하루를 마친다는 말이 낯설지 않을 정도로 스마트 기기는 우리 사회를 크게 변화시켰다.

예를 들면, 업무와 관련해 받은 이메일을 이동하면서 확인하고 그

자리에서 간단하게 답신을 보낼 수 있다. 태블릿 PC를 통해 업무를 시간과 장소에 구애받지 않고 즉시 처리할 수가 있다. 이제는 약속 장소나 여행 등에 대한 두려움이 없어졌다. 왜냐하면 스마트폰 검색을 통해 내가 가야 할 곳의 장소를 입력하고 난 후에 틈틈이 스마트폰을 확인하면서 스마트폰이 가르쳐 주는 곳으로 가기만 하면 되기 때문이다(김동욱 외, 2012).

그동안의 사회 변화는 주로 기술 변화와 밀접한 관계를 가지고 발전해 왔다. 철도, 증기선, 전신 등의 등장으로 인한 산업혁명으로 촉발된 산업사회는 노동집약적인 대량 생산을 통해 급속한 성장 중심의 사회를 형성했다. 디지털과 컴퓨터의 출현, 그리고 인터넷의 전 지구적 확산 등 ICT의 보급은 이런 산업사회의 생산 양식을 지식집약 방식으로 전화해 새로운 지식정보사회 패러다임을 형성했다.

최근에는 ICT와 다른 분야 간 융합이 활발히 진행되고 있다. ICT와 기존 산업의 결합 방식은 이전에는 내장, 결합 수준에 그쳤다면 이제는 융합으로 나아가고 있다. 내장, 결합 수준의 방식은 자동차 등 기존의 제품을 이용하면서 추가로 내장된 ICT 기능을 활용하는 수준이었다. 최근의 ICT와 기존 산업의 융합 추세는 융합을 통해 공산품에서 인프라까지 생산 방식과 이용 방식까지 바뀌게 되었다. 예를 들어 자동차·가전제품 등에 ICT가 융합하면서 제품의 생산 및 사용에서 소비자 맞춤형이 가능해졌다. 도로·전력·교량·댐 등 인프라에 ICT가 결합하면서 위험 저감, 사고 대응, 편리하고 합리적인 이용이 가능해졌다. 최근에는 ICT와 바이오와 나노 기술 등 첨단 분야와의 융합도 이뤄지고 있으며 이는 신성장 산업으로 주목받고 있다.

이처럼 한국 사회는 모바일 개인 미디어 기술 기반의 스마트 혁명(smart big bang)을 통해 빠른 속도로 스마트 사회(smart society)에 진입하고 있다. 스마트 혁명은 급속한 속도와 광범위한 파급력을 바탕으로 정치 · 행정 · 경제 · 문화 등 모든 사회 영역에서 패러다임 변화를 가져오고 있다. 스마트 사회는 시공(時空)의 제약을 넘어 언제(anytime), 어디서나(anywhere) 네트워크를 통해 연결되며 개방성과 동시성을 갖추고 있다는 것이 특징이다(현대경제연구원, 2011).

최근 몇 년간 빅데이터(big data), 사물 인터넷(internet of thing), 클라우드 컴퓨팅(cloud computing)으로 대표되는 스마트 기술의 등장은 언제 어디서나 네트워크로 연결되는 초(超)연결성을 심화시키고 있다.

이처럼 스마트 빅뱅(smart big bang)이 본격화되면서 한국 사회의 정치 · 경제 · 사회 등의 분야에서 급격하고 거대한 변화가 초래될 것으로 전망된다(김동욱 외, 2012).

첫째, 정치 분야에서는 자발적이고 네트워크화된 형태의 정치 참여와 소셜 네트워크(SNS)를 통한 직접민주주의 확대와 개인 중심의 일상의 정치가 급부상할 것으로 보인다. 실제로 이미 많은 정치인이 SNS을 통해 실시간으로 유권자들과 소통하는 경향이 증가하고 있다. 그뿐만 아니라 유권자들은 과거와 달리 스마트 미디어를 통해 자신들의 생각과 의견을 적극적으로 정치권에 피력하고 있다.

둘째, 경제 분야에서는 스마트 워크(smart work)가 확산되고 있다. 또한 인터넷과 스마트 미디어를 가지고 사무실이란 공간 없이 새로운 가상공간에서 가상조직을 만들어 살아가는 유목형 직장인들이 등장하고 있다.

이전에 기업을 중심으로 이뤄지던 제품 생산이 분산화, 개인화되고 있다. 3D 프린팅 기술 등을 통해 개인은 소비자인 동시에 생산자의 역할을 하는 프로슈머(prosumer)로서 역할을 할 수 있게 되었다. 크라우드 펀딩을 통해서는 제품 생산에 필요한 자본을 확보할 수 있다. 소비 방식도 달라지고 있다. 이전에는 대량 생산된 제품에 소비자가 적응하는 방식이었다면 최근에는 스마트 기기를 통한 정보 공유와 획득을 통해 자신에게 적합하고 개성 있는 제품을 구매하는 방식으로 변화하고 있다.

셋째, 사회 분야에서도 변화가 발생하고 있다. 지금까지는 집, 학교, 직장의 실제적 공간을 중심으로 물리적인 만남를 통한 사회적 관계가 유지되어 왔다. 스마트 시대에는 가상 공간의 규모와 가상 공간에서의 만남의 규모가 현실 세계의 규모를 추월하게 되었다. 또한 그동안 가상공간 활동의 문제점으로 제기되어 왔던 효율성과 정확성 등도 크게 개선되고 있는 추세이다. 대표적인 예로 소셜 러닝(social learning), 모바일 헬스케어(mobile healthcare) 등이 있다. 이전까지 물리적인 만남을 통해 전달되었던 교육과 의료 서비스가 가상공간과 그 안에서 관계를 이용해 서비스를 제공하는 방식으로 변화하고 있는 것이다.

ICT와 미래 사회에 대한 이 장의 구성은 다음과 같다. 제2절에서는 스마트 사회의 도래와 패러다임의 변화를 정치, 경제, 사회 분야로 나눠서 자세히 살펴보고 있다. 제3절에서는 ICT와 미래 사회의 변화를 예측하고 있다. 그리고 제4절에서는 스마트 지식사회의 기회와 조건에 대해 논의하고 있다.

제 2 절 ICT가 우리 사회에 미친 영향

1 정치 부문의 변화

인터넷과 소셜 네트워크(SNS)의 등장은 정치 부문의 큰 변화를 가져왔다. 인터넷 여론이 정책 어젠다에 영향을 미치고 있고 SNS를 이용한 시민들의 정책 참여 및 의견 개진이 증대되고 있다. 공무원들이 인터넷과 SNS를 통해 정책에 대한 의견을 수렴하는 것이 중요해졌으며, 정치인에게 인터넷과 SNS는 필수적인 선거운동 수단이 되었다. ICT가 정치 부문에 미치는 영향에 대한 연구도 활발히 이뤄지고 있다.

1) ICT와 민주주의의 성장

정보통신기술의 급속한 발전과 보급을 통해 인터넷이란 매체의 영향력이 커지고 있다. 과거에는 매스미디어와 시민단체가 국가정책 과정에서 큰 영향력을 행사해 왔다. 그러나 최근에는 시민들이 인터넷이라는 열린 매체를 통해 국가정책 과정 전반에 대한 참여가 활성화됨으로써 정책 과정 전반에 영향력을 미치고 있다(박치성 · 명성준, 2009). 인터넷의 경우 댓글 달기나 게시판 및 토론방, 온라인 여론 조사 등을 통해 시민 개개인들의 의견을 개진하고 토론이 가능하다는 특징을 가지고 있어 대중의 사회 참여에 크게 기여하고 있다(황용석, 2001).

인터넷이 사회적 이슈를 확산시키는 큰 역할을 담당한 것은 2000년대 중반부터이다. 예를 들면, 제주 서귀포 부실 도시락 사건(2005년 1월), 연예인 X파일 사건(2005년 1월), 개똥녀 사건(2005년 5월) 등은 모두 네티즌이 인터넷을 통해 사건 내용을 알리기 시작했고, 이들의 글이 인터넷 게시판이나 블로그, 포털 사이트를 통해 사이버 공간에서 엄청난 속도록 전파되었다. 그리고 인터넷 언론이 이 사건들을 다룸으로써 온라인 공간에서 중요 의제로 선정된 이후에 일반 대중에게 큰 관심을 받은 사례들이다(이창호 · 배애진, 2008).

인터넷은 사회적 이슈를 확산시키는 역할뿐만 아니라 국가의 주요 정책 어젠다에 크게 영향을 미치기 시작했는데 대표적인 사례가 바로 '2008년 미국산 쇠고기 수입 반대집회'이다. 이는 시민들이 정

▌표 1-1▐ 광우병 사태 시기 구분에 따른 하루 평균 조회 수와 댓글 수

	사회문제 · 쟁점화 단계 (4.17~5.1)	공중 · 정책의제화 단계 (5.2~5.25)
조회 수	340	1,834
댓글 수	340	1,834

출처: 박치성 · 명성준(2009).

책결정 과정에 직접 개입하는 인터넷의 영향력을 보여준 사례이자 이전과 달리 온라인 이슈가 오프라인으로 확산되는 사례라고 할 수 있다(국회입법조사처, 2013).[1)]

스마트폰 등 스마트 기기의 등장과 통신기술의 발달, 통신비용의 하락, SNS의 등장 등은 소셜 커뮤니케이션(social communication)의 폭발적인 증가를 가져왔다.[2)] 2013년에 실시한 인터넷 이용 실태조사에 따르면 우리나라 만 6세 이상 인구의 약 71.4%가 스마트폰 이용자로 나타나고 있다. 연령별로는 20대(98.7%), 30대(97.1%), 40대(88.7%), 50대(63.1%), 60세 이상(14.2%)으로 나타나고 있다. 그뿐만 아니라 만 6세 이상 인터넷 이용자의 55.1%가 SNS를 이용하고 있는 것으로 나타나고 있다. 또한 만 6세 이상 SNS 이용자 10명 중 9명인 94.4%가 페이스북 등의 프로필 기반 서비스를 이용하고 있으며, 미투데이 · 트위터 등의 마이크로 블로그(25.5%), 블로그(23.1%0, 미니홈피(22.0%) 등의 순으로 나타나고 있다(한국정보화진흥원, 2014).

1) 미국산 수입 쇠고기의 광우병 문제에 대한 시민들의 증가된 관심과 함께 5월 2일 미국산 쇠고기 수입을 반대하는 1차 촛불집회로 확산되면서 가상공간(online)에서 실제 공간(offline)으로 시민들의 움직임이 확산되었다.

2) SNS는 1990년대 중반 '사이버 세상에서의 교류'를 목적으로 하는 서비스를 시작으로 지금까지 끊임없이 진화해 오고 있다. 예를 들면, 해외에서는 1995년 미국의 랜디 콘라드(Randy Conrads)가 인터넷 상에서 동창을 찾고 교류할 수 있는 클래스메이트닷컴(classmate.com) 서비스를 선보였다. 그리고 한국에서는 1999년 아이러브스쿨과 싸이월드가 등장해 선풍적인 인기를 끌었다. 특히, 싸이월드의 경우 전 국민의 40%인 1,900만 명(2006년 기준)이 가입할 정도로 큰 인기를 누렸다. 또한 2004년 페이스북과 2006년 트위터가 등장했고 2000년대 말에는 전 세계적으로 스마트폰이 대중화되면서 크게 성장했다(국회입법조사처, 2013).

소셜 네트워크의 활용은 참여적 시민의식을 확산시키는 주요한 요인으로 간주되고 있다. 특히, 정치 참여 및 민주주의에 대한 시민의 가치 체계의 변화를 초래했다고 할 수 있다. 전국 13세 이상 남녀 1,000명을 대상으로 소셜 네트워크의 확산과 민주주의 의식의 변화를 살펴본 윤성이(2012)의 연구에 따르면, SNS 이용자들은 비이용자 집단에 비해 정치에 대한 관심이 높고 개인의 자유를 강조하는 것으로 나타나고 있다. 또한 SNS 이용자들은 정치 참여에 좀 더 적극적인 것으로 나타나고 있다. SNS를 이용함으로써 시민은 정치적 이슈 소비자에서 생산자로 변모하고 있다. 의무적 시민에서 자기실현적 시민(self-actualizing citizen)으로 변화하고 있다.

시민들의 역할과 권한에 대한 인식의 변화는 정치 부문의 변화를 요구하게 된다. 따라서 기존의 대의민주주의에 대한 불신을 해소하고 제도정치에 대한 국민들의 신뢰를 향상시키기 위해서는 개인의 정치 참여를 더욱 확대하는 참여민주주의 모델을 수용하도록 하는 민주주의 패러다임의 변화가 요구된다(윤성이, 2012).

2) ICT가 정치 변화에 미친 영향

인터넷과 SNS은 민주주의 성장뿐만 아니라 한국 정치 부문의 변화에도 큰 기여를 한 것으로 나타나고 있다. 한국 정치에서 인터넷 활용 선거는 2002년 대선, 그리고 SNS가 본격적으로 활용된 것은 2010년 지방선거이다(국회입법조사처, 2013). 그동안의 인터넷과 SNS가 한국 정치에 미친 영향을 살펴보면 다음과 같다.

첫째, 한국 정치에서 인터넷이 선거에 등장해 영향력을 발휘한 것은 2002년 제16대 대통령 선거였다. 이는 1997년 대통령 선거운동 기간 동안 거리 유세가 하루 평균 49건에서 2002년에는 하루 평균 3건으로 감소하고, 선거운동의 대부분이 TV나 인터넷으로 이동한 점에서도 확인할 수 있다(윤성이, 2003).

2002년 제16대 대통령 선거를 9개월 정도 앞둔 2002년 3월 조선일보 3월 5일자에 보도된 설문조사에 따르면 이회창 후보의 지지도가 39.7%인 반면에 노무현 후보의 지지율은 25.2%에 불과했다. 노무현 후보는 온라인과 오프라인이 결합된 새로운 정치 캠패인을 통해 이를 극복했다. 당시 노무현 후보는 인터넷을 통해 선거자금 모금, 자원봉사자 모집 등의 선거 캠페인을 수행했고, 투표 참여 독려, 지지 여론의 형성 및 이슈 제기 등의 전략적 역할도 동시에 같이 진행했다(국회입법조사처, 2013). 2000년 5월 17일에 정식 출범한 노사모 홈페이지를 통해 노무현 후보를 지지하는 시민들이 집결하기 시작했다. 노사모 회원 수는 2002년 대선 직전에 7만 명에 이르렀다. 또한 노무현 후보 진영에서는 기존 전통적인 방식의 소수 다액 모임에서 탈피해 인터넷을 이용한 다수 소액 모금 방식을 도입했다. 노무현 후보 홈페이지에서는 신용카드, 휴대폰, ARS, 온라인 송금, 희망돼지 저금통 등 다양한 선거자금 기부 방식을 제공했고, 20만 명이 넘는 개인 지지자들을 통해 70억 원 이상이 넘는 선거후원금을 모금할 수 있었다(윤성이, 2003).

둘째, 2010년 6·2 지방선거에서는 스마트폰 보급에 따라 급속하게 확산되던 SNS가 선거운동의 주요 수단으로 부상했다. 또한 '사상 최초의 트위터 선거'라는 점에서 큰 관심을 모았다(신현기·우지숙, 2011).[3] 2010년 제5회 지방선거를 전후로 트위터와 페이스북 등 소셜 네트워크가 정치적으로 주목을 받기 시작했고, 2011년 10·26 재

3) 6·2 지방선거에서 인터넷 이용자들이 트위터를 활용해 어떤 방식으로 정치적 담론 활동을 했는지를 살펴보기 위해 2010년 5월 17일~6월 1일까지 2주일 동안 지방선거의 주요 이슈인 4대강 사업과 무상급식과 관련된 트윗글을 수집해 내용분석을 실시했다. 분석 결과 트위터 활용 목적은 선거 관련 '정보 공유'가 가장 많았다. 그리고 다음으로는 '일상적 대화', 투표 참여 독려 및 후보자에 대한 지지·반대 등 '의사 표출' 등이었다. 그뿐만 아니라 트위터 이용자들은 서울시장 후보자들에게 응원이나 안부 메시지를 보내는 등 정서적인 커뮤니케이션에 주력하는 것으로 나타났다. 그리고 트위터 이용자들은 주요 선거 쟁점과 관련된 정보를 공유하기 위해 트위터 리트윗 기능을 주료 활용하는 것으로 나타났다(신현기·우지숙, 2011).

보선 전후로는 소셜 네트워크가 정치적 대안 세력의 등장과 정당 체제의 개편을 가시적으로 촉진하게 되었다(장우영 · 김석주, 2014).

특히, 2011년 10월의 서울시장 보궐선거는 SNS의 정치적 영향력이 본격적으로 나타난 선거라고 볼 수 있다(국회입법조사처, 2013). 2010년 제5회 지방선거에서 나타난 트위터의 정치적 영향력은 2011년 4 · 27 재보선 때 점차 확대되었다. 2010년 6월 27일 제5회 지방선거에 비해 2011년 10 · 26 재보선 선거에서 트위터 이용자 수가 무려 7배 이상이나 증가했다(<표 1-2>). 당시 트위터 이용자들을 연령별로 살펴보면(2011년 9월 기준), 20대가 58.8%, 30대가 28.8%, 40대가 10.2%, 50대 이상이 2.2%로 주로 20~30대가 트위터를 압도적으로 많이 사용하고 있는 것으로 나타났다(장우영 · 김석주, 2014).

표 1-2 트위터 이용자 수 증가 현황: 2010년 ~ 2011년

시기	2010년 6월 27일 제5회 지방선거	2011년 4월 27일 재보궐선거	2011년 4월 27일 재보궐선거
트위터 이용자 수	632,386	3,441,083	4,557,106

출처: 장우영 · 김석주(2014). 재인용, 편집.

실제로 2010년 지방선거운동 기간 동안 트위터 이용자들의 54.6%가 정치적 메시지를 작성한 경험이 있으며, 45.5%는 리트윗으로 정치적 메시지를 공유한 경험이 있는 것으로 나타났다. 또한 트위터 이용자들은 투표 참여를 독려하는 메시지를 더 많이 접한 것으로 조사되었으며, 이들의 6 · 2 지방선거 투표율은 80%로 평균 투표율인 54.5%보다 훨씬 더 적극적으로 투표에 참여한 것으로 나타나고 있다(장우영 · 김석주, 2014).[4]

4) 또한 SNS트래픽 조사기관인 트윗믹스(tweetmix)의 자료에 따르면, 2011년 10월 재보선 선거 당일

셋째, 2012년 19대 총선을 앞두고 각 정당과 후보자들은 SNS를 이용한 선거 캠페인을 적극적으로 활용했다. 젊은 유권자들이 주요 지지층인 민주통합당과 통합진보당은 SNS 선거 캠페인 준비에 매우 적극적이었다. 그뿐만 아니라 새누리당도 'SNS 소통특위'라는 별도의 전담조직을 구성했다. 또한 19대 총선에 출마한 후보자 1,090명 가운데 539명(49.5%)이 트위터를 활용한 캠페인을 벌였다. 그리고 SNS 분석 서비스를 통해 유권자와 정당, 후보자들을 연계함으로써 유권자들의 정치 참여를 활성화시키는 효과를 가져왔다(국회입법조사처, 2013).

이처럼 국회의원들의 인터넷과 SNS를 활용한 유권자와의 소통이 확대되면서 인터넷과 SNS가 한국 정치에 미친 영향에 대한 관심이 증가하고 있다. 국회입법조사처(2013)가 실시한 연구 자료를 통해 제18대와 제19대 국회의원들의 인터넷 및 SNS 활용 현황을 살펴보면 <표 1-3>과 같다.

표 1-3 제18대와 제19대 국회의원 인터넷 · SNS 이용 현황

	제18대 국회의원 (297석)	제19대 국회의원 (총 300석)
인터넷 홈페이지	280명 (94%)	228명 (76.0%)
블로그	159명 (54%)	213명 (71.0%)
트위터	227명 (76%)	266명 (88.7%)
페이스북	86명 (29%)	255명 (85.5%)
미투데이	114명 (38%)	147명 (49.0%)

출처: 국회입법조사처(2013).

발생한 트윗만 23만 건에 달했고 이 중 6만 4천 건 이상이 투표 독려 트윗이었다. 이는 지난 4 · 27 재보선에서 주요 후보 관련 트윗이 10만 건인데 비해 10 · 26 재보선에는 무려 100만 건 이상으로 급증해 트위터 선거 참여가 매우 활발해졌음을 알 수 있다(장우영 · 김석주, 2014).

18대 국회의원들에 비해 19대 국회의원들의 경우 인터넷 홈페이지 이용은 줄어든 반면 블로그와 트위터 등의 SNS 이용이 증가했다.[5] 이를 통해 유권자들과 소통하고 의정활동도 홍보하기가 용이하기 때문인 것으로 보인다. 이런 19대 국회의원들의 SNS 이용의 증가는 그동안 일방향적인 정보 전달에서 이제는 쌍방향적 소통을 중시하는 대(對)국민 활동의 중심으로 국회의원들의 의정활동 방향이 이동하고 있는 것을 알 수 있다(국회입법조사처, 2013).

또한 제19대 총선에서 SNS의 활성화에 따른 유권자들의 특성도 살펴볼 수가 있다. 지난 19대 총선에서는 조직화보다는 개개인이 활동을 중심으로 개방적이고 수평적으로 연결된 개인화 중심의 네트워크가 더 강하게 나타났다. 그뿐만 아니라 정치인 지지자들의 페이스북 페이지 활동도 크게 늘어났다. 트위터와 달리 페이스북 페이지에서는 집단화가 용이하기 때문에 지지자들은 후보의 일거수 일투족에 대한 논평을 통해 자신들의 행동지침에 대한 의견을 공유했다. 그리고 후보자에 대한 홍보정보의 소스(source)를 얻어 자신들의 담벼락이나 기타 소셜 미디어에 확산시키는 등 적극적인 지지 활동에 참여한 것으로 나타나고 있다(강원택 외, 2012).[6]

---

5) 블로그 활용이 18대에 비해 19대 국회에서 크게 증가했다. 이는 블로그의 경우 구축 비용은 거의 들지 않으면서 정보 전달과 갱신은 용이하기 때문인 것으로 보인다. 특히, 19대 국회의원들의 경우 SNS 중에서 페이스북의 이용이 18대에 비해 거의 3배가량이나 증가한 것을 알 수 있다. 이처럼 페이스북의 이용이 증가한 이유는 소통의 진정성이 어느 정도 보장된 커뮤니티의 활성화(친구 제한 5,000명)와 사용자의 사진, 영상 및 페이지 기능 등의 편리함 때문인 것으로 간주된다.

6) SNS 사용자들은 비사용자들에 비해 상대적으로 인터넷에서 얻는 정보에 대해 더욱 신뢰하는 것으로 나타났다. 또한 SNS 사용자들은 비사용자들에 비해 인터넷에서 접한 정보를 계기로 정치적 견해나 의견을 바꾼 경험이 더 많은 것으로 나타났다. 이는 SNS가 유권자들의 태도 변화에 영향을 미칠 수 있는 효과적인 미디어일 수 있음을 시사한다(강원택 외, 2012).

2 경제 부문의 변화

스마트 기기 등의 확산으로 인해 스마트 워크(smart work)가 확산되고 있다. 이제는 사무실 없이 인터넷이나 스마트 기기 등을 통해 업무를 수행할 수 있는 근무환경이 조성되고 있다. 또한, 스마트 시대의 소비자들 역시 스마트 기기 등을 통한 정보 공유와 정보 획득을 통해 자신에게 가장 필요하고 적합한 제품을 선택하는 스마트한 소비자로 변화하고 있다. ICT가 경제 부문 변화에 미친 영향을 살펴보면 다음과 같다.

1) 스마트 워크

스마트 워크(smart work)란 시간과 장소에 얽매이지 않고 언제 어디서나 편리하고 똑똑하게 근무함으로서 업무효율성을 향상시킬 수 있는 업무환경을 말한다. 스마트 워크의 유형으로는 이동/현장 근

표 1-4 스마트 워크 유형별 특성 및 장·단점

유형	특징	장점	단점
재택근무 (Home Office)	자택에서 인트라넷 등 본사 네트워크에 접속해서 근무	-별도의 공간 불필요 -출퇴근 부담 감소	-협업에 따른 시너지 효과 감소
모바일 오피스 (Mobile Office)	무선통신 단말기를 이용, 장소를 이동해 가면서 근무	-모바일 단말기 대중화로 적용 손쉬움 -대면 및 이동이 많은 근무에 유리(영업, AS 등)	-엄격한 자기관리 필요 -모바일 인프라(무선 인터넷) 구축 필수
스마트워크센터 (Smartwork Center)	특정 지역에 IT 인프라가 완비된 사무실을 개설, 인근 거주 근로자들이 해당 장소로 출근	-본사와 근무환경 차이 미비 -사무실 도심 집중을 분산시켜 임대료 절감 및 교통난 해소	-별도의 공간 요구 -관리 조직 및 시스템 구축 비용 소요

출처: 이재성·김홍식(2010), 한국인터넷진흥원(2012).

무, 자택 근무, 스마트워크센터 근무 등이 있다(방송통신위원회, 2011).

스마트 워크의 도입은 사회, 기업, 그리고 근로자 측면에서 긍정적인 효과를 유발할 수 있다. 우선, 스마트 워크는 현재 경제활동에 참여하고 있지 않은 여성, 고령자, 장애인들의 경제활동 참여를 가능하게 할 수 있을 뿐만 아니라 더 풍부한 인력 풀(pool)을 확보할 수 있다는 장점이 있다. 특히, 원격근무 중개, 컨설팅, 장비 대여 및 설치, 원격근무센터 운영 등 관련 신규 일자리 창출 효과가 발생할 것으로 기대하고 있다.[7]

스마트 워크는 우수 인력 확보와 우수 인력 이직 방지 효과뿐만 아니라 이를 통한 생산성 개선 및 시간의 효율적 활용과 ICT 기술 활용의 증가에 따른 생산성 개선 효과가 발생할 수 있다.[8] 그리고 근로자 측면에서는 출퇴근 비용 및 시간 감소, 이에 따른 여가활동과 자기 개발 증가를 통해 삶의 질이 향상되는 효과도 누릴 수 있다(김정언, 2010).

다음으로, 스마트 워크는 근로자들의 출·퇴근자 감소로 교통 정체 및 교통사고 발생률이 경감하는 등 교통시설 인프라에 대한 투자도 줄일 수 있다. 교통 여건 개선 등에 따른 사회적 비용 절감과 환경 개선에 기여하는 효과도 있다. 미국 스마트 워크 전문연구기관인 텔레워크 리서치 네트워크(Telework Research Network)에 따르면 2,500만 명의 미국 근로자가 스마트 워크를 실시할 경우 약 2억 8,100만 배럴의 원유 소비가 절감되며 5,100만 톤의 온실가스를 감축할 수 있는 것으로 예측하고 있다(김정언, 2010; 한국인터넷진흥원, 2012).

7) 실제로 네덜란드의 경우 스마트 워크 추진 이후 고용률이 20% 정도 상승한 것으로 나타나고 있다(정병주, 2010; 김정언, 2010).

8) BT의 경우 사무실 체류 직원들에 비해 원격근무 참여 직원들의 생산성이 20~60% 증가했으며, 재택근무 콜센터 직원의 고객 응대율이 20% 정도 증가한 것으로 나타났다(선여미 외, 2010).

한국의 경우 1980년 후반 일부 기업에서 원격근무가 도입되었으나, 2009년 말 기준으로 전체 사업체(약 322만 개) 중에서 원격근무를 도입한 사업체는 0.8% 정도에 그치고 있다. 기업(회사법인)은 약 3.2%의 도입률을 기록하고 있는 실정이다(행정안전부, 2010; 김정언, 2010). 대면 중심의 조직문화와 기업 및 이용자의 비용 부담은 스마트워크 도입의 주요 지연 원인으로 지적되고 있다(방송통신위원회, 2011).

한국은 스마트 단말기의 보급, Wibro, DMB, VoLP 등 융합형 서비스의 보급과 클라우드 컴퓨팅(cloud computing) 관련 기술의 개발 · 보급 등 세계 최고의 IT 인프라를 보유하고 있기 때문에 스마트워크 도입에 최적의 환경을 보유하고 있다. 하지만 스마트 워크에 대한 인식 부족과 법 · 제도적 측면의 미비,[9] 초기 투자 비용 부담과 기술 개발의 부족(김정언, 2010),[10] 그리고 스마트 워크 품질, 정보보호 등을 고려한 이용자 편의성 및 안정성에 대한 대책 등이 요구되고 있다(방송통신위원회, 2011).

2) 스마트한 소비자

스마트 시대에는 휴대전화만 스마트해지는 것이 아니라 소비자 역시 스마트해지고 있다. 스마트한 소비자들은 소비 품목의 출생 성분뿐만이 아니라 생산 과정, 상품, 서비스, 위생, 사후관리, 환경관

9) 스마트 워크 유형별 법적 정의가 불명확하며 재택근무와 영상회의 등이 법규마다 혼용되어 사용되고 있다. 또한 근로기준법 제58조에 재택근무 규정이 존재하나, 원격근무자에 대한 근태관리, 업무성과 평가, 승진심사 등 인사관리 규정이 없어 인사상 불이익에 대한 우려로 원격근무에 대한 인식 개선이 어려운 상황이다(김정언, 2010).

10) 스마트 워크를 위한 스마트워크센터 구축, 영상회의시스템 구축, 보안문제 해결을 위한 씬 클라이언트(thin client)의 도입 비용, 그리고 재택근무와 모바일 이동근무와 관련한 IT 기반 구축을 위한 비용 등 기업의 초기 투자 비용에 대한 부담이 크다. 또한 부가가치를 창출할 수 있는 상용화된 서비스가 부재한 상황이고 기업의 사내망 노출 위험과 이동성에 따른 단말기 보안 위험 등이 존재한다(김정언, 2010).

리, 경영 등 모든 사항을 알고 싶어하기 때문에 이를 모니터링하고 있다(김난도 외, 2011).

이처럼 소비자들이 스마트해진 이유는 바로 인터넷과 스마트폰의 보급 때문이다. 특히, 스마트폰은 시간과 공간의 제약 없이 소비자의 정보력을 확대시켰다. 소비자들은 자신이 원하는 물건을 검색해서 자신의 취향과 필요에 가장 적합한 물건을 고를 수가 있게 되었다. 그 이유는 다른 소비자들이 해당 제품에 대해 평가해 놓은 수많은 사용 후기를 쉽게 접할 수가 있기 때문이다.

이는 생산자 입장에서 정리된 제품 정보가 아닌 제품을 이용해 본 소비자들의 입장에서 제시되는 정보들이다. 따라서 이를 통해 소비자 자신이 원하는 물건인지를 판단하기가 용이해졌다. 그뿐만 아니라 각종 가격 비교 사이트를 통해 최저가에 제품을 구매할 수가 있다. 즉, 스마트 시대의 소비자들은 자신이 입장에서 최대한 합리적인 제품 구매 결정이 가능해지게 된 것이다(홍현민 외, 2012).

또한 스마트 시대 소비자들은 기업에서 제공하는 제품을 일방적으로 구매하는 것이 아닌 다양한 방식으로 제품 생산에 참여하는 프로슈머(prosumer)들도 늘어나고 있다. 앨빈 토플러(Alvin Toffler)가 언급한 프로슈머가 제품 개발에 일부 참여를 뜻했다면 스마트 시대의 프로슈머는 제품의 기획에서부터 개발, 생산, 마케팅 단계까지 모든 과정에 영향을 행사하면서 자신의 의견을 적극적으로 반영하고 개발된 제품을 자신에 맞게 변경하는 소비자를 말한다. 이처럼 스마트한 소비자인 프로슈머들은 능동적인 참여를 통한 제품 기획,[11] 제품 경험 정보 이용 및 공유를 통한 마케팅 주체,[12] 그리고

11) 델(Dell)은 제품에 대한 아이디어를 게시하고 투표에 참여할 뿐만 아니라 관련 아이디어에 대한 토론을 진행하는 사용자 커뮤니티 사이트인 '아이디어 스톰'을 운영하고 있다. 아이디어 스톰은 Post →Promote→Discuss→Sell'의 4단계 프로세스를 통해 고객들의 아이디어가 구체화되고 사업으로 실현된다. 그리고 참여 네티즌으로부터 높은 평가를 받은 아이디어는 제품 개발에 적극 적용하고 채택된 아이디어를 낸 소비자에게는 1,000달러의 인센티브를 제공한다. 이처럼 소비자들의 적극적

자신이 원하는 제품을 만들 수 있는 DIY(Do-It-Yourself)[13]의 성향을 보인다는 특징을 가지고 있다(홍현민 외, 2012).

그뿐만 아니라 기업들도 스마트 시대의 프로슈머들을 위한 마케팅을 적극적으로 추진하고 있다. 그 이유는 다음과 같다. 첫째, 소비자가 제품 개발에 참여하게 되면 고객들의 요구 사항을 반영할 수가 있어 고객만족도 증대 효과가 있다. 둘째, 별도의 시장조사 필요 없이 고객의 취향을 반영할 수 있기 때문에 신상품 개발에서 비용을 절감할 수 있다. 셋째, 제품 개발에 소비자들이 참여할 경우 고객 선점 효과를 기대할 수가 있다. 넷째, 상품 개발에 소비자가 직접 참여해서 제품의 결함과 안정성 등을 미리 검증해 주는 장점도 있다.[14]

게다가 최근에는 프로슈머보다 한 단계 진보한 창조적 소비자를

인 참여는 기업이 이를 얼마나 수용하려는 의지를 가지고 있냐도 매우 중요하다고 할 수 있다. 예를 들면, 2007년 대부분의 경쟁사들이 마이크로소프트(Milcrosoft)가 적극적으로 마케팅하는 '윈도우 비스타'에 주력할 동안 델은 '아이디어 스톰'을 통해 사용자들의 요청을 수용해 신제품에 '윈도우 XP'를 다시 탑재했다.

12) 현재의 소비자들은 개인 홈페이지나 블로그 등을 통해 자신들이 구입한 제품에 대한 경험을 올리거나 서로 공유하고 있다. 그리고 구매 이전의 다른 소비자들은 직접 제품을 사용한 평가자들의 의견을 매우 신뢰한다. 따라서 기업들도 이제는 입소문 마케팅에 중점을 두고 있다. 2010년 총 11개 사업자가 인터넷전화 시장에서 쟁탈전을 벌이고 있음에도 불구하고 모 통신회사의 인터넷 집전화 가입자는 188만을 넘어서면서 점유율 40%를 넘는 인기를 얻었다. 그 이유는 바로 집전화의 주 이용 고객인 3040 주부들이 자발적으로 메시지를 전달해 상품에 대한 긍정적인 입소문을 내게 하는 '버즈 마케팅'에 힘입었던 것으로 나타났다.

13) 통계에 따르면 미국 여성들의 경우 여행, 식사, 문화생활보다 집을 꾸미는 것을 더욱 중요하게 생각하는 것으로 나타났다. 그리고 미국 여성들이 집을 고치고 개조하기 위해 한 해 쓰는 돈은 60조 원이 넘는 것으로 나타났다. 그러나 여성들이 집을 꾸미는 일은 주로 커튼을 달거나 식탁보를 만드는 가벼운 일이 대부분이었고 선반이나 붙박이장을 만드는 일은 시도하지 못했다. 그뿐만 아니라 이런 일들을 위해 수리공을 부르는 경우 비용이 너무 비싸기 때문에 큰 부담을 느낀다고 응답했다. 그러나 2003년에 비제인(BeJane)이 여성들이 이런 불편한 부분들을 해결해 주자 폭발적인 인기를 얻었다. 비제인 사이트는 여성들이 집을 꾸미는 데 필요한 공구와 자재들을 손쉽게 구입할 수 있게 해주었다. 그뿐만 아니라 아이디어와 집 수리에 필요한 지식들도 제공해 주었다. 즉, 자기가 필요한 것을 스스로 만드는 여성 DIY족(Do-It-Yourself)들에게 완벽한 파트너가 되어준 것이다(이코노미 조선, 독신 여성 소비자를 사로잡은 DIY 쇼핑몰 비제인(Be Jane). https://economyplus.chosun.com/–speial/speciul_View.php?boardName=Co5&t_num=3189).

14) 채널예스, 생산자야?소비자야?, '프로슈머'(http://ch.yes24.com/Article/View/14077?Scode=050_001).

의미하는 크리슈머(cresumer, creative consumer)가 등장하고 있다(이세진, 2013). 과거에 소비자들은 단순히 제품을 소비하는 주체에 불과했다. 그러나 이제는 똑똑해진 소비자들이 기업이 파는 제품을 그대로 사서 소비하는 것이 아니라 자신만의 개성과 창의력을 담아서 새로운 가치를 만들어 내는 '크리슈머'가 새로운 시장의 주체로 급부상하는 추세이다. 또한 이들은 제품 생산 과정에서는 전혀 고려하지 못했던 새로운 아이디어까지 제안해 기업에 새로운 기회를 제공하기도 하는 능동적이고 창조적인 소비자들인 것이다.[15)]

크리슈머들은 중소기업에는 아주 강력한 우군이다. 왜냐하면 제품의 개발과 유통 전반에 걸쳐서 이런 크리슈머들의 도움을 적극적으로 받음으로써 마케팅과 홍보 비용을 절약할 수 있기 때문이다. 크리슈머를 활용해 신제품 개발과 마케팅을 성공시킨 대표적인 한국의 사례가 바로 '메이큐(www.maque.co.kr)'라는 사이트이다.

2014년 2월에 처음으로 문을 연 메이큐는 '박스탭'이라는 제품을 출시해 6개월 만에 매출 4억 원을 달성했다. 수많은 소비자의 입소문을 통해 메이큐 사이트에는 매일 20여개의 아이디어가 올라오고 있으며 하루에 5천 명 이상의 방문자들에 의해 제품 개발에 대한 의견 교환과 비평이 이뤄지고 있다. 메이큐는 소비자들의 아이디어를 제품으로 만들어 킥스토어(www.kickstore.co.kr)와 롯데마트 등의 유통 채널을 통해 제품을 유통시킨다. 그리고 제품 판매로 인해 발

---

15) 이런 창조적 소비자들을 대상으로 한 마케팅이 바로 크리슈머 마케팅이다. 크리슈머 마케팅은 개방, 참여, 공유를 표방하는 소셜 미디어와의 연계를 통해 출현했다고 할 수 있다. 적극적이고 자발적인 소비자들은 자신들이 찾은 새로운 정보나 새로운 경험들을 공유하기를 즐겨하고 있다. 즉, 소비 경험이나 브랜드에 대한 경험은 이제 단순히 나만의 것으로 기억되는 것이 아니라 더 많은 소비자와 공유하고 확산되는 시대가 된 것이다. 또한, 신기술과 관련된 아이디어를 능동적으로 제시하는 제안형 체험이 각광을 받고 있다. 소비자들은 이런 직접적인 참여를 통해 '더욱 똑똑해진 나'를 발견하는 자부심을 갖게 되고, 성취감을 느끼며, 강한 동기를 부여받게 된다(이민훈 외, 2011). 이러한 소비자들의 적극적인 참여, 공유, 그리고 확산의 의지를 마케팅 방법으로 접목한 것이 바로 크리슈머 마케팅이다(이세진, 2013).

생하는 매출액의 10%는 아이디어 제공자의 몫이다. 그리고 소비자들의 아이디어에 대해 제공자의 이름으로 특허와 같은 지식재산권을 출원시켜 주고 있다.[16)]

삼성전자의 갤럭시 폰 성공 비결도 바로 기업의 크리슈머 마케팅의 성공 사례라고 볼 수 있다. 삼성전자는 삼성 갤럭시 노트Ⅱ를 더 넓어진 대화면과 'S펜'으로 제품의 기능면에서 브렌드 차별화를 시도했을 뿐만 아니라 이를 소비자에게 직접 체험하게 하기 위한 다양한 커뮤니케이션 활동도 병행했다. 갤럭시 노트Ⅱ는 기존 체험 마케팅을 더욱 심화시킨 크리슈머 마케팅 기법을 활용해 소비자가 직접 제품의 기능에 대해 배우고, 체험하고, 공유하게 했다는 점에서 큰 의의가 있다. 이런 갤럭시 노트Ⅱ의 성공 요인은 소비자가 제품의 특성에 대해 자발적으로 공부하고 그 결과를 다른 이들과 공유하고 확산시키려는 성향을 가진 '창조적 소비자'로 설정하고 커뮤니케이션 전략을 구상했다는 점이다(이세진, 2013).

그림 1-1 체험 마케팅과 크리슈머 마케팅

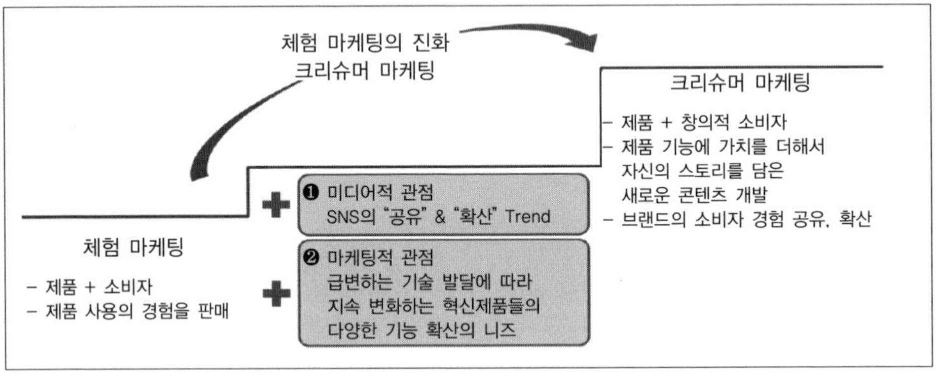

출처: 이세진(2013).

16) BIZION. 2014.09.15. 소비자와 기업의 콜라보레이션, '크리슈머' 시대 개막(http://bizion.mk.co.kr/-bbs/board.php?bo_table=trend&wr_id=158).

이처럼 기업들이 크리슈머 마케팅을 실시하게 된 이유는 바로 SNS에 의한 공유와 확산, 기술 발달에 따른 혁신 제품들의 다양한 기능에 대한 체험과 확산의 필요성, 그리고 적극적이고 자발적인 '창조적인 소비자'들의 등장에 의한 변화에 기인한 것이라고 할 수 있다(이세진, 2013).

그뿐만 아니라 최근 우리나라에서는 바이슈머(buysumer)가 증가하고 있다. 바이슈머란 바이어(buyer)와 소비자(consumer)의 합성어이다. 이는 구매만 하는 단순 소비자를 넘어서 직접 바이어(수입상)의 역할을 하는 소비자를 뜻한다. 과거 소비자들은 소매상이 책정한 가격에 해외에서 수입해 온 제품들을 구매해 왔다. 하지만 최근에는 인터넷과 스마트폰 보급으로 인해 해외 가격정보가 국내에 공개되면서 국내에서 유통되는 제품과 같은 상품들을 직접 해외에서 싼 가격에 구매하는 해외 직구족 소비자들이 늘어나고 있다. 즉, 해외 쇼핑몰에서 직접 거래하거나 구매 대행 사이트를 통해 해외에서 필요한 물품들을 직접 구매하는 해외 직구족들이 바로 바이슈머의 대표적인 형태이다.[17)]

전 세계 1위 온라인 캐시백 웹사이트인 이베이츠(EBATES, www.ebates.kr)에서는 2013년 기준으로 한국 사용자들의 누적 거래액이 1,000억 원을 달성했다고 보고하고 있다. 이베이츠 코리아에 따르면 2011년 대비 이용자 수가 7배, 거래액은 8배, 주문 건수는 7배 증가한 것으로 나타나고 있다. 이처럼 한국에서 해외 직구가 인기를 끄는 이유는 한국 소비자 가격 대비 최대 50%까지 저렴하게 구입할 수 있고, 미국의 각종 세일 기간에 추가 할인 혜택을 받을 수 있기 때문이다. 게다가 공식 스토어를 통해 구매하기 때문에 상품에 대한 품질을 보장받을 수 있고, 국내에 없는 다양한 제품 및 브랜드를 구

17) 연합인포맥스. 시사금융용어, 바이슈머(Buysummer) (http://news.einfomax.co.kr/news/articleView.-html?idxno=140012).

매할 수 있기 때문인 것으로 나타나고 있다.[18]

그림 1-2 체험 마케팅과 크리슈머 마케팅

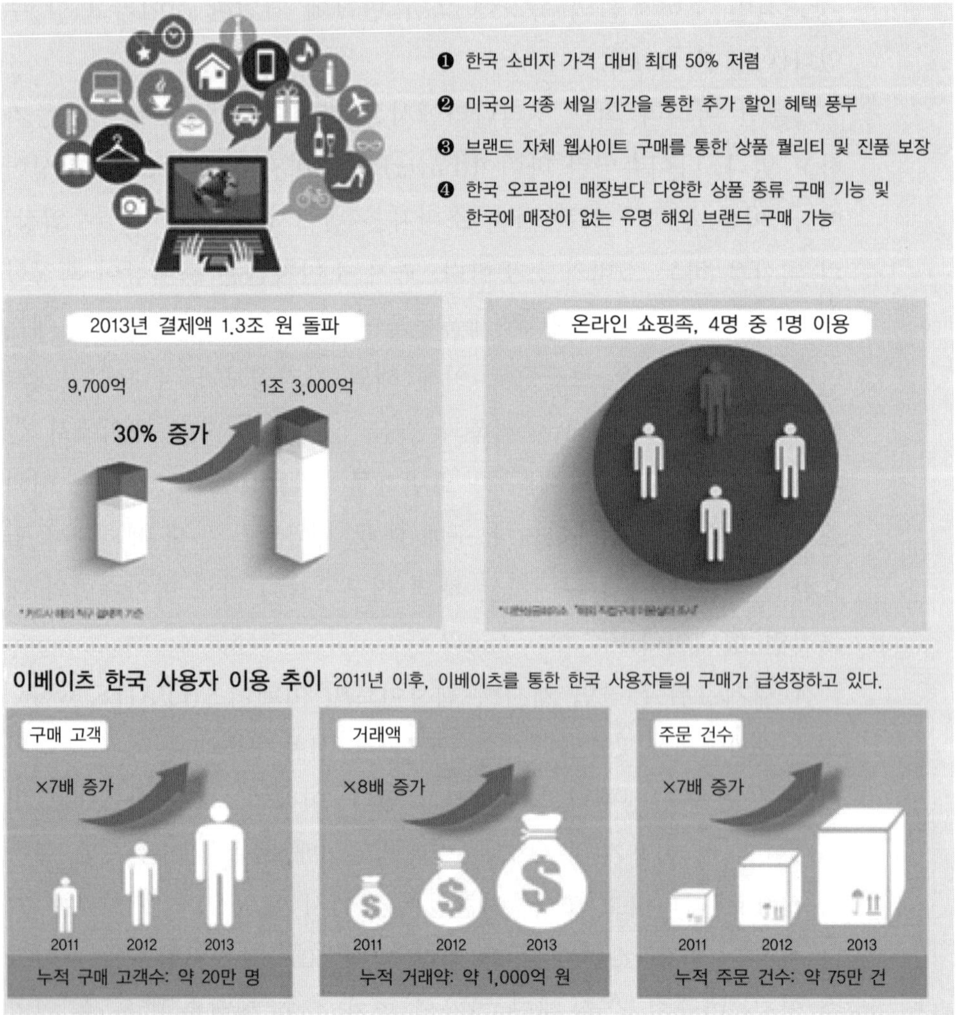

출처: http://it.donga.com/16864/.

18) IT 동아일보(2013.12.17). 기사 자료. '이베이츠 코리아, 해외 직구에 힘입어 누적 거래액 1,000억 달성'(http://it.donga.com/16864/).

3 사회 부문의 변화

그동안의 사회 변화는 주로 기술 변화와 밀접한 관계를 가지고 발전해 왔다. 예를 들면, 철도, 증기선, 전신 등의 등장으로 인한 산업혁명으로 촉발된 산업사회는 노동집약적인 대량 생산을 통해 급속한 성장 중심의 사회를 형성했다. 그러나 디지털과 컴퓨터의 출현과 인터넷의 전 지구적 확산 등 ICT의 보급은 이런 산업사회의 생산양식을 지식집약 방식으로 진화해 새로운 지식정보사회 패러다임을 형성했다. 게다가 최근에는 이런 ICT가 바이오와 나노기술 등과 융합해 스마트 기술로 거듭나면서, 삶의 형태를 바꿨을 뿐만 아니라 사회 전체 구조의 변화를 견인하고 있다.

1) 교육 부문의 변화: 소셜 러닝

기존의 정보사회가 지식, 공유, 개방의 핵심 가치를 통해 다품종, 소량 생산 및 지식집약의 방식으로 지식 역량을 보유한 근로자가 인재상(人材像)이었다면 스마트 사회에서는 유연성, 창의성, 인간 중심의 핵심 가치를 통해 스마트 워크의 방식으로 창의적, 개방적 인재를 필요로 한다. 따라서 스마트 시대에는 학습 방식과 도구가 다양화되고 가상공간으로 인한 학습공간과 업무 현장을 통합하게 된다. 그뿐만 아니라 협업 및 네트워크 역량이 강조되고 지식활동을 통한 창조적 업무 성과를 지향한다(김성태, 2011).

일일 페이스북 이용자 수는 9.36억만 명이며 87%는 모바일 사용자들로 매월 사용자는 14.40억만 명이다. 그리고 매일 5억만 명이 트위터를 이용하고 있다. 그뿐만 아니라 매월 유튜브 이용자 수는 10억만 명이다(www.socialbakers.com). 특히, 스마트폰과 모바일 인터넷 등의 기술적인 진보와 확산으로 인해 소셜 미디어는 이제는 우리 사회에서 필요불가결한 요소로서 급속하게 자리 잡고 있다. 특히, 소셜 미디어는 뉴스나 신문 등 기존 미디어에서 간과했던 사용자들의 의견과 관점 등을 자유롭게 공유함으로써 사용자 중심의 매체로 급부상하고 있다(한국정보화진흥원, 2012).

이런 소셜 미디어의 등장으로 인해 '소셜 러닝(social learning)'이란 개념이 등장했다. 소셜 러닝은 "소셜 미디어를 활용해 사용자 간 상호작용을 통해 발생하는 형태"를 말한다. 즉, 네트워크로 연결된 군중 간 지식과 정보 공유, 의견 교환 등을 통해 개인의 인지와 행동에 변화가 일어나는 학습이 발생하게 된다는 것이 소셜 러닝의 기본 원리이다(한국정보화진흥원, 2011b). 이런 소셜 러닝의 환경을 살펴보면 [그림 1-3]과 같다.[19)]

그림 1-3 소셜 러닝의 환경

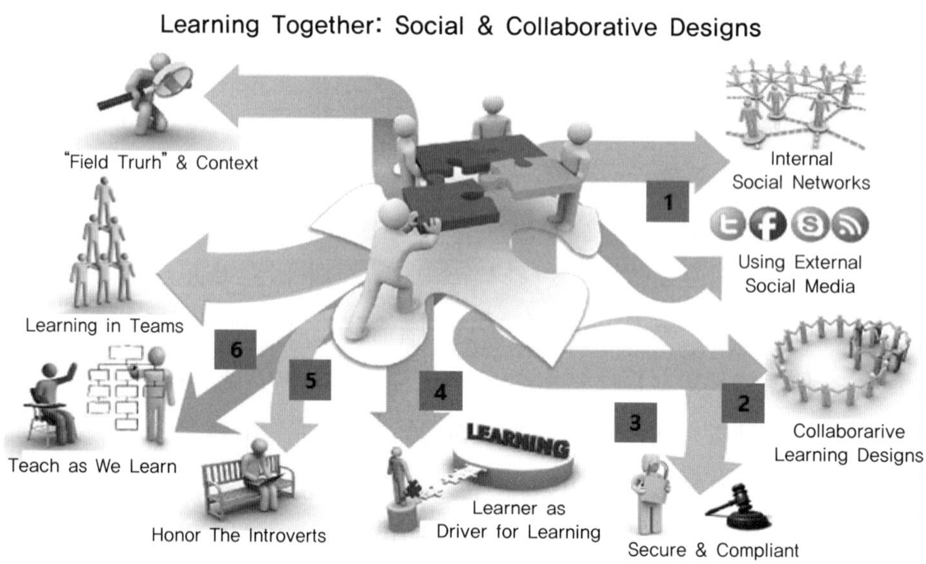

출처: www.learning2012.com

19) 그림의 소셜 러닝의 환경에서 1번은 소셜 미디어를 활용한 소셜 네트워크 형성, 2번은 협력학습 증대, 3번은 정보보안 강화, 4번은 학습조력자로서 학습자, 5번은 개인학습 가능, 6번은 학습자이자 동시에 교수자 역할, 7번은 협업을 통한 학습, 그리고 8번은 적재·적시·적소 학습 가능을 말한다.

소셜 러닝은 웹 공간의 소셜 네트워크를 기반으로 협업·소통 등을 통해 배움을 실현해 가며 학습 효과를 거두는 개념이다. 따라서 소셜 러닝에서는 개인의 능동성과 타인과 관계 형성을 강조하게 된다. 특히, '소셜'이란 개념에는 참여, 개방, 공유, 협업 등이 포괄되어 있다. 또한 소셜 미디어는 기존 지식 전달 위주의 교육에서 교수자와 학습자 간의 부족했던 의사소통을 증진시키는 역할을 담당한다. 그뿐만 아니라 협업을 위해 편리하고 다양한 수단으로 이용되기도 한다(한상우, 2014).[20)]

소셜 러닝은 단순히 소셜 미디어를 교육에 이용하는 것이 아니라 소셜 미디어의 장점들을 교육 과정에 도입해 교수자와 학습자 간의 관계를 바탕으로 한 소통과 협업을 통해 참여를 유도하는 활동 방식이다. 즉, 트위터(twitter)나 유튜브(youtube) 등의 소셜 미디어를 활용해 수업을 진행하면 원활한 커뮤니케이션과 친밀감 형성이 가능할 뿐만 아니라 상호 피드백을 통한 공감 형성 및 과제에 대한 상호 지원 등이 가능하다. 특히, 소셜 미디어를 이용한 교육은 학교와 연관된 스트레스의 감정적 분출구 역할뿐만 아니라 기존의 지식 전달 위주의 학습을 보충할 수 있고, 교육을 위한 사회적 이익 및 온오프라인의 관계 등을 고무시킬 수도 있는 장점을 가진 것으로 나타나고 있다(차여진, 2011; 한상우, 2014).

이런 온라인을 통한 지식의 공유와 확산에 기여하는 소셜 러닝의 대표적인 모델이 바로 세계 저명인사 및 유수 대학의 강의를 인터넷으로 공개하는 TED, iTunes U이다(한국정보화진흥원, 2012). TED (Technology, Entertainment, Design)는 '알릴 가치가 있는 아이디어

---

20) 소셜 미디어의 특성으로 살펴본 소셜 러닝의 특성은 다음과 같다. 첫째, 참여(participation)로 교수자와 학습자 간 경계의 소멸이다. 둘째, 개방(openness)으로 학습 콘텐츠에 대한 자유로운 접근과 사용이다. 셋째, 대화(conversation)로 참여자 간의 활발한 상호작용이다. 넷째, 커뮤니티(community)로 공통의 학습 욕구를 지닌 참여자들 간의 커뮤니티 구성이다. 다섯째, 연결(connectedness)로 참여자 수 및 참여자가 소유한 지식 및 정보의 무한한 확장이다(한국정보화진흥원, 2011b).

그림 1-4 온라인을 통한 지식의 공유와 확산

출처: 한국정보화진흥원(2012).

(Ideas worth spreading)'를 모토로 가지고 있으며, 미국의 비영리재단에서 운영하는 강연회이다. 정기적으로 기술, 오락, 디자인 등과 관련된 강연회를 개최한다. TED는 미국뿐만 아니라 유럽, 아시아 등에서도 개최되고 있으며, TEDx란 형식으로 각 지역에서 약 20분 정도의 독자적인 강연회를 개최하기도 한다.

1984년에 창립되어 1990년부터 매년 개최되었으며, TED 강연회와 기타 다른 강연회의 동영상 자료를 TED 웹사이트에 올려 많은 인기를 끌었다. TED 웹사이트에는 500건이 넘는 강연이 무료로 공개되어 있으며 1,000만 명의 사람들이 1억 번 이상 조회를 했다. TED에 초대되는 강연자들은 빌 클린턴(Bill Clintin), 앨 고어(Al Gore) 등 유명인사와 많은 노벨상 수상자로 각 분야의 저명인사와 괄목할 만한 업적을 이룬 사람들이 대부분이다(wikipedia.org).

iTunes U(iTunes University)는 애플(Apple)사의 다운로드 채널인 아이튠즈에서 제공하는 학습 콘텐츠이다. 하버드, MIT, 옥스퍼드 등 해외 유수 대학들이 제공하는 강의를 동영상 형태로 무료 다운로드가 가능할 뿐만 아니라 해당 강의 자료도 제공하고 있다. 이처럼 iTunes U를 통해 다운로드받은 강의 자료들은 노트북, iPhone, iPad 등 애플사의 기기에 담아서 활용이 가능하다는 특징이 있다(한국정보화진흥원, 2012).

이외에 소셜 러닝의 대표적인 사례들을 살펴보면 다음과 같다.

첫째, 언어를 매개로 한 학습 교환 사이트가 있다. 라이브 모카(Live Mocha)는 외국어를 배우기 원하는 사용자들끼리 1:1로 매칭시켜서 서로 언어를 가르쳐 주고 배울 수 있도록 지원해 주는 학습 교환 사이트이다. 2007년 서비스 시작 이후 2011년 기준으로 195개국의 약 1,000명의 이용자가 38종의 언어를 학습 중인 것으로 나타났다. 특히, 미국의 시사주간지인 『타임(*TIME*)』지는 2010년에 이 라이브 모카 사이트를 '2010년 베스트 웹사이트 50'의 교육 분야에 선정하기도 했다(한국정보화진흥원, 2011b).

그림 1-5 Live Mocha 홈페이지

출처: www.livemocha.com.

라이브 모카는 교사, 언어 전문가, 다른 언어를 배우려고 하는 학습자, 그리고 자신의 언어를 자랑스럽게 여기는 원어민으로 구성되어 있다. 이들은 다양한 방법으로 서로 언어를 배울 수 있게 도와주고 있다. 예를 들면, 언어를 배우기를 훈련하는 데 필요한 조언들을 남기거나, 피드백을 통해 실질적인 연습이 가능하도록 미니레슨

(mini-lesson)을 만들기도 하고, 문자, 비디오나 오디오 채팅 등을 통한 대화를 통해 언어 훈련을 제공하고 있다. 그리고 문화에 대한 팁과 서로를 격려하면서 언어를 배우는 데 필요한 유인을 제공해 주고 있다(www.livemocha.com).

둘째, 개인 직원들이 자신의 경험에 의해 습득한 지식을 비디오로 제작해 서로 공유할 수 있도록 함으로써 획기적인 학습 효과를 거둔 선 마이크로시스템즈(Sun Microsystems)사의 'Sun Learning eXchange' 학습 플랫폼이다. 이는 직무 관련 학습의 약 90%가량이 직원 간에(peer-to-peer) 비공식적으로 이뤄진다는 아이디어에 착안해 직원들이 각자 서로의 경험을 통해 획득한 지식들을 서로 공유할 수 있도록 지원해 주는 것이다. 그리고 비디오 콘텐츠 제작을 위한 도구 지원 및 태깅(tagging)을 통한 카테고리 구분, 다양한 모바일 기기에서의 재생 등 편리하고 손쉽게 활동하는 데 중점을 두고 있다(한국정보화진흥원, 2011b).[21)]

셋째, 수학 강의로 시작된 비영리 무료 교육 사이트인 칸 아카데미(Khan Academy)이다. MIT에서 수학과 컴퓨터공학 등의 3개 학위와 하버드 경영대학원에서 MBA를 취득하고 보스턴의 헤지펀드 분석가였던 살만 칸(Salman Khan)이 2006년 먼 거리에 있는 사촌 동생에게 수학을 가르치기 위해 시작한 유튜브 동영상이 세계적인 관심을 받기 시작했다. 사촌 동생 이외에도 다양한 사람들이 강의에 관심을 보이자 칸은 2008년에 비영리 교육 동영상 사이트인 칸 아카데미(www.khanacademy.org)를 개설했다. 칸 아카데미의 미션은 모든

---

21) 선 마이크로시스템즈에서는 다음과 같은 가이드라인을 제시해 활성화를 촉진하고 있다. 촉진할 내용으로 ① 공유되는 파일 종류는 PDF, 오디오, 비도오 등 간편한 것, ② 학습자에 대한 요구 수준이나 연습 정도가 지나치게 높지 않도록 할 것, ③ 1시간 이하로 짧게, 불필요한 부분은 건너뛸 수 있도록 제작, ④ 필요에 따라 편집 가능하게 제작. 그리고 지양할 내용으로는 ① 높은 사양의 서버를 필요로 하거나 복합적인 설치가 필요한 형태, ② 어렵거나 위험하거나, 성희롱적인 내용을 포함하는 것, ③ 기술적 핵심 위주로만 내용을 다루는 것, ④ 일부 내용의 건너뛰기가 불가능하게 제작하는 것.

그림 1-6 Sun Learning eXchnage(SLX)

Sun Learning eXchange(SLX)	SLX 운영 방식
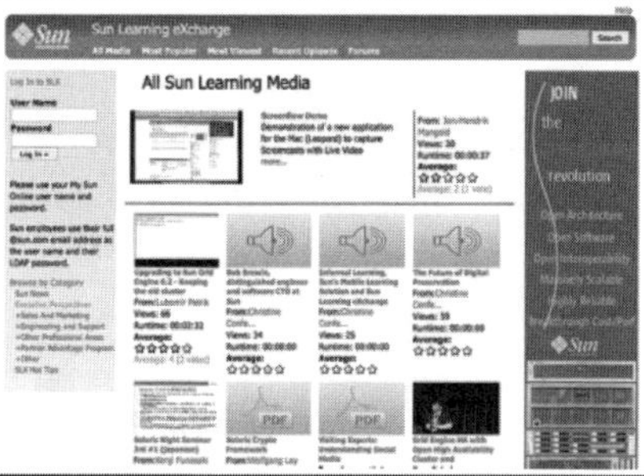	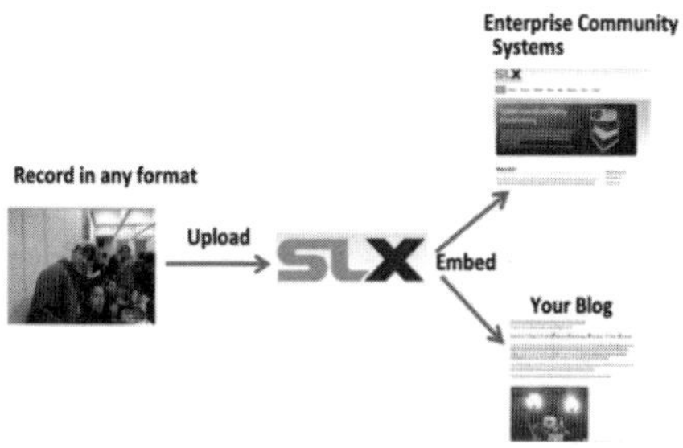

출처: Sun Learning eXchange(SLX); 한국정보화진흥원(2011b).

사람에게 '세계 수준의 교육'을 무료로 제공하는 것이다.[22)]

칸 아카데미는 초·중·고교 수준의 수학, 화학, 물리학부터 컴퓨터공학, 금융, 역사, 예술까지 약 400여개의 동영상 강의를 제공하고 있다. 그리고 이런 강의들은 미국 내 2만 여개의 학급에서 교육 자료로 사용된다. 2012년 기준으로 전 세계 210여 개국에서 약 4,300만 명이 칸 아카데미를 방문한 것으로 나타나고 있다. 그리고 칸 아카데미는 빌랭멜린다게이츠재단, 자선사업가 앤 도어, 리드 헤이스팅스 넷 플릭스 최고경영자, 멕시코 통신갑부 텔맥스텔레콤 회장 카를로스 슬림(Carlos Slim), 맥콜맥베인재단, 발할라재단, 오설리반재단 등의 기부금으로 운영되고 있다.[23)] 특히, 2010년 9월에는 구글의 '프로젝트 10의 100제곱' 공모전에서 세상을 바꿀 다섯 가지 아이디어 중 하나로 선정되었다. 또한 미국의 경제전문지 『포춘(Fortune)』도 2010년 8월 MS 창업자인 빌 게이츠(Bill Gates)가 칸 아카데미를 극찬한 사실을 보도했다(한국정보화진흥원, 2011b).

22) OpenCollege(2015.01.22).[오픈칼리지 아카이브]. 칸 아카데미의 교육혁명: 나는 '공짜로' 공부한다(https://www.opencollege.kr/stories/96).

23) 조선비즈(2013.03.08). 칸 아카데미 "기술 발달이 '교육 평등화' 이룰 것"(http://biz.chosun.com/-site/data/html_dir/2013/03/08/2013030800725.html).

그림 1-7 칸 아카데미(Khan Academy)

칸 아카데미 사이트 (www.khanacademy.org)	칸 아카데미의 운영 방식
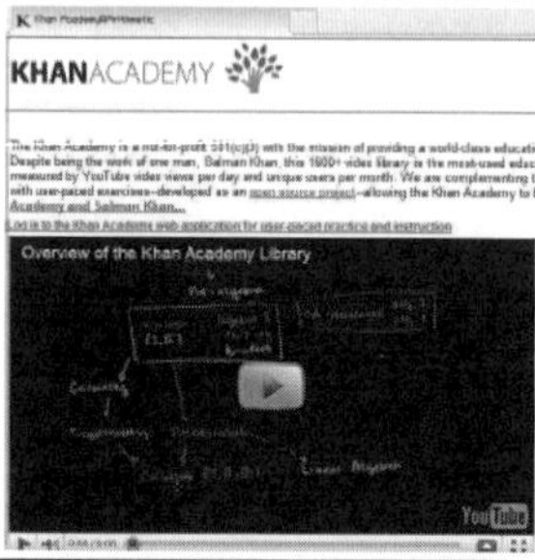	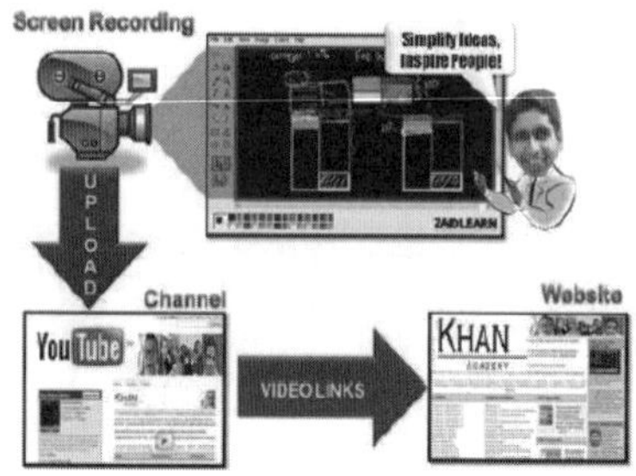

출처: 한국정보화진흥원(2011b).

2) 복지 부문의 변화

스마트 시대에서는 복지 패러다임도 변화화고 있다. 즉, 공급자 중심에서 복지 수요자가 비용이나 거주지역에 상관없이 서비스를 선택하고 이용하는 '수요자 중심'의 복지 체제로 변화했다. 또한 고령화 시대의 노인복지 수용 증가로 새로운 이슈들이 등장했다(한국정보화진흥원, 2012). 그리고 모바일 기기를 비롯한 정보·스마트 기술의 발달과 확산은 보건산업 부문에서 모바일 헬스케어(mobile healthcare, mHealth)라는 새로운 산업시장을 형성했다(정혜실, 2014).

수요자 중심의 복지 체제란 복지 수요자가 비용이나 거주지역에 상관없이 서비스를 선택하고 이용하는 것이 보장되며, 복지 서비스 공급자가 수요자에게 서비스의 품질을 보장하는 것을 말한다. 또한 복지 서비스와 관련된 모든 정보를 공개해 수요자가 개인의 특성에 가장 잘 맞는 복지 서비스를 선택하도록 하는 것을 말한다.[24] 따라

24) 수요자 중심의 복지 서비스로는 바우처와 아이사랑 카드사업이 있다. 바우처의 경우 개인의 서비스 선택권 강화와 효용을 증대하고 공급자 확대 및 공급자 간 경쟁을 강화해서 궁극적으로는 서비스 품질 개선을 유도하는 것이다. 또한 아이사랑 카드사업은 소득, 연령 등 일정한 조건을 갖춘 부모에게 서비스 이용권을 전자카드에 담아 보육 서비스를 이용하도록 지원하는 제도이다. 기존에는 보육 관련 예산을 보육기관에서 직접 지원했으므로 실제 수요자인 부모와의 의사소통이 어려웠고 서비

그림 1-8 스마트 기술을 활용한 복지 수요자 정보 접근성 강화

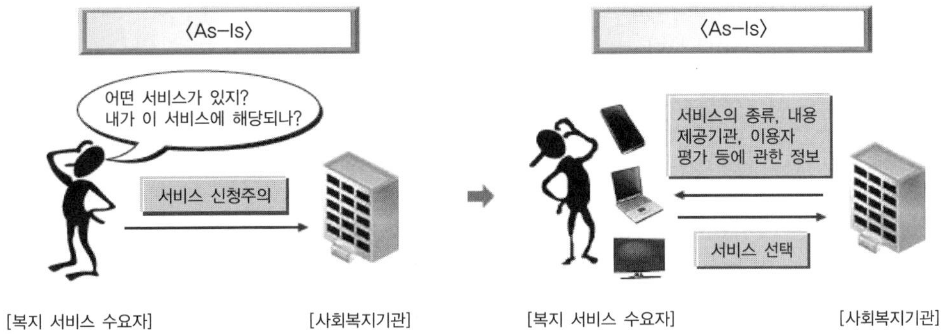

출처: 한국정보화진흥원(2012).

서 앞으로는 복지 수요자들이 보유한 ICT 기기를 이용해 이런 복지 서비스 정보들에 대한 접근성을 강화할 필요성이 요구되고 있다(한국정보화진흥원, 2012).

급속한 고령사회의 진입은 고령자의 건강, 안전, 사회통합 등의 문제와 치매 노인 인구 및 고독사 증가 등에 따른 건강한 고령층의 형성이 중요한 정책 목표로 대두되고 있다. 특히, 고령층 인구 증가에 따른 의료 서비스 수요 증가, 의료 비용의 급증, 그리고 전문헬스케어 인력 부족 심화에 따른 ICT 기반의 스마트한 헬스케어 시스템이 중장기적 대안으로 고려되고 있다(한국정보화진흥원, 2013).

예를 들면, 보건복지부와 SK텔레콤은 2013년 9월 16일에 '스마트실버지원사업' 업무협약을 체결했다. 스마트실버지원사업이란 노인들을 대상으로 편리한 스마트 기기 사용 환경과 함께 보건복지 앱(App) 등을 포함해서 꼭 필요하고 유용한 보건복지 정보를 제공하기 위해 보건복지부가 추진하는 사업이다. SK텔레콤은 터치 스크린

스 지원 체계가 복잡했다. 이에 정부는 아이사랑 카드사업을 통해 수요자인 부모와 공급자인 서비스 기관 간의 의사소통을 증진시키고 행정 업무 부담을 감소시키기 위해 보육료를 수요자에게 이용권으로 지급하기 시작했다(한국정보화진흥원, 2012).

사용에 익숙하지 않은 노인들이 스마트폰 초기 화면에서 쉽고 편리하게 의료, 건강, 복지, 안전 관련 정보들을 얻을 수 있도록 구상한 'T실버서비스'를 출시했다.[25]

또한 ㈜하이디어솔루션즈는 '효드림텔레케어' 서비스를 제공하고 있다. 이 서비스는 응급 상황에서 응급호출기의 버튼을 누르면 보호자에게 SMS 문자가 전송되는 보호자 응급호출 서비스, 드림폰의 Help 버튼을 누려면 119로 연결되어 구조요원에게 도움이 요청되는 119 응급호출 서비스, 미리 저장된 번호의 단축 버튼을 통한 통화 서비스를 제공하는 말벗 서비스, 재택 상태에서 일정 시간 움직임이 감지되지 않는 경우에 보호자에게 SMS 문자가 전송되는 응급 상황 문자통보 서비스, 활동량 감지를 통한 부모님의 활동정보를 분석해 매일 보호자에게 SMS 문자 전송 및 침실·화장실·거실 주방 등에

그림 1-9 고령화 시대 스마트 헬스케어

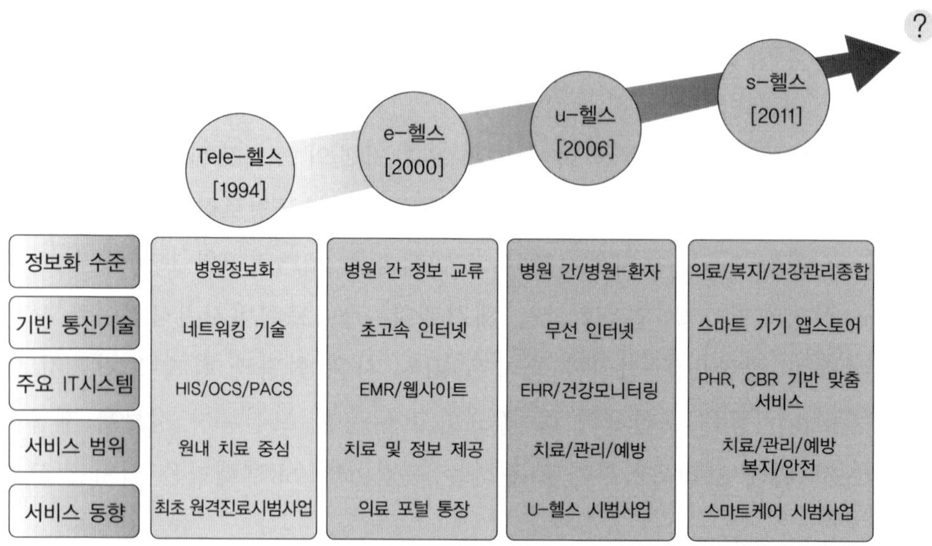

출처: 김주원(2011).

25) 고령친화산업지원단(http://kohes.or.kr/).

서 부모님의 일별/주별/월별 분석정보를 보호자가 웹 접속을 통해 모니터링할 수 있는 자녀안심 서비스, 건강 상담을 원할 경우에 '콜센터' 버튼을 통해 상담전문 간호사/전문의와 건강 상담하는 건강상담 서비스, 상담변호사가 부모님에게 전화를 걸어 건강 상태를 확인하는 건강문진 서비스, 부모님 건강상담 및 활동량 정보로 구성된 건강보고서를 매월 자녀에게 이메일로 제공하는 건강보고서 제공 서비스 등이 있다.

이처럼 고령화 시대 보건의료 서비스는 ICT 발전에 따라 원격의료(Tele－헬스)의 개념에서 e－헬스, u－헬스, s－헬스로 진화하고 있다. 특히, 's－헬스'란 '스마트 헬스케어'로서 이는 대용량 정보처리 기술을 활용해 병원과 가정 등 언제 어디서나 환자의 상태를 지능적으로 모니터링하면서 간리하고 환자정보와 질병정보 등을 분석해 실시간으로 맞춤형 서비스를 제공하는 것을 말한다(이윤희, 2014a).

'모바일 헬스케어(mobile healthcare)'란 모바일 기기로 지원받는 의학 및 공중건강 업무를 뜻한다(WHO, 2011). 이런 모바일 헬스케어는 무선 통신기술 및 웨어러블 스마트 기기의 발달과 바이오센서의 소형화・고집적화 등 ICT와 의료기기의 융합이 활발해지면서 더욱 주목받고 있다. 그뿐만 아니라 세계적으로 의료비 절감과 치료의 효율성 증진을 위해 모바일 헬스케어에 대한 관심이 커지고 있다(이선희・유선실, 2014).

왜냐하면 스마트 기기의 트렌드에 따라 몸에 착용이 가능한 형태의 웨어러블 디바이스(wearable device)를 새로운 플랫폼으로 하여 기존의 기기로 불가능했던 새로운 가치 창출이 가능해지고 있기 때문이다. 특히, 헬스케어 분야는 웨어러블 디바이스의 적용과 확산이 가장 빠르게 이뤄지고 있는 영역이다. 현재 피트니스/웰니스 시장을 중심으로 성장하고 있는 의료 서비스는 앞으로는 건강관리 서비스의 영역을 넘어서 진단, 수술 및 치료 부문에까지 확대될 전망이다.

또한 웨어러블 디바이스를 통해 일상생활에서 끊임없이 만들어지고 있는 라이프 로그(life log) 데이터는 사람들의 생활 습관이나 건강 정보 등을 포함하고 있기 때문에 헬스케어 분야의 빅 데이터로서 활용 가치가 매우 크다고 할 수 있다(정혜실, 2014).[26]

웨어러블 기기는 현재는 피트니스 분야의 제품이 대부분을 차지하고 있다. 예를 들면, 움직임을 추적하는 거리나 위치 측정, 진동 감지 등의 센서들을 기반으로 행동정보와 체형 관련 정보를 수집하는 스마트 밴드가 가장 많은 비중을 차지하고 있다. 그 밖에는 목걸이, 반지, 시계 등의 액세서리 형태로 몸에 착용할 수 있는 웨어러블 기기들이 등장하고 있다(이선희 · 유선실, 2014).

특히, 헬스케어 웨어러블 디바이스는 체내 혹은 인체 주변에서 일어나는 근거리 무선통신 기술로 인체를 통신 채널로 사용하는 wBAN(wireless Body Area Network)을 기반으로 하여 신체에 착용한 기기들이 무선으로 연결해서 생체 정보를 측정하고 전송하는 방식으로 의료 분야에서 활용되고 있다(정혜실, 2014). 헬스케어 웨어러블 디바이스는 혈당 측정기나 심전도 측정기 등의 의료 기기를 스마트폰과 연동해 만성질환자의 혈당이나 심전도를 측정해 기록 및 분석하고 이상 발생 시 즉시 의료기기관에 전달한다. 이는 기존

---

26) 웨어러블 디바이스는 군사기술 분양에서 최초로 사용되었으나 착용하기 무겁고 투박한 형태와 제한된 기능으로 인해 시장 형성에 실패했다. 그러나 2010년 들어 스마트폰이 활성화되고 사물들 간에 인터넷이 연결되어 정보를 교환하는 사물 인터넷(Internet of Things: IoT) 서비스가 가능해지면서 웨어러블 디바이스는 스마트폰과 연동되는 동반제품 형태로 발전하게 되었다. 이런 웨어러블 디바이스가 헬스케어 분야에서 주목받는 이유는 스마트한 소비자들이 중심이 되어 스마트 기기와 센서기술을 통해 일상에서 생성되는 자신의 모든 데이터(식사량, 혈압, 운동량, 기후 변화 등)들을 정량적으로 수치화해 건강을 관리하려는 'Quantified Self' 트렌드의 확산이 주목받고 있다. 또한 이러한 개인 생체 정보를 수집하고 활용해 적시에 효과적인 예방과 치료 서비스를 제공하는 '맞춤의료' 또한 헬스케어 분야의 웨어러블 디바이스 활용을 촉진하는 메가트렌드 중 하나이다. 특히, ICT와 u-헬스케어 기술의 융합은 비효율적으로 증가하는 '의료비' 지출을 억제할 수 있는 현 의료전달 체계의 대안으로 인식되고 있다는 점에서 헬스케어 웨어러블 디바이스의 도입을 가속화하는 요소라고 볼 수 있다(정혜실, 2014).

의 오프라인 형태보다 사용 편리성을 개선했고 의료 효과를 높일 수 있다는 장점이 있다(이보경, 2014).[27]

현재 헬스케어 부문에 출시된 제품의 활용 분야와 주요 기능을 살펴보면 <표 1-6>과 같다.

표 1-6 헬스케어 웨어러블 디바이스 주요 제품

구분	형태	제품	활용 분야 및 기능
휴대형	밴드	퓨얼밴드, 마이코치 핏비트, 조본 업 등	칼로리 소모량/섭취량, 영양성분. 심박동수, 활동량과 강도, 이동거리, 수면 측정 등
	안경	구글 글라스	수술 과정 녹화, 생체신호 모니터링, 진료기록 공유, 원격자문, 환자 및 의료진교육, 응급환자 상태 전송 등
	의류	스마트 브라, 바이오 셔츠 등	심박동수 및 발한 정도 측정, 심전도, 호흡, 운동량 측정 등
부착형	렌즈	Triggerlish, 구글 스마트렌즈 등	안압 측정, 혈당 측정 등
	패치	NUVANT MCT	심전도, 심박동수 모니터링, 심장질환 진단, 응급 상황 발생 시 의료진 데이터 전송
이식 복용형	알약	Ingestible sensor, iPill 등	약물 복용 여부 확인, 약물 전달
	이식 칩	SEVEN PLUS 등	혈당 모니터링, 응급 상황 발생 시 알람 및 의료진 데이터 전송

출처: 정혜실(2014).

27) 웨어러블 디바이스에서 주목을 받고 있는 'Google Glass'의 경우, GPS를 통해 달리는 거리와 위치, 성과 등을 확인하고 새로운 기록들을 업로드하는 기능을 바탕으로 피트니스 분야에 적용했다. 그리고 국내에서도 Ybrain에서 개발한 치매치료 기기인 '와이밴드'의 경우 뇌파를 기반으로 한 웨어러블 기기로 수집된 뇌파 데이터로 빅데이터 플랫폼을 구축하고 각 이용자에게 맞는 치료를 제공할 계획이다(이선희 · 유선실, 2014 재인용).

제 3 절 스마트 지식사회의 기회와 도전[28)]

1 스마트 시대의 위험 확산

지금까지 살펴본 것처럼 스마트 기술의 진화는 우리 사회의 정치·경제·사회 부문에서 혁명에 가까운 변화들을 야기했다. 그뿐만 아니라 이런 변화들은 우리에게 많은 편리함을 제공해 주고 있다. 하지만 이런 스마트 기술의 발전이 그동안 전혀 예상하지 못한 새로운 위험을 등장시키거나 기존의 위험을 강화시키기도 한다.

예를 들면, 해킹과 디도스(DDoS) 등의 사이버테러에 따른 정보망 침해, 악성 댓글이나 사생활 침해 등의 불건전 정보 유통, 게임이나 온라인 도박 등의 중독 문제, 개인정보 유출과 음악, 영화 등의 디지털 정보에 따른 저작권 침해 등이 발생하고 있다.

▌표 1-7▌스마트 사회의 주요 위험

유형	주요 내용
정보망 침해	해킹, 바이러스 유포, DDoS 등의 사이버테러, 사이버전
불건전 정보 유통	온라인 상에서의 악성 댓글, 음란·폭력 및 사생활 침해
중독	게임 중독, 온라인 도박, 음란물 중독
개인정보 유출 오남용	주민등록번호로 대표되는 개인 정보에 대한 관리와 취급 및 개인정보 유출
저작권 침해	음악, 출판, 영화, 만화 등의 디지털 정보에 대한 디지털 저작권 침해, 기업 비밀 유출

28) 이 절은 현재 저자가 정부(교육부)의 재원으로 한국연구재단의 지원을 받아 수행하고 있는 SSK (Social Sciences Korea) 과제인 스마트 지식사회의 기회와 도전: 기술 발전, 위험 확산, 그리고 정책 대응에 대한 연구 내용을 요약·정리한 것이다.

그러나 그동안의 우리는 주로 정보통신기술의 발전에 따른 새로운 파급 효과와 변화에 대한 일반론적 현상 기술과 처방에 중심을 맞춰 왔다. 따라서 앞으로는 급변하는 스마트 사회에 대한 좀 더 명확한 변화의 측정과 지속적이고 면밀한 검증 노력이 요구된다 할 수 있다. 그뿐만 아니라 스마트 사회에 관한 이론적 체계를 정립하고, 스마트 사회의 편익과 위험을 식별해 지속 가능한 스마트 사회를 위한 한국의 대응 모형을 정립할 필요성이 요구된다. 그리고 이를 통해 스마트 사회의 본질을 파악하고 스마트 시대의 편익과 위험에 균형적으로 대응함으로써 참여, 개방, 공유의 정신이 충만한 '안전하고 건전한 스마트 사회'를 모색할 수 있을 것이다.

특히, 호주나 핀란드와 같은 정보화에 앞서갔던 국가들은 스마트 사회로의 이행을 염두에 두고 성공적인 스마트 사회 실현을 위한 국가 차원의 전략을 모색하고 있음을 감안한다면(한국정보화진흥원, 2011c, 2011d), 지속 가능한 스마트 사회를 위한 종합적이고 장기적인 연구가 앞으로 필요하다고 할 수 있다.

2 안전하고 건전한 스마트 사회 건설을 위한 방향

안전하고 건전한 스마트 사회 건설을 위해 다음과 같은 사항들을 고려해 볼 필요가 있다. 첫째, 스마트 사회로의 패러다임 전환을 설명하고 분석할 수 있는 이론 체계의 확립이 필요하다. 둘째, 스마트 사회가 형성하는 편익과 위험을 식별하고 지수화하는 작업이 선행되어야 할 것이다. 셋째, 스마트 사회의 실제적·잠재적 위험에 대한 체계적 대응 방안을 모색할 중요성이 강조되고 있다. 넷째, 한국의 스마트 사회 경험을 모형화해 스마트 사회의 발전 유형과 발전단계를 설명할 수 있는 있어야 할 것이다. 다섯째, 스마트 사회 연구의 국제적 협력과 확산을 도모하고 스마트 사회 연구의 글로벌 허브를 구현할 필요가 있다.

1) 스마트 사회의 이론화 정립

스마트 사회의 이론화 주제는 스마트 사회의 개념과 특징을 살펴보고 위험사회의 관점에서 스마트 사회를 분석하는 것이다. 스마트 사회로의 이행은 현재 진행 과정에 있다. 따라서 스마트 사회의 본질을 명확하게 이해할 필요가 있다. 이를 통해 스마트 사회에 관한 이론적 논란을 줄이고 현재 발생하고 있는 스마트 시대의 위험사회의 현상들을 분석하기 위한 이론적 틀을 구성할 필요가 있다.

이를 위해 스마트 사회의 등장 배경과 스마트 사회로의 변화와 그 과정을 살펴볼 필요가 있다. 그리고 스마트 사회의 개념과 특징을 분석함으로써 스마트 사회에 대한 명확한 이해를 제시할 필요가 있다. 그뿐만 아니라 스마트 사회로의 이행 과정에서 한국의 정보기술의 변화 및 성과와 노력들을 검토함으로써 스마트 사회가 한국사회에 주는 함의를 명확하게 파악할 필요가 있다.

또한 위험사회에 대한 이론적 논의를 통해 스마트 사회의 본질과 스마트 사회에 내재된 위험의 원인을 학문적으로 고찰할 필요가 있다. 이를 위해서는 정보기술의 발전에 따른 위험을 이중적 위험사회라는 측면에서 파악해야 한다. 이를 통해 정보화 투자와 노력이 사회 발전으로 이어지지 않는 역설(paradox)을 살펴볼 필요가 있다. 그리고 다음으로 기술과 사회의 관계에 대한 이론적 검토를 통해 기존의 기술결정론이나 사회구성론과 상호의존적 측면에서 스마트 시대의 위험사회를 고찰할 필요가 있다.

2) 스마트 사회의 편익과 위험분석

스마트 사회의 편익과 위험분석은 스마트 사회의 편익과 위험을 체계화하고 객관적 자료를 활용해 지수화를 통해 가능하다고 할 수 있다. 일반적으로 기술의 발전 속도에 비해 정책이나 제도의 대응은 따라가지 못하고 있는 점이 기술 발전에 따른 위험을 증폭시킬 수 있다. 따라서 스마트 사회의 위험을 체계화하기 위해서는 스마트 사회에 따른 변화와 관련된 제도의 변화를 자세하게 살펴본 이후에 기술과 제도 지체(time lag)를 실증적으로 분석하는 것이 중요하다. 이런 과정에서 정책이나 법제의 지체 문제, 문제 해결의 주체로서 거버넌스 문제, 위험사회와 무과실 책임론의 문제 등을 다양한 시각에서의 접근과 이론적 분석을 통해 그 원인을 설명하는 것이 중요할 것이다.

그뿐만 아니라 스마트 사회에서 잠재적 위험 논의는 이를 해결하기 위한 노력으로서의 거버넌스에 대한 고찰, 위험으로 인한 책임의 문제, 위험에서의 국가의 역할 등과 같이 다양한 측면에서의 이론적 접근이 요구된다. 스마트 사회에서의 잠재적인 위험은 현재 부작용이나 위험으로 부각된 것 외에도 숨어 있거나 앞으로 문제가 될 수 있는 잠재적인 위험들이 폭넓게 포함되어야 할 필요가 크다.

예를 들면, 오늘날 스마트 빅뱅의 중심에는 스마트폰, 스마트패드, 태블릿PC 등 상시적으로 인터넷에 연결되는 스마트 기기들의 보급과 이들을 활용한 다양한 서비스들이 위치하고 있다. 그리고 이들은 우리의 생활의 편의성을 가져다주는 것으로 인식되면서 빠르게 확산되고 있다.[29] 하지만, 스마트 기술의 상시적 연결망이 가져다 주는 환호 속에서 개인의 프라이버시 보호 문제나 전자감시의 가능성 문제는 개인·사회·국가적 차원에서 자칫 소홀하기 쉽다. 그리고 이런 문제들은 잠재적으로 심각하게 우리 사회에 위험을 끼칠 가능성이 높다.[30]

29) 대표적인 사례로 SNS 서비스(카카오톡, 페이스북, 트위터), 위치기반 서비스(LBS)와 증강현실 서비스, 클라우드 컴퓨팅을 활용한 n-Screen 서비스, 실시간 동영상 서비스 및 CCTV 서비스 등이 있다.

특히, 스마트 사회의 편익과 위험은 개별 사례별로 분석이 가능하지만 객관적으로 그 수준을 파악하고 제도적 대응을 촉구하기 위해서는 측정 가능한 지표를 작성하는 것이 중요하다. 따라서 국가 단위의 스마트 편익지수와 스마트 안전지수를 작성할 필요가 있다. 그리고 이 두 지수를 종합한 스마트 사회 발전지수(Smart Society Development Index)를 통해 현재 한국의 스마트 사회 발전 정도를 측정할 수 있을 것이다. 스마트 사회 발전지수는 장기적으로는 스마트 사회에 대한 국가 간 비교도 가능하게 해줄 것이다.

3) 지속 가능한 스마트 사회를 위한 제도와 정책

지속 가능한 스마트 사회를 위한 제도와 정책 주제는 스마트 사회의 위험을 해결하기 위한 종합적이고 제도적인 정책적 대응 방안을 마련함으로써 가능하다고 볼 수 있다(권헌영 2009). 이를 위해서는 다음과 같은 대안들을 고려할 필요가 있다. 첫째, 스마트 사회의 위험을 해결하기 위한 대응 방안으로 법학·행정학·경영학 등의 사회과학 분야에서 위험 해결을 위한 법률·정책·기술·산업 등 다양한 수단을 종합적으로 제시해야 한다. 둘째, 스마트 사회의 위험 발생 경로를 근본적으로 탐구해 각 대응 방안들이 눈에 보이는 현상만을 해결하는 대응요법에 그치지 않고 위험 요소에 대한 근원적인 처방을 내릴 수 있도록 제도적인 방안을 제시해야 한다. 셋째, 스마트 사회의 잠재적 위험에 대한 분석을 토대로 이를 해결하기 위해서는 정책 대응의 주체로서 정부뿐만이 아니라 시민과 사회단체, 시장이 함께하는 스마트 사회 거버넌스(governance)의 구축 가

30) 새로운 서비스로 인한 위험의 등장은 물론, 기존의 위험과 부작용 문제들도 스마트 시대에는 더욱 심각한 수준에서 진행될 가능성이 높다. 즉, 스마트 시대에는 정보화 시대와는 달리 인터넷의 상시 접속과 다기능 수행의 기능 향상으로 인해 그 편의만큼 프라이버시 침해, 보안 문제, 인터넷 중독, 게임 중독, 불법정보 유통, 저작권 침해 등의 위험 빈도와 심각성이 이전과 비교가 안 될 정도로 빠르게 진행될 수 있다.

능성을 모색할 필요가 있다.

4) 한국적 스마트 사회 모형의 정립

한국적 스마트 사회 모형의 정립 주제는 스마트 사회와 위험, 그리고 대응에 관한 연구들을 통해 이를 한국의 스마트 사회 발전 경험과 접목시킴으로써 한국적 스마트 사회 모형을 형성할 수 있다. 이렇게 정립된 한국적 스마트 사회 모형을 통해 스마트 사회 도래 이후 한국 사회에 나타난 새로운 사회적 현상과 특성을 정리하고 개념화할 수 있다.

특히, 한국적 스마트 사회 모형 정립을 통해 스마트 사회의 편익을 극대화하고 위험을 최소화하는 '안전하고 건전한 스마트 사회'를 제시할 수 있다는 점에서 큰 장점이 있다. 그뿐만 아니라 세계적인 성공 사례인 한국적 스마트 사회 모형은 스마트 사회 정착을 필요로 하는 국제사회에서 참조 자료로 유용하게 활용될 것으로 기대된다.

5) 스마트 사회 연구의 글로벌 확산

한국적 스마트 사회 모형의 정립과 함께 고려해야 되는 것이 바로 한국적 스마트 사회 연구의 글로벌 확산이다. 한국적 스마트 사회 모형의 국제적 확산은 이를 통해 스마트 사회의 국제적 담론을 주도할 수 있다는 장점이 있다. 또한, 그동안 스마트 사회와 이에 대한 한국 정부의 정책과 사례들에 대한 소개와 실증분석을 통해 도출된 연구 결과물들을 국제학술대회 발표와 해외 저명 학회지 등에 게재함으로써 장차 한국이 국제적 스마트 사회 학술활동의 허브 역할을 담당할 수 있을 것이다.

3 스마트 시대의 위험 확산과 정책 대응

앞으로 우리는 발전 중심의 정보사회에서 위험을 고려하는 바람직한 스마트 사회의 모형을 구축할 필요가 있다. 이를 통해 향후 스마트 시대의 한국 사회의 바람직하게 나아갈 방향과 이를 위한 정부의 올바른 역할 정립을 제시할 수 있을 것이다. 특히, 스마트 사회의 위험에 대한 상세한 검토와 다양한 정책적 제도적 방안을 통해 선순환을 이룰 수 있는 구조를 형성함으로써 미래에 대한 전망과 체계적인 정책 대안을 제시할 수 있는 기반을 구축할 수 있을 것이다. 이를 위해 스마트 시대의 위험과 현안 과제에 대한 앞으로 연구할 부분들은 기술, 위험, 국제 이슈의 3대 주제의 13개 과제이다. 이를 살펴보면 [그림 1-10]과 같다.

그림 1-10 스마트 시대 위험과 현안 과제에 대한 대안 제시

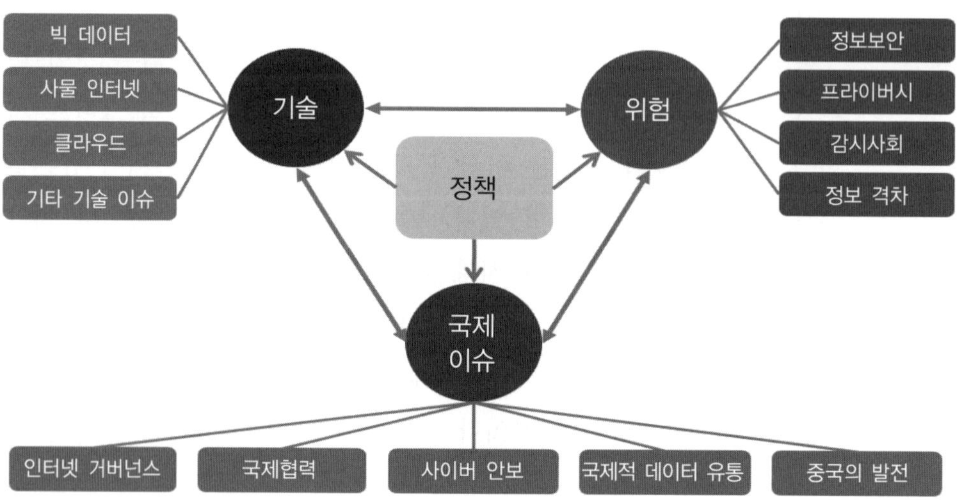

출처: 김동욱(2014).

1) 기술 분야

가트너, IDC, 프로스트 앤 설리번, 스트레티직 아널리틱스 등 세계 유수 ICT 전문기관들은 앞으로 스마트 사회의 기술 분야에서 빅 데이터, 사물 인터넷, 클라우드 기술 및 서비스의 중요성이 더 높아질 것이라고 예측하고 있다. 이러한 기술의 활용을 극대화하고 이를 통해 한국이 세계 ICT 시장을 선도하며 국내적으로 삶의 질을 향상시키기 위해서는 이러한 기술의 경향들에 대해 적절한 정책적 대응이 필요하다고 할 수 있다.

① 빅 데이터

빅 데이터는 현재 우리 사회의 정치, 경제, 사회 등 모든 영역에서 활용이 논의되고 있는 분야이다. 2008년 버락 오바마(Barack Obama) 당시 대선 후보 캠프는 빅 데이터를 이용한 유권자 분석을 통해 선거에 승리할 수 있었다(고한석, 2013). 또한, 아마존닷컴은 모든 고객의 구매 내역을 데이터베이스에 기록하고 빅 데이터 데이터베이스를 구축한 이후에 이 기록들을 분석해서 소비자의 소비 취향과 관심사를 파악하고 있다. 그리고 이를 바탕으로 각 소비자에게 추천 상품을 제시하는 데 이를 활용하고 있다(김동완, 2013). 그뿐만 아니라 서울시에서 심야 통화 시간이 많은 곳을 분석해 심야버스 운행 전 노선 확정을 위해 빅 데이터를 이용했다.

스마트 사회의 기회 요인으로서 빅 데이터의 활용 가치를 제고하기 위한 제도나 전략, 정부 및 기업의 역할, 그리고 기대 효과에 대해 연구할 필요가 있다. 이를 위해 먼저 빅 데이터의 활용 분야와 활용으로 인한 기대 효과를 진단하기 위해서는 한국의 공공 분야와 민간 부문에서 주요 빅 데이터의 활용 현황 및 활용과 관련된 정책 또는 가이드라인을 분석할 필요가 있다.

또한 연구기관의 보고서, 학술대회의 발표 자료, 논문 및 정부 발간 자료 등을 검토하고, 관련 분야 전문가의 인터뷰를 병행해 기대 효과에 대한 이론적 틀을 제시할 필요가 있다. 특히, 데이터의 주된 공급자이자 수요자인 일반 시민들을 대상으로 설문조사를 실시해 시민들이 필요로 하는 빅 데이터의 주요 활용 분야와 향후 효용을 높일 수 있는 영역들을 도출할 필요가 있다.

특히, 공공 및 민간 부문의 빅 데이터 활용 기회를 제고하고 기대 효과를 창출하기 위해서는 정부와 기업의 역할이 매우 중요하다. 이처럼 정부와 기업의 역할은 외국 사례들 통해 시사점을 도출할 수 있을 것이다. 대표적인 해외 사례로는 미국의 Smart Disclosure[31]와 영국의 Midata[32]이다. 이들 사례들의 분석을 통해 개인 데이터 활용 영역과 제도 및 정책에 대한 정부와 민간 부문의 역할의 시사점을 제시해 줄 수 있을 것이다.

② 사물 인터넷

사물 인터넷이란 생활 속 자동차, 시계, 가전제품 등 사물들을 유무선 네트워크로 연결해 정보를 공유하는 환경을 의미한다. 현재 인터넷에 연결된 사물(2013년 26억 개)은 1% 미만이나 향후 연결 확

---

31) Smart Discloure는 미국 오바마 정부의 '열린 정부 행동 계획' 중 공공 서비스 개선을 목표로 고객과 과학자들을 위한 데이터 공개를 방식(한국정보화진흥원, IT Issues Weekly 2011.09.29.)이다. 하버드 비즈니스리뷰 2013년 1~2월호의 리처드 탈러(Richard H. Thaler)와 윌 터커(Will Tucker)의 글 "Smarter Information, Smarter Consumers"에서는 smart discloure의 범위를 ① Government release of data it collects on products and services, ② Government release to individuals of their personal data, ③ Government facilitated electronic disclosure by private sector companies of price or attribute data on products and services, ④ Government facilitated release to consumers of personal data held by the company 네 가지로 나누고 있다.

32) Midata는 영국 정부에서 이용하는 기관들이 보유하고 있는 소비자 개인에 대한 데이터를 소비자가 모바일 기기를 통해서도 접근할 수 있게 하는 프로그램이다. 방송통신위원회(2012, 빅데이터 시대의 새로운 정책이슈와 이용자 중심의 활용 방안 연구)에 따르면 Midata를 이용함으로써 소비자들이 여러 공급자로부터 자신의 구매에 대한 데이터를 제공받아 자신의 구매 행동 전반에 대한 일목요연한 관찰이 가능하게 여가 등 다양한 목적으로 데이터를 분석할 수 있게 된다. 그리고 Midata는 새로운 정보 서비스 플랫폼을 제공할 새로운 정보 공유 인프라를 창출한다.

대(2020년 260억 개) 과정에서 다양한 혁신과 사업 기회 창출[33]이 이뤄질것으로 예상되고 있다. 또한 사물 인터넷 세계 시장은 2013년 2,000억 달러에서 2020년 1조 달러로, 국내 시장은 2.3조 원에서 17.1조 원으로 성장할 것으로 전망되고 있다. 현재 주목받고 있는 스마트워치, 스마트글래스 등 웨어러블 기기들은 사물 인터넷의 상품화된 대표적인 예들이다.

사물 인터넷의 효과를 극대화할 수 있는 정책 방안을 제시하기 위해서는 다음과 같은 연구들이 진행될 필요가 있다.

첫째, 공공・민간 부문에서 사물 인터넷을 활용한 다양한 가치 창출 모델을 개발해 사물 인터넷을 활성화해야 할 필요가 있다. 특히 정부는 기업들의 자율을 존중하고 사물 인터넷을 활용한 정부 업무 처리의 투명성・민주성・효율성 제고를 위한 모델들을 개발하기 위한 연구를 진행해야 할 것이다.

둘째, 사물 인터넷 보급 및 활용 확산을 위한 법・제도 정비가 필요하다. 현재 오프라인 중심, 인터넷 중심으로 되어 있는 법제도를 사물 인터넷 기반으로 전환하기 위한 연구를 진행해야 한다.

셋째, 한국이 사물 인터넷에서 협소한 국내 시장을 탈피해 세계 시장을 선도하기 위한 시장 창출, 전문기업 육성, 기술 개발, 표준화 등에 걸림돌이 되는 요소들을 파악하고 해결하기 위한 연구를 수행해야 할 필요가 있다.

③ 클라우드 컴퓨팅

클라우드 컴퓨팅은 저장 공간 등 인프라, 플랫폼 등 개발환경, 어플리케이션 서비스를 인터넷을 기반으로 제공하고 사용량에 따라서 요금을 부과하는 하는 서비스이다. 클라우드 서비스는 기업 및 공공

33) Gartner(2013.12.12). Gartner Says the Internet of Things Installed Base Will Grow to 26 Billion Units By 2020(www.gartner.com/newsroom/id/2636073).

기관에서 근무 효율성 향상과 탄소배출량 저감 등을 위해 스마트 워크가 활성화되고 기업은 인프라 및 개발환경, 어플리케이션 사용 등으로 인한 TCO(Total Cost of Ownership)를 절감하고, ROI(Return On Investment)를 극대화할 수 있는 대안으로서 최근에 주목을 받고 있다(방송통신위원회 2012).

스마트 사회에서 빅 데이터, 대용량 미디어 데이터 등의 전송 및 공유가 더욱 활발해질 것으로 예상된다. 또한 조직의 효율성 추구, 프로슈머의 등장 등으로 인해 클라우드 컴퓨팅은 이를 가능하게 하는 기반 기술로서 중요성이 강조되고 있다. 따라서 클라우드 컴퓨팅에 대해서는 현재 국내외 클라우드 컴퓨팅 기술 발전과 이를 바탕으로 한 비즈니스 모델 현황을 파악해 기대 효과를 연구할 필요가 있다. 그리고 현재 서비스 특성, 진흥정책, 이용자 측면에서 클라우드 컴퓨팅 활용을 위해 한국 상황 및 특성에 대해 연구할 필요가 있다.

2) 위험 분야

빅 데이터, 사물 인터넷, 클라우드 컴퓨팅 기술들의 보급과 활용에 따라서 정보보안 문제, 프라이버시 침해 문제, 감시사회의 등장, 정보 격차의 심화 등은 이전과 다른 양상으로 나타나게 될 것으로 전망된다. 또한 기존의 개인정보 유출이 데이터베이스를 해킹하거나 개인 PC에 악성 코드를 심는 방식으로 진행되었다면, 스마트 사회가 본격화됨에 따라 새로운 국면을 맞이하게 될 것이다. 왜냐하면 이름·주민등록번호 같은 개인 식별정보뿐만 아니라 개개인들의 위치정보, 영상정보, 감성정보 등의 개인 특성 정보도 대량으로 수집 · 활용되고 있기 때문이다. 또한 개인정보 수집 · 저장 · 활용의 경로가 다양해지고 있으며 그 규모도 확대되어 가고 있다(정준화 · 김동욱, 2013).

정보보안 문제는 PC 및 서버의 보안 차원에서 개인용 모바일 기기 보안 문제로 확대되었다. 그리고 기업 및 국가의 불법적인 감시의 범위와 대상은 더욱 확대되었을 뿐만 아니라 그 방법과 양태도 교묘해지고 있다. 이제는 빅 데이터, 사물 인터넷, 클라우드 컴퓨팅 등 기술 진흥과 활성화 방안을 연구하는 동시에 이런 기술들이 가져올 부작용과 대응 방안에 대해 연구해야 할 필요성이 강조되고 있다.

① 정보 보호

인터넷의 진화와 정보화의 진전으로 도래한 스마트 지식사회에서는 정보 생산과 유통이 확대되고 이용이 촉진되고 있다. 그럼에도 불구하고 정보 보호 및 정보보안 관련 사항은 법제도적 근거가 체계적으로 정비되어 있지 못한 실정이다. 게다가 공공정보 공유 및 기업의 정보 수집과 활용에 대한 정보 보호 필요성이 급증하는데 비해 관련 입법과 제도는 아직도 미비한 실정이다. 따라서 스마트 지식사회의 도래에 따라 정보 보호 관련 법제와 이에 대한 이론적 측면에서의 재검토가 필요하다고 할 수 있다.

이를 위한 주요 연구 내용을 정리해 보면 다음과 같다. 첫째, 정보 보호와 정보보안, 사이버 안보 등 관련 개념 정리와 범주 등을 명확히 분석할 필요가 있다. 둘째, 국내 정보 보호 관련 법제 현황을 연혁적 · 체계적으로 분석해 정보 보호에 관한 개념상의 혼동과 제도와의 불일치 부분을 도출할 필요가 있다. 셋째, 미국, 일본, EU 등 주요국 현황을 분석함으로써 제도 개선을 위한 함의를 도출한다. 이를 토대로 인터넷의 진화, 유비쿼터스화, 국가정보화의 진전 등 새로운 환경에 걸맞은 정보보호법제 발전 방안을 모색할 필요가 있다.

② 프라이버시

프라이버시 문제는 잊혀질 권리와 긴밀한 관련이 있다. 개인정보보호법제에 대한 문제점 분석과 함께 잊혀질 권리를 국내 제도에 도입하기 위한 연구를 진행할 필요가 있다. 이를 위해서는 다음과 같은 연구가 선행되어야 할 것이다.

첫째, 알 권리 등 잊힐 권리와 대치되는 권리와의 논쟁을 역사적으로 분석하고 주요 국가들의 관련 법제 현황을 분석해야 한다. 둘째, 미국, EU, 일본 등 주요 선진국들의 개인정보 보호 관련 법률 현황을 분석하고 잊혀질 권리 관련 국내 현황 및 문제점을 조사, 분석해야 한다. 셋째, 국가, 기업, 시민사회, 개인 층위에서 영역별 개인정보 수집에 대한 정책 개선과 이로부터 발생할 수 있는 위험 요인들에 대한 예방과 사후 대책에 대한 분석을 중심으로 한 접근을 시도할 필요가 있다. 넷째, 전문가 인터뷰, 세미나 개최를 통해 빅데이터 등 기술 진화에 따라서 프라이버시 보호 및 관련 권리에 대한 이슈가 어떻게 변화할지 예측하고 한국의 현실에 적합한 제도 운용과 도입 가능성을 타진해야 한다.

③ 감시사회

인터넷의 급성장, 스마트 환경에 기초한 모바일 인터넷의 확산은 개인의 표현의 자유를 증진시키기도 했지만 한편으로 정부와 기업의 검열과 감시를 위한 기술로써 활용되면서 감시사회의 등장을 가능하게 한다. 스마트 사회에서는 네트워크 기반형 인프라 구조는 로컬과 지역 분산에 기초했던 정보 간 경계를 무너뜨리고 효율성과 비용 절감이라는 명목으로 흩어졌던 정보를 집중시키고 통합해 통제할 수 있는 네트워크 기반 감시사회, 통제사회의 근간이 마련될 수 있다.

하지만 정부와 기업에 의한 검열과 감시는 다양한 층위에서 계속

될 수 있으며 방법은 교묘해질 수 있다. 따라서 감시사회에 대한 심도 있는 논의가 제기될 필요가 있다. 또한 고도화되어 가는 정보통신기술이 감시통제의 메커니즘과 갖는 긴밀한 연계성을 고려해 볼 필요도 있다. 특히 스마트 지식사회 국면에서 신체 데이터들의 관리 부실, 빅 데이터 관리기관의 부실로 나타나는 대규모 개인정보의 유출 문제로 인해 의도치 않은 혹은 의도한 감시 메커니즘의 등장을 초래하게 될 수 있다. 따라서 새로운 기술 및 정보감시 기제의 유형화가 필요하다.

스마트 지식사회에서의 감시와 통제 현상을 이해하고 분석하기 위해서는 다음과 같은 연구가 필요하다고 볼 수 있다.

첫째, 정보통신기술의 발전과 국가 권력 간에는 어떤 관계가 있는지를 역사적으로 고찰하고 해외 정보기관 등 감시사회의 징후를 보여주는 사례에 대한 연구 및 국가별 비교 연구를 수행해야 한다.

둘째, 빅 데이터 등 기술에 기반한 감시의 형식과 내용이 어떻게 변모했는지를 국가 영역과 기업 영역으로 나눠 진단해야 한다. 특히 최첨단 기업들에 의한 소비자 감시의 새로운 유형을 논의하기 위해 알고리즘 기술의 메커니즘을 분석하고 특정 사례분석을 통해 시각화하는 작업을 동반할 필요가 있다.

셋째, 빅 데이터의 확산은 '데이터 계급(data-classes)'을 형성하게 된다. 따라서 데이터 생산자, 데이터 수집자, 데이터 분석가 등 새로운 데이터 계급들에 대한 분석 및 유형화를 연구해야 한다.

넷째, 기술사회학적, ICT정책적 시각에서 위험사회와 감시사회 논제를 주로 다루는 동북아지역 국가들의 학교 부설 연구소들의 동향 파악과 관련 대학 및 연구기관들과 정기적인 인적·학술적 협력 체계 구축을 통해 연구 내용을 서로 공유할 필요가 있다.

④ 정보 격차

정보통신기술이 형성하는 정보 격차는 기존의 사회경제적 불평등 격차와 결합되거나 혹은 변이되고 불평등 정도가 더욱 심해져 가고 있다. 왜냐하면 현재 한국 사회에서 스마트폰의 확산 속도는 유례없이 빠르고 그 영향 또한 광범위하다. 그리고 스마트폰과 이를 활용한 SNS는 정치, 경제, 사회의 각 방면에 큰 변화를 만들어 내고 있다. 따라서 기존에 '정보 격차' 또는 '디지털 격차(digital divide)'라는 이름으로 지적되던 문제들이 스마트폰의 급속한 확산 이후 '모바일 격차(mobile divide)'를 거쳐서 '스마트 격차(smart divide)'라는 새로운 사회문제로 등장하고 있다.

따라서 스마트 지식사회에서 정보 격차 현상에 대해 다음과 같은 연구를 진행할 필요가 있다.

첫째, 이론적 연구를 통해 ICT 격차에 관한 거시적, 역사적, 비판적 이론들을 검토해야 한다. 그리고 이런 이론적 분석틀이 스마트 지식사회의 불평등과 격차 문제를 연구하고 주제화하는 데 얼마나 설명력이 있는지도 살펴볼 필요성이 크다.

둘째, 역사적 연구를 통해 ICT 격차의 역사적 전개와 이의 정치경제학적 맥락들을 탐구해야 한다. 이를 통해 정보사회 진입 이후 국가 간 비교 연구를 통해 글로벌 ICT 불평등-격차와 국가 내부의 ICT 불평등-격차가 어떻게 서로 접합되거나 차이를 가지게 되는지를 밝혀볼 필요가 있다.

셋째, 사회경제적 계층, 세대, 지역, 젠더, 교육 정도, 장애 등의 사회적 변인들을 중심으로 스마트 시대의 한국에서 형성되는 정보화와 관련된 새로운 집단화와 계급화, 포섭과 배제, 참여와 소외의 다양한 양상을 분석하고 이의 특징들을 밝혀볼 필요가 있다.

넷째, 급속한 정보기술의 발전과 사회 제도 및 정책의 부조화에 대한 연구를 진행해야 한다. 이를 위해 정보 격차에 대한 국내외 정책 사례를 수집하고 분석하는 것이 필요하다.

3) 국제 이슈

빠르고 급하게 변화하는 글로벌 환경은 스마트 기술 발전과 위험에 영향을 미친다. 즉, 국가 간 글로벌 경쟁이 가속화되면서 기술 개발 속도는 더욱 빨라졌다. 그리고 기술 보호를 위한 국제적 갈등도 더욱 첨예해지고 있다. 이제는 국가안보가 현실 세계뿐만 아니라 사이버 세계에서도 중요한 이슈가 되고 있는 현실이다.

특히, 스마트 시대의 국제 이슈에서 중국은 우리에게 시시하는 바가 크다. 예를 들면, 중국의 주요 인터넷 기업인 텐센트, 알리바바, 바이두 등과 기기 제조 기업인 화웨이, ZTE, 레노버 등의 경영전략이 한국의 주요 ICT 기업인 네이버, 다음카카오, 삼성전자, LG전자 등에 큰 영향을 미치고 있다. 따라서 한국의 ICT에 영향을 미치는 중국과 주요 국가들의 글로벌 환경에 대한 연구를 진행해야 할 필요가 있다.

① 인터넷 거버넌스

인터넷 확산 초기 도메인(주소) 관리에 한정되었던 인터넷 거버넌스의 범위가 이제는 인터넷 진화와 확산을 거듭함에 따라 경제, 정치사회, 교육문화 등 모든 분야에 인터넷 관련 이슈들로 등장하고 있다. 이에 따라 세계 각국 정부의 진흥과 규제, 법적 보호 등 다양한 정책적 해결이 모색되면서 국내외적으로 인터넷을 둘러싼 정책 주체의 참여 범위와 역할에 대해 논의가 활발하게 전개되고 있다.

최근 미국, 영국 등 인터넷 선도국에서는 미국 정부와 ICANN 주도의 기존 거버넌스 체계를 넘어 정부, 기업, 시민사회, 이용자 단체, 전문기관 등 다양한 이해관계자가 참여하는 새로운 거버넌스를 형성하자는 논의가 활발하다. 그러나 인터넷 거버넌스에 관해 주요 국가들의 정책이 상호간에 빈번하게 충돌하고 있는 실정이다. 특히 인터넷 상의 자유, 민주주의, 인권, 자유무역, 정부 개입의 최소화를 강조하는 미국 등 서구 선진국과 인터넷에 대한 국가 규율과 각국 법제 문화와의 조율, 국제적 정부 간 기구의 인터넷 관리를 강조하는 중국, 러시아, 브라질 등의 신흥 경제국 간의 충돌 현상이 나타나고 있다.

이런 인터넷 거버넌스의 현실에서 한국은 이들 국가 간의 중간자적 역할이 요구되고 있을 뿐만 아니라 인터넷 거버넌스와 관련한 다양한 이슈를 발굴하고 국제적 어젠다로 설정하는 역할을 수행해야 할 필요가 있다. 따라서 한국에서의 인터넷 거버넌스 논의는 단순히 학술적 가치를 넘어서 국제적으로 국익 차원의 실질적 가치도 있다고 볼 수 있다.

이 분야 연구를 위해서는 국제적 학술·연구·컨설팅 정보망을 활용해 산업, 기술, 정책 관련 현황과 흐름을 정기적으로 모니터링하고 인터넷 거버넌스 관련 미국, 중국 등 주요 국가의 정책 비교연구, 한국의 차별적인 인터넷 거버넌스 이슈 분석과 바람직한 입장, 인터넷 상의 국가간 데이터 이용과 관할권, 인터넷 상의 거래에 관한 과세권, 인터넷망의 침해 대응을 위한 국제적 공조와 국가의 역할, 새로운 국제 인터넷 관리기구와 한국 정부의 역할 등에 대한 연구를 진행할 필요가 있다.

② 국제 협력

한국은 2001년 12월 세계은행(World Bank) 정보격차해소단(Development Gateway Foundation: DGF)에 창립 이사국으로 가입한 이래, 개발도상국에서 정보화 선진국으로 도약한 경험을 개도국에 전수하는 기술자문(컨설팅) 사업을 추진해 왔다. 특히 2009년 말 OECD 개발원조위원회(Development Assistance Committee: DAC)

가입 및 국제기구 내에서의 위상 확대 등으로 인해 정보화를 통한 해외 원조의 중요성이 더욱 주목을 받고 있다. 이에 따라, 한국에서도 ICT 및 전자정부 분야에서의 공적개발원조(Official Development Aid: ODA)에 대한 관심이 고조되고 있으며, ODA의 효과성과 효율성 제고를 위한 다양한 방안이 제시되고 있다.

따라서 다음과 같은 연구들을 통해 전자정부(e-Gov) 확산을 중심으로 한 국제 협력에 관한 연구를 진행할 필요가 있다.

첫째, UN 전자정부 평가를 종합해 정리해야 한다.

둘째, 개발도상국들의 ICT 분야 환경을 분석해 한국의 전자정부 시스템의 진출 여건, 전망 및 진출 대상 국가의 전략적 접근 방향 등을 제시해야 한다. 그리고 개발도상국들을 ICT 및 전자정부 관련 ODA 실시 대상을 중심으로 지역별 유형화를 통해 재정 여건, ICT 환경 등을 분석해야 한다. 그뿐만 아니라 ICT에 대한 수요와 한국의 전자정부 진출 가능 여부 등의 분석 및 전망, 예시 사례를 제시하고, 집단별, 국가별 전자정부 시스템의 접근 방법을 제시할 필요가 있다.

셋째, 한국의 전자정부 관련 ODA사업 현황과 문제점을 분석해야 한다. 이를 위해 현재 한국정보화진흥원, KOICA, 한국인터넷진흥원, 정보통신산업진흥원 등과 같은 기관들이 실시하고 있는 개발도상국에 대한 전자정부 관련 ODA 사업의 현황을 분석할 필요가 있다. 그리고 현행 ICT 봉사단・전문가 파견, 정보화 자재 지원 등이 주요한 업무인 ODA 사업에 대해서도 추가적으로 분석할 할 필요도 있다.

넷째, 향후 전자정부 관련 ODA의 효과성과 효율성 제고를 위한 바람직한 접근법과 추진 방향을 정립할 필요가 있다. 예를 들면, e-Gov, ODA 사업의 수원국이 ICT 인프라가 취약할 경우, 선진 ICT 전수를 통해 실질적으로 정보화 격차를 해소할 수 있는 정책 대안을 제시하는 것이다. 그리고 바람직한 미래의 e-Gov, ODA 모델을 제시해야 할 것이다.

③ 사이버 안보

최근에는 금융기관의 전산망이 일정한 기간 동안 마비되고 정부기관들이 사이버 공격을 당하며 금융정보와 건강정보와 같은 중요한 개인 정보들이 대규모로 유출되고 사례들이 빈번해지고 있다. 사이버 위험은 사이버 공간에 지정학적 경쟁 논리가 개입되면서 그 중요성이 강조되고 있다. 왜냐하면 사이버 공간이 제공하는 자원, 수단, 기회가 전통적인 국가 간 권력 투쟁과 국가 이익 갈등을 더욱 심화시키는 요인이 되고 있기 때문이다. 국제정치 세계에서 패권을 다투고 있는 미국과 중국이 사이버 공간에서도 다양한 종류의 갈등을 벌이고 있는 것이 그 대표적인 예이다.

이제 한반도에서도 한국이 군사안보적 과제를 논의할 때 사이버 안보 전략은 필수적인 고려 요소 중의 하나가 되었다. 그러나 사이버 전쟁에 대한 논의는 아직은 초보적인 수준에 머물러 있는 현실이다. 따라서 좀 더 이론적이고 과학적인 사이버 안보이론의 연구와 이를 전략적으로 분석해 활용하는 것이 학문과 정책 두 가지 측면에서 매우 필요하다고 볼 수 있다. 이를 위해서는 다음과 같은 연구를 진행할 필요가 있다.

첫째, 사이버 안보에 관한 이론적 연구를 통해 현실주의, 자유주의, 구성주의, 네트워크 국제정치이론 등을 비판적으로 고찰하고 통합 이론을 모색해야 한다.

둘째, 2010년 이란 핵발전 시설에 대한 사이버 공격, 미국과 중국 간 사이버 안보 갈등 등 국가 간 주요 사이버 안보 갈등에 대해 사례를 분석하고 이들 주요 선진국의 사이버 안보 전략을 연구해야 한다.

셋째, 글로벌 사이버 안보 거버넌스를 둘러싼 강대국 간 협력과 갈등 상황, 국제연합(UN)과 같은 국제기구의 사이버 안보규범 제정 노력 등 세계 사이버 안보 질서를 위한 정책 대응을 연구해야 할 필

요가 있다.[34)]

④ 국제적 데이터 유통

빅 데이터 시대의 도래는 다양한 서비스를 바탕으로 한 초국적 기업들이 개별적 정보들을 분석(data mining)하고 합산(merging)해 통합정보의 제공을 가능하게 만들고 있다. 그리고 클라우드 컴퓨팅의 발전은 개인과 기업정보의 효율적인 관리와 효과적인 활용을 위해 자신의 데이터를 다국적 서비스 제공자에게 제공·위임하게 하는 방식을 확산시키고 있다.

그러나 다국적 인터넷 기업들은 정보의 활용에는 적극적이면서도 개인 정보의 보호, 권리 침해·구제에 대해서는 소극적인 자세를 취하고 있다. 따라서 자기정보 통제권이나 잊혀질 권리에 대한 민감한 쟁점들은 이제야 비로소 본격적인 논의가 시작되고 있다. 하지만 이런 국제 공조를 위한 지역적 협약이 실제로 최근의 지식정보사회의 급속한 변화를 반영하고 있는지에 대해서는 의문이 계속 제기되고 있다. 따라서 국제적인 변화의 흐름을 법제와 정책에 반영하면서도 관련 국내 성과를 지속적으로 관리해야 할 필요성이 있다.

이처럼 국제 간 데이터 이동(transborder data flows)에 관해 다음과 같은 연구를 진행해야 할 것이다.

첫째, 국내 전문가를 대상으로 델파이를 실시하고 AHP 분석을 통해 대응의 중요성 및 긴급성에 대해서 도출해야 한다.

둘째, 기업 수준의 정보 관리, 국외 데이터 이동에 따른 책임과 소유권 문제에 대해서는 관련 연구기관 및 논문, 정책자료를 폭넓게

---

34) 이를 위해 영국 옥스퍼드대학 인터넷연구소(Oxford Internet Institute), 미국 하버드대학 버크만 인터넷과 사회연구소(Berkman Center for Internet and Society), 미국 하버드대학과 MIT대학이 공동 운영하는 'Explorations in Cyber International Relations', 캐나다 토론토대학의 'Citizen Lab', 중국과 일본의 사이버 안보연구소 등 외국 주요 연구기관들과의 협력연구 네트워크 구축과 연구협력 체계를 추진할 필요가 있다.

탐색해 이를 바탕으로 비교 사례 연구를 시도해야 한다.

셋째, 국가 수준의 정보 주권 유지와 국제 협력의 공조 문제에 관해 서로의 연구 성과를 공유할 수 있도록 해외 유관 기관과 협력 연구를 진행할 수 있는 기반을 마련해야 한다.

⑤ 중국의 부상

최근 중국의 폭발적 성장은 이제까지 ICT 강국으로 한국의 위치를 흔들고 있다. 화웨이, 레노버, ZTE, 쿨패드, 샤오미 등 중국의 휴대폰 제조사는 시장점유율 면에서 LG전자를 추월하고 삼성전자를 위협하는 상황에 이르렀다. 그리고 LGU+의 LTE 교환기에는 중국 화웨이의 장비가 도입될 정도로 기술력 면에서도 한국 선도기업과 거의 대등한 수준으로까지 성장했다. 특히, 중국 주도의 4G 기술 표준인 TDD-LTE는 한국, 미국, 유럽의 FDD-LTE와 대등한 기술 표준을 확보하면서 차세대 표준과 기술 개발 측면에서도 이제 중국은 더 이상 후발 주자가 아니라고 볼 수 있다.

이런 상황에서 한국은 이제 중국 ICT산업의 기술 개발과 경영전략 및 이를 지원하는 중국 정부의 지원정책과 지원계획을 분석해야 한다. 그리고 이를 통해 한국 정부의 기업의 ICT 지원전략과 정부의 ICT 지원정책 등의 적절성을 비교 검토하고 효과적인 정책 대안을 도출해야 한다. 그리고 아직 경쟁력이 있는 ICT 분야의 한국의 선도성을 바탕으로 한중 산업·정책 교류 협력의 기반을 다져야 할 필요성이 강하게 요구되고 있다.

만약 한국 정부가 중국 ICT에 대해 안일하게 대처하다가 향후 몇 년이 경과한다면 중국과 협력의 문턱은 이제는 우리가 넘기에 너무 높아질 수도 있다. 따라서 향후 5년은 중국 ICT에 대한 학술적 분석이 절실한 시점이라고 할 수 있다. 따라서 이런 중국 ICT의 성장에 더불어 한국의 전략적 이익을 극대화할 수 있는 연구 주제를 설정하고 이에 대한 심도있는 분석을 실시해야 한다.

이를 위해서는 중국과 한국의 주요 ICT기업의 전략을 비교 연구해야 한다. 그리고 중국 정부의 ICT정책과 기업 지원 효과를 살펴보아야 한다. 또한 중국 진출 한국 기업과 한국 진출 중국 기업의 성과를 추정할 필요가 있다. 그뿐만 아니라 한국과 중국 정부의 ICT정책의 모방과 추격 현상, 한국과 중국의 ICT 동반 세계 진출 방안, 세계 기술 표준 형성에서의 한중 협력 방안, 한중 소프트웨어 인력 교류에 관한 연구 등을 통해 중국의 ICT산업에서의 부상을 연구하고 한국과의 협력 방안을 제시해야 한다.

제 2 장

중국 ICT정책과 인터넷 기업의 발전, 그리고 한국의 대응

제 1 절 서론

세계의 공장이라 불리던 중국은 지속적인 경제 성장을 바탕으로 세계 최대 ICT 수입 시장으로서의 위상이 확대되었다. 특히, 중국 ICT 수입 시장은 2010년 미국을 뒤로 하고 세계 최대 시장에 올라선 이후 그 격차를 점차 늘리며 최대 ICT 수입국의 입지를 다지고 있으며(정보통신기술진흥센터, 2014) 중국 정부의 적극적인 지원과 정책[1])을 바탕으로 중국 ICT 기업들은 급격히 성장 중이다.

2015년 리커창(李克强) 총리가 2012년 민간에서 제안했던 인터넷 플러스 정책을 적극적으로 추진하면서, 중국 정부는 민관 부문의 협력을 통한 ICT산업 진흥을 강조하고 있다. 인터넷 플러스 전략은 인

1) 장기 정보화 프로젝트 '국가정보화발전전략(2006~2020)'

터넷과 모바일, 최근 사물 인터넷(IoT)까지 중국의 인터넷과 전통산업을 결합, 실제적인 O2O(Online to Offline)를 구현하는 프로젝트이다. 중국은 기업들이 해외에서 IPO(Initial Public Offering)를 하고, 스마트폰과 함께 부상한 기업이 세계 최고가 되며, 중국 역사상 가장 창업이 많이 일어나는 등 창업 르네상스의 시대를 맞고 있다.

최근에 스마트 시대에 혜성과 같이 나타난 기업들의 눈부신 활약이 놀랍다. 그들은 자국에서의 보호를 등에 업고 성장해, 지금은 거대한 덩치를 가지고 중국 내 해외 기업들과의 경쟁에서 승리하며, 해외 시장 진출을 적극적으로 모색하고 있다. 중국의 기업들은 콘텐츠, 플랫폼, 네트워크, 디바이스 중 한 분야에만 치중되어 있는 것이 아니다. ICT 생태계 구성을 위한 4개 분야에서 다양한 기업이 성과를 거둠으로써 ICT 생태계가 선순환하고 있는 것으로 보인다. 중국 내 ICT 생태계 구축 효과를 기반으로 중국 ICT 기업들은 글로벌 ICT 생태계 구축을 시도하고 있다(한국인터넷진흥원, 2015).

그 중심에는 시가 총액[2] 기준 세계 4위 정보통신기술(ICT) 기업이 된 알리바바부터 최근 중국 스마트폰 시장에서 삼성을 누르고 점유율 1위를 기록한 샤오미, 이미 중국 게임 시장을 점령하고 한국을 공략 중인 텐센트, 중국 검색 엔진의 절대 강자 바이두까지. 최근 급부상 중인 이들 중국 4대 ICT 기업이 있다.[3]

여기에서는 중국 ICT 기업의 급속한 발전 중 하나로서 중국 ICT 정책을 검토하고, 중국 ICT 기업 중 탭스(TABX)로 불리는 대표적인 4개 기업의 발전 현황을 검토하고자 한다. 이를 토대로 향후 한중 ICT 협력 방향과 전략에 대해 논의할 것이다.

---

2) 텐센트(Tencent), 알리바바(Alibaba), 바이두(Baidu) 샤오미(상장 전) 등 중국의 3대 인터넷 기업의 시가 총액은 구글, 페이스북, 아마존 등 미국 3대 인터넷 기업의 시가 총액의 절반을 훌쩍 넘으며 중국 기업의 위상을 세계적으로 알리고 있다.

3) 한국경제 (2014.09.26.). 중국 IT산업 이끄는 TABX…作名의 힘(http://www.hankyung.com/news/app/－newsview.php?aid＝2014092660521).

제 2 절 중국 ICT정책 현황

1 중국 ICT 정책기관[4)]

중국은 방송과 통신을 분리해 규제하는 분업식 규제 체제를 유지하고 있다. 인터넷, 삼망융합(三网融合) 등 새로운 ICT 분야의 경우, 공동 관리 또는 기관별로 분업화해 대응하고 있다. 중국의 ICT 산업 진흥 및 규제정책의 통신 분야는 공업정보화부, 방송 분야는 국가광전총국, 콘텐츠 분야는 문화부가 관할하고 있다. 중국 ICT 정책기관에 대해 살펴보면 다음과 같다.

첫 번째, 국가광전총국(廣播電影電視總局, The State Administration of Radio, Film and Television)은 중국은 공산당 일당 체제 하에서 안정적인 정치환경을 조성하기 위해 미디어를 당의 선전 도구로 적극적으로 관리하고 있다. 당이 선전을 관리하고 당이 미디어를 관리한다(黨管宣傳, 黨管媒體)는 원칙에 따라, 당과 행정기관이 방송 규제 국가광전총국은 선전 관리, 영화방송 관리, 미디어 관리, 인터넷 시청각 관리, 방송기술 관리 등을 비롯해 방송 관련 모든 업무를 관리하는 방송 분야 중심 규제기관이다.

두 번째, 공업신식화부(工業和信息化部, Ministry of Industry and Information Technology)는 신식산업부가 수행하던 군수공업전자 및 우정관리 이외의 직책과 국가발전개혁위원회(國家發展和改革委員會)의 공업 부문 관리 및 정보화 관련 직책, 국방과학기술공업위원회(國防科學技術工業委員會)의 핵 발전 관리 이외의 직책, 국무원 정보화사업판공실(國務院信息化工作辦公室)의 직책을 통합 흡수해

4) 중국정부망(www.gov.cn)과 정보통신기술센터(2014)를 참조해 작성함.

2008년 발족한 기구로서, 공업 분야 전반과 정보통신 관련 업무를 담당하고 있다.

세 번째, 문화부(中化人民共和 文化部, MOC)는 중국 문화산업 전반을 총괄하는 중앙부처로 문화콘텐츠산업의 발전전략 및 정책 수립, 법규 입안 및 실행을 감독 대외 문화사업을 관리하고, 홍콩·마카오 및 대만과의 문화 교류사업을 관리하고 있다. 문화부의 산하기관으로 신문출판총서(National Copyright－Administration of The People's Republic of China)가 있는데 신문출판산업에 대한 정책, 법규 및 관리규정을 제정하는 문화부 산하의 콘텐츠 규제기관으로서 신문출판 사업체에 대한 감독과 시장의 진출입을 담당하며, 출판물 콘텐츠 규제, 국가의 중요 문서관리, 교과서의 출판, 인쇄 제작 및 발행을 지도한다.

2 중국 ICT 관련 주요 정책

1) 2006~2020년 정보화발전전략(2006~2020年信息化发展战略)

정책심의기구인 중국공산당중앙위원회(中國共産党中央委員會; Central Committee of the Communist Party of China: CCCPC)와 최고국가행정기관인국무원(國務院: State Council of the People's Republic of China)의 주도하에 공포된 중국 내 ICT정책의 기본 방향성을 수립했다. 이 '국가정보화발전전략'은 2020년까지 추진될 중국의 정보화 사업의 전반적 지침을 제공한다. 총 9개의 거시적 전략 목표가 제시되었으며 각 목표별로 세부 과제들이 포함된다.

9개 목표는 국민 경제의 정보화 추진, 전자정부 추진, 선진적인 인터넷 문화 구축, 사회의 정보화 추진, 종합 정보 인프라 구축, 정보자원의 개발 및 이용 강화, 정보산업의 경쟁력 향상, 국가 정보

표 2-1 2006~2020국가정보화발전전략의 주요 내용

9대 목표	세부 내용
국민 경제의 정보화 추진	• 농촌의 네트워크 보급률을 높여 농민에게 최적의 정보 서비스를 제공함으로써 농업 정보 자원의 활용을 도모 • 정보기술을 이용해 전통 산업의 개선을 촉진하고 중소기업의 정보화를 지원 • 네트워크 부가가치 서비스, 전자 금융, 전문 정보 서비스 등 신규 산업 촉진
전자정부 추진	• 전자정부 서비스의 제공 범위를 농촌으로 확대하고, 서비스 내용과 품질을 점진적으로 개선 • 정보기술을 활용해 사회 종합 관리 능력을 강화하고 각종 돌발 사건에 대해 감독 및 긴급 처리 능력을 향상 • 분야별 정부 업무 간 공유・협조・관리 능력을 극대화하고, 재정・금융 등 경제 정보 시스템을 개선해 국민 경제 예측 및 모니터링 능력과 거시경제 조정 전략의 효율성 및 과학성을 강화
선진적인 인터넷 문화 구축	• 중국의 우수 문화에 대해 디지털화, 네트워크화를 통해 온라인 대외 홍보 및 문화 교류를 강화 • 공공 문화 관련 정보 서비스 개선을 통해 대중의 문화생활을 풍부하게 하고 불건전한 온라인 콘텐츠에 대한 규제를 강화함으로써 네트워크 문화를 건설
사회의 정보화 추진	• 연구시설의 네트워크화 등 교육・과학 연구의 정보화를 통해 좀 더 신속한 과학 연구 도모 • 공공 보건 정보 시스템 구축 등 의료 위생 정보화를 강화함으로써 구호 능력을 극대화 • 기능훈련, 취업지도, 정책 안내 서비스 등 취업과 사회 보장을 위한 정보 서비스 시스템 개선
종합 정보 인프라 구축	• 유선・무선・위성을 비롯해 디지털 라디오・텔레비전 등 차세대 네트워크 서비스 관련 연구・개발 활동 전개 • 다양한 형태의 브로드밴드 접속 방식 도입 등을 통한 인터넷의 광범위한 사용 촉진
정보자원의 개발 및 이용 강화	• 정부 정보자원의 개발 및 이용 도모와 관련 규범 확립 • 현대 정보 서비스업을 발전시킴과 동시에 지식 재산권 보호 제도를 개선함으로써 정보자원의 개발 및 이용을 촉진
정보산업의 경쟁력 강화	• 정보산업의 성장을 촉진할 수 있는 경쟁력 있는 제품과 항목을 선택해 집중 육성 • 핵심 기술을 보유한 대기업과 전문 기술을 보유한 중소기업을 발전시켜 경쟁 우위를 확보
국가 정보 보안제도 정비	• 적극적인 방어와 예방이 가능한 국가 정보 보안 시스템의 개발 및 정보 보안 고유의 법률 도입 추진 • 국가 정보 보안 기능을 강화할 수 있는 핵심 기술 확보 및 관련 연구 개발 능력 향상
국민의 정보 기술 응용 능력 향상과 정보화 인재 육성	• 정보화 지식 및 기술 보급 활동을 발전시켜 정부 공무원 및 국민의 정보 교육 수준과 정보 이용 능력을 강화 • 각종 전문 인력의 정보기술 습득을 장려하고 복합형 인재를 육성

출처: 정보통신기술진흥센터(2014).

보안제도 정비, 국민의 정보기술 응용 능력 향상과 정보화 인재 육성 등으로 구성된다.

2) 2006~2020년 국가 중장기 과학기술 발전계획

중국의 2006~2020년 국가 중장기 과학기술 발전계획은 과학기술 분야를 육성하기 위한 구체적인 지원정책 방침을 밝히고 있는데 이

표 2-2 2006~2020년 국가 중장기 과학기술 발전계획

11개 중심 분야	16개 중심 프로젝트
1. 에너지 2. 수자원 및 광물 자원 3. 환경 4. 농업 5. 제조업 6. 교통 운수업 7. 정보산업 및 현대 서비스 산업 8. 인구 및 건강 9. 도시화 및 도시 발전 10. 공공안전 11. 국방 분야	1. 핵심 전자 부품 2. 고급 통용 칩 3. 기초 소프트웨어 4. 초대형 직접회로 제조 관련 기술 5. 차세대 광대역 무선이동 통신 6. 고급 디지털 선반 제조기술 7. 대형 유전/가스 개발 8. 대형 원자력 발전 9. 수질오염 제어 · 정비 10. 유전자 변이 신품종 육성 11. 신약 개발 12. 주요 전염병 예방 13. 대형 비행기 14. 고해상도 대기관측 시스템 15. 유인 우주선 16. 달 탐사 공정
8개 첨단기술	**4대 중대 과학기술**
1. 생물 기술 2. 정보기술 3. 신재료 기술 4. 선진 제조 기술 5. 선진 에너지원 기술 6. 해양기술 7. 레이저 기술 8. 항공우주 기술	1. 단백질 연구 2. 양자조절 연구 3. 나노 연구 4. 발육 생식 연구

출처: 정보기술진흥센터(2014).

는 중국 정부의 기초과학 및 응용 기술 발전에의 높은 관심과 이를 통해 고부가가치 생산구조를 정비해 경제 시스템을 질적으로 개선하겠다는 의지이다. 해당 요강은 11개의 중점 분야와 16개의 중대 프로젝트, 8개 첨단기술, 4대 중대 과학기술 연구계획을 담고 있다.

3) 제12차 5개년 규획

중국 정부는 2011년 3월 전국인민대표대회를 통해 강요(綱要) 형태로 국민경제와 사회발전 제12차 5개년 규획강요(이하 12·5 규획)를 발표했다. 12·5 규획은 2011년부터 2015년까지 중국의 경제 발전을 위한 산업 전반의 발전 방향과 이를 도모하기 위한 정부의 구체적인 정책 방침으로서, ICT는 국가 경제 발전을 위해 중요한 차세대 전략적 산업 중 하나로 인식되고 있다. 국무원 상무회의가 승인한 전략적 신흥 산업 육성 및 발전 가속화에 관한 국무원의 결정(國務院關于加快培育和發展戰略性新興産業的決定)은 고속 성장과 수출 확대에 중점을 둔 그간의 경제구조에서 탈피해 선진국형 경제 시스템으로 질적 변환을 이루겠다는 중국 정부의 의지를 보여주는 정책이다. 해당 결정은 중국의 산업구조를 재편하기 위한 에너지 절감, 환경 보전, 바이오 기술, 차세대 IT, 첨단장비 제조, 신에너지, 신소재, 신에너지 자동차산업 등 7대 전략적 신흥 산업을 선정한 것이다. 특히, '12차 5개년 구획'에서는 통신망·디지털 TV망·인터넷망의 융합을 의미하는 삼망융합 등 인터넷 인프라 정비와 더불어 사물 인터넷, 클라우드 컴퓨팅, 소프트웨어 등 부가가치 창출이 가능한 ICT산업 분야 육성을 강조했다. 이는 ICT산업의 기본 구조를 수출 및 제조업 중심에서 내수 및 서비스·인프라 중심으로 전환하겠다는 중국 정부의 의지가 반영된 결과로 해석할 수 있다.

표 2-3 2차 5개년 규획(2011~2015)에서 제시된 중국의 7대 전략형 신흥 산업

전략형 산업 분야	세부 내용
에너지 절약 및 환경 보호	- 고효율 에너지 및 자원 순환 이용 장비의 개발과 보급 에너지 절약 및 환경 보호 관련 서비스 시스템 구축 자원 회수 시스템 구축 및 석탄의 청정 이용 등 추진
차세대 정보기술	- 차세대 브로드밴드 및 이동통신망 기술 개발 연구와 상업화 추진 광대역 통신망·디지털 TV망·인터넷망의 융합(삼망융합) 사물 인터넷 및 클라우드 컴퓨팅 응용기술 추진 직접회로·신형 디스플레이·하이엔드 서비스 등 핵심 기초 산업 육성 소프트웨어 서비스·인터넷 부가 서비스 등 ICT 서비스 능력 향상
바이오 산업	신약 개발을 비롯한 바이오 제약산업 육성 의료 설비·신소재 등 바이오 의료 관련 연구 개발과 상업화 추진 바이오 농업 및 바이오 해양기술의 연구개발
첨단장비 제조	항공·우주·위성장비 제조업 육성 및 관련 기술 개발과 응용 산업 발전 추진 교통 운송망·도시 전철망 등의 구축 및 보완을 통한 교통 설비산업 육성 해양자원 개발을 위한 해양 공정 장비산업 육성
신에너지	원자력 기술 개발 및 상업화 태양·풍력·바이오 에너지 이용 기술 보급과 응용 신재생에너지 발전을 위한 스마트 그리드 구축
신소재	신형 기능성 소재·고성능 섬유 및 복합 소재 연구개발 나노기술, 초전도기술 등 기초 소재 기술 연구
신에너지 자동차	- 플러그인 하이브리드 자동차, 전기자동차, 연료 전지 자동차 관련 기술 개발

출처: 정보기술진흥센터(2014).

4) 신세대정보기술산업발전 12·5 계획(2011~2015)

신세대정보기술산업발전 12·5 계획은 정보산업 11·5 계획(2006~2010)과 전자정보산업 조정 및 진흥계획(2009~2011)을 계승하면서 이를 새로운 내용으로 구체화한 것이다. 전자정보산업 발전의 기본 목표는 해외 기업 중심으로 구성된 산업 체계를 중국 자국 내 기업 중심으로 재편해 나가는 것과 자구적 노력으로 R&D 역량을 제고해

고기술, 고부가가치 업종 및 기업을 전략적으로 육성하는 것이다.

이러한 목표를 달성하기 위해 첫째, 시장을 확대하는 것으로, 그 중점은 내수시장을 확대하고, 중국 기업에 더욱 유리한 정책을 시행한다. 둘째, 필요한 자금을 전폭적으로 지원하는 것을 핵심으로 중국 기업의 기술 개발과 자본 투자를 원활하게 지원할 수 있는 여러 가지 정책을 실시하는 것이다.

5) 삼망융합

중국 정부는 2000년대 초반 삼망융합에 대한 정책적 구상을 시작해, 2001년 3월 통과된 10·5규획에서 구체적인 방침을 내놓았다.[5] 이후 2008년 1월 1일 국무원 판공청은 국가발전개혁위원회, 과기부, 재정부, 신식사업부, 국가광전총국, 국가세무총국에서 공동 제정한 디지털TV 산업 발전 권장에 관한 정책통지(關于鼓勵數字電視産業發展若幹政策的通知)를 전달함으로써 삼망융합을 추진했고, 2010년 1월 13일 국무원 주도로 그 사업이 구체화되었다. 그 내용은 2015년까지 단계별로 목표를 수립해, 방송과 통신 상호 진입 시범사업을 실시한 후 케이블 방송망의 디지털화와 쌍방향화를 추진해 통신 브로드밴드망의 구축을 가속화한다. 도시 FTTH[6]를 추진하고, 농촌지

---

5) 통신, TV, 인터넷의 삼망융합을 추진.

6) 현재 광케이블은 아파트에 널리 보급돼 있는데 전화국에서 아파트 건물 지하의 통신실까지만 광케이블이고 통신실에서 가정까지는 구리선이나 랜선이다. 따라서 대용량 멀티미디어 서비스 제공에는 원천적으로 한계가 있다. 구리로 된 가입자 선로에 비해 광섬유를 이용한 가입자 선로는 거의 무한대의 정보를 보낼 수 있고 전송손실이 적으며 전자파에 의한 간섭이 없다는 게 장점이다. 현재 전화국에서 대형건물의 통신실까지 광케이블을 깔아놓은 것을 FTTO(fiber to the office)라 하는데 이를 더 연장해 가정까지 광케이블을 끌어들이는 게 FTTH다. 마지막 단말장치까지 광케이블을 구축함으로써 전구간을 광통신망으로 연결해 방송통신을 포함한 모든 서비스를 초고속화하는 것이다. FTTH가 구축될 경우 가입자들은 단말장치만 업그레이드하면 영화 한 편을 담은 1기가급 정보를 몇 초 만에 주고받을 수 있다. 차세대 인터넷주소 체계 광대역통합망 등 미래 통신이 가능해진다(출처: 네이버 지식백과, http://terms.naver.com/entry.nhn?docId=18455&cid=43659&categoryId=43659).

표 2-4 삼망융합 관련 중점 사업

분류	삼망융합 관련 중점 사업
• 방송통신 간 상호진입 시범사업	– 조건에 부합하는 방송사업자는 부가통신 서비스, 일부 기간 통신 서비스, 인터넷 서비스 경영 가능 – 조건에 부합하는 통신사업자는 일부 방송 프로그램의 제작, 전송 업무 취급 가능
• 네트워크 구축, 고도화 강화	– 케이블 방송망의 디지털화, 쌍방향화를 전면적으로 추진, 케이블 전송망의 서비스 지원 능력 향상 – 케이블 방송망 융합, 시장 주체 육성 · 통신 브로드밴드망 구축 가속화, 도시 FTTH 추진, 농촌지역의 브로드밴드망 커버리지 확대 – 기존 정보 인프라 충분히 활용, 네트워크 일괄 기획 및 공동 구축, 공유 추진
• 사업 발전 가속화	– 산업 형태 혁신, 모바일 멀티미디어 방송, 모바일TV, 디지털TV의 브로드밴드 접속 등 서비스 활용 추진 삼망융합에 적합한 국가표준 체계 확립 가속화
• 네트워크 관리 강화	– 관리제도 정비, 네트워크 정보와 문화적 안전성 확보
• 정책적 지원 강화	– 삼망융합 범용 기술, 핵심 기술, 기초 기술, 핵심 S/W와 하드웨어의 연구개발 및 산업화를 지원하는 산업정책 제정 – 삼망융합 관련 제품의 개발, 네트워크 구축, 서비스 활용, 농촌지역의 보급에 대해 금융, 재정, 조세 측면에서의 제공 · 삼망융합 관련 제품과 서비스를 정부 조달 범위에 포함

출처: 정보기술진흥센터(2014).

역의 브로드밴드망 커버리지를 확대, 모바일, TV, 디지털TV 관련 제품을 개발하고 서비스를 확대한다는 내용을 제시했다.

중국 정부기관들은 12 · 5 규획의 세부 정책을 통해 ICT산업의 진흥을 유도하는 한편, 다양한 규제정책으로 외국 기업의 중국 직접 진출을 제한하고 있어 글로벌 ICT 기업들의 시장 잠식을 막아주는 역할을 하고 있다. 통신 분야에서는 외국 자본 출자 비율이 부가통신 서비스의 경우 50% 이하, 기간통신 서비스는 49% 이하로 규정되어 있으며, 방송의 경우 사업 허가 규제뿐만 아니라 외국 방송 콘텐츠의 종류, 방영 가능한 기간 및 규모까지 제한 규정을 두고 있으며, 자국 내 유해정보 유포를 방지한다는 명분으로 페이스북(Facebook),

유튜브(YouTube), 트위터(Twitter) 등 글로벌 ICT 기업의 서비스를 제한하고 있다. 스마트 시대의 핵심 인프라 통신, 방송의 경우 정부의 주요 기업 지분율이 과반을 넘는 국영기업 형태로 중국 통신방송시장의 육성을 정부가 실질적으로 주도하고 있다. 중국의 3대 통신사의 경우 2012년 3월 기준 정부 지분이 평균 67.6%이고, 중국의 3대 지상파 TV 사업자인 CCTV, BTV, SMG는 모두 정부 지분 100%의 국영 기업으로 운영하고 있다. ICT 기반 산업에 대한 중국 정부의 실질적 지배 구조가 12·5 규획 등 강력한 진흥정책, 외국 기업의 중국 시장 진출에 대한 규제 정책은 중국 ICT산업이 글로벌 경쟁자들과의 직접적인 경쟁을 피하며 거대한 내수 시장을 바탕으로 규모의 경제를 이루게 함으로써 글로벌 ICT 기업으로 성장하는 데 기여하고 있다.

제 3 절 중국 인터넷 기업 현황

1 텐센트(Tencent): 중국 1위 ICT 기업

중국의 국민 메신저 위챗(WeChat, 웨이신)을 이끄는 텐센트는 커다란 영향력을 자랑하는 중국의 최고 ICT 기업이다. 1998년 설립된 텐센트는 PC 메신저 서비스 QQ와 모바일 메신저 위챗, SNS 웨이보 등을 대표 서비스로 키워 왔다. QQ의 월 실제 사용자는 8억 1,600만명에 이르고, 위챗의 전 세계 가입자는 무려 6억여 명에 이르는 것으로 알려져 있다. 매일 수억 명의 사용자가 사용하는 메신저 서비스를 기반으로 국내 카카오톡과 유사하게 다양한 플랫폼 서비스를 확장하고 있다. 중국의 제1메신저로 자리 잡고 있는 QQ는 텐센

그림 2-1 위챗의 QQ와 연동 기능

출처 : http://www.econovill.com/news/articleView.html?idxno=235006.

트의 대표 메신저 플랫폼으로 '콴시(關係)'의 상징이라 할 수 있다. 이는 PC 기반의 메신저+SNS 형태로 이를 이용하는 모든 중국인을 '콴시'로 연결한 서비스이다. QQ메신저의 위력은 지난 2008년 중국 쓰촨성(四川省) 대지진 당시 여실히 드러났다. 당시 쓰촨성 대지진 소식을 현지에 있는 QQ메신저 사용자들이 현장의 소식을 전했고 이는 빠르게 확대돼 언론의 보도조차 QQ메신저 소식통을 따라갈 수 없을 정도였다. 베이징(北京)올림픽 올림픽 당시 성화가 도착했을 때 1만 명의 유학생을 서울에 모이게 해 QQ의 위력을 과시했다.

텐센트 서비스의 대부분은 QQ의 파생상품이라 해도 과언이 아니다. QQ 사용자를 통해 좀 더 다양한 영역에서 부가적인 수익 모델을 창출하는 것이 텐센트 성장의 원동력이다. 2014년 6월 말 기준 QQ의 월 활성 사용자(Monthly Active Users: MAU)는 8억 명을 넘어섰다. 이 중 모바일로 접속하는 사람은 약 5억 2,000만 명에 달한다. QQ 실시간 사용자 수는 2억 명에 달하며, 중국 내에서는 QQ ID가 우리나라의 주민등록번호 정도의 위상을 지니고 있을 정도이다.[7]

7) 이코노믹 리뷰(2015.02.18). '꽌시' 텐센트 VS '상인' 알리바바 "결제시장 전면전"(http://www.econovill.com/-

▌표 2-5▌텐센트 주요 M&A 현황

일자	M&A 대상 기업명	주요 사업 영역	국가	금액(백만)
2006.1	Joymax Development	게임 개발	중국	$25.4
2008.6	MIH india Global internet	전자상거래 플랫폼	인도	$7.5
2010.4	Digital Sky Technologies	소셜 네트워크 서비스	러시아	$300
2010.8	Comsenz	소셜 네트워크 S/W	중국	$300
2010.8	Maizuo.com	온라인 영화 티켓 판매	중국	-
2010.9	Beijing Manyougu info Tech	온라인 게임 개발 & 운영	중국	-
2011.1	17u.cn	온라인 여행	중국	RMB 50~60
2011.2	Riot Games	온라인 게임 개발	미국	$231
2011.3	Okbuy	전자상거래	중국	$50
2011.5	eLong	온라인 여행 서비스	중국	$84.4
2011.7	Kingsoft Corp	온라인 여행 및 보안	중국	$114.6
2011.10	China Vision	TV 및 영화 제작 · 배급	중국	HK 247.8
2011.11	Kaixin001	소셜 네트워크 서비스	중국	$100
2012.2	Zam Network	게임 관련 뉴스, 커뮤니티 웹사이트	미국	-
2012.5	KaKao Talk	모바일 인스턴트 메시징	한국	$63.7
2012.6	Epic Games	온라인 게임 개발	미국	$330
2012.9	Tongcard Network Tech	전자상거래	중국	-
2013.1	Juesheng New Education	온라인 교육	중국	-
2013.6	Redbus	온라인 버스 예매	인도	$138
2013.7	Activision Blizzard	게임 개발 및 운영	미국	$564
2013.9	Sogou	인터넷 검색	중국	$447.9
2014.3	JD.com	전자상거래	중국	$214.7
2014.3	CJ Games Corp	온라인 게임	한국	$500
2014.6	55퉁청	생활정보 미디어	중국	$736

주: 공란(-)은 M&A 금액이 비공개인 거래 건임.
출처: 진홍윤(2014)을 인용 및 재구성.

---

news/articleView.html?idxno=235006).

표 2-6 텐센트 주요 서비스 영역

구분	사업 부문	사업명
1	모바일 메신저 서비스	위챗(웨이신)
2	블로그형 SNS 서비스	Q존
3	인스턴트 메신저[8)]	QQ
4	게임포털	QQ게임
5	게임	텅쉰게임스
6	미니홈피	큐죤
7	검색 서비스	소소닷컴
8	교육	요우다
9	C2C 전자상거래[9)]	파이파이왕
10	마이크로 블로그	웨이보
11	모바일 결제	텐페이
12	클라우드	웨이윈
13	택시	디디다쳐
14	인터넷금융	리차이통, 위뱅크
15	앱 로컬마켓	My App

출처: 배병환 외(2015).

최근 모바일 전자상거래 플랫폼 '웨이신 샤오덴'을 출시했고, 온라인 토플 학원 사업(이슈오덴), 인터넷 금융 분야(차이푸퉁), 텐센트 게임, 엔터테인먼트 등 콘텐츠, 플랫폼 등을 가리지 않고 사업을 확장하고 있다. 특히, 텐센트를 이끄는 마화텅은 기업 경쟁력 강화를 위해 M&A 및 해외 투자에 많은 돈을 쏟아부으며 콘텐츠 강화에 힘을 내고 있다. 중국, 미국 내 게임, SNS, 온라인 업체 등에 엄청난 투자를 하고 있을 뿐만 아니라, 국내 카카오톡 2대 주주로 자리 잡고 있으며, CJ게임즈 등 국내 게임업체 지분 확대를 통해 국내 영향

8) 인터넷 상의 통신 방법 가운데 하나. 인터넷을 통해 쪽지, 파일, 자료들을 실시간 전송할 수 있는 서비스로 채팅이나 전화와 마찬가지로 실시간으로 의사소통이 가능.

9) C2C(Consumer-to-consumer)는 소비자와 소비자 간 전자 상거래는 인터넷 경매 또는 벼룩시장과 같이 어떤 중개기관을 거치지 않고 소비자들이 인터넷을 통해 직거래를 하는 방식.

력도 강화하고 있다. 시가 총액은 2015년 7월 20일(한국 시각) 기준 약 214조 원으로 중국 내 1위, 세계 3위 인터넷 기업으로 성장했다. 텐센트는 1년 사이 2배 이상 가치가 상승했으며, 이는 삼성과 알리바바를 앞서는 수치이다.

2 알리바바(Alibaba): 중국의 아마존

알리바바(Alibaba)는 1999년 마윈(馬雲) 회장에 의해 설립되었다. 2000년 소프트뱅크의 2,000만 달러(약 200억 원)를 통해 성장을 거듭해 왔다. 알리바바는 전자상거래 중심의 기업이며, 기업 간 거래(B2B), 개인 간 거래(C2C), 기업과 개인 간의 거래(B2C)의 모든 유통 채널을 두루 갖추고 있다. 또 중국 내 서비스와 글로벌 서비스로 분화되는데, 알리바바는 글로벌 B2B, 1688(1688.com)은 중국 내 B2B를 맡는다. 타오바오(Taobao)는 C2C, Tmall은 브랜드 중심의 B2C 알리익스프레스(Ali Express)는 글로벌 B2C를 맡으며, 주화수안(Juhuasuan)은 그룹 구매(buying) 사업을 주도하고 있다. 특히, 미국의 페이팔(PayPal)에 비교되는 간편 결제 시스템 알리페이(Alipay)[10]와 해외 유통을 위한 알리익스프레스까지 갖추고 있어 강력한 글로벌 전자상거래 플랫폼을 갖췄다고 볼 수 있다. 그 밖에도 클라우드 서비스를 하는 알리윤(Aliyun), 온라인광고 서비스를 맡은 알리마마(Alimama)까지 그 영역을 계속해서 확장하고 있다. 중국 내 온라인 쇼핑몰의 80% 이상을 차지하는 타오바오는 최근 글로벌 엔터테인

10) 2013년 6월 알리바바는 자사 결제 서비스 알리페이 계정에 남아 있는 고객의 여유자금을 중국의 텐홍자산운용이 운용하는 '텐홍(天弘)' 통화펀드에 위탁·운용해 수익을 창출하는 머니마켓펀드(MMF) 상품인 '위어바오'를 출시했으며, 알리페이를 중심으로 개인 은행, 인터넷 쇼핑몰에 출점하는 중소 사업자들을 위한 소액 대출 서비스 등 금융 사업을 전담하는 '앤트 파이낸셜 서비스 그룹'을 설립하는 등 인터넷 금융 사업 부문 확장에도 노력을 기울이고 있다(배병환 외, 2015).

▌표 2-7▌알리바바 주요 M&A 현황

일자	M&A 대상 기업명	주요 사업 영역	국가	금액(백만)
2009.12	Hi-China	인터넷 인프라 서비스	중국	$79.1
2010.8	Activa	전자상거래	미국	-
2011.10	Yahoo	검색 엔진	미국	-
2013.4	Weibo Corp	소셜 네트워크	중국	$586
2014.2	Tutor Group	온라인 교육 콘텐츠	중국	$100
2014.4	Hundsun Technologies	소프트웨어	중국	$532
2014.4	오토내비	온라인 지도	중국	$150
2014.4	Youkou Tudou	온라인 콘텐츠	중국	$1,220
2014.4	노린코	내비게이션	중국	-
2014.6	UC Web	모바일 브라우저 업체	중국	$1,900

주: 공란(-)은 M&A 금액이 비공개인 거래 건임.
출처: 진홍윤(2014)을 재인용 및 재구성.

▌표 2-8▌알리바바 주요 서비스 영역

구분	사업부문	사업명
1	온라인 결제	알리페이(Alipay)
2	클라우드 서비스	알리윤(Aliyun)
3	모바일 앱	알리윤 앱 스토어(Aliyun App Store)
4	모바일 OS	알리윤 OS(Aliyun OS)
5	지도 및 내비게이션	오토내비(AutoNavi)
6	소매 유통	인타임(inTime)
7	소셜 커머스	쥐화솬(Juhuasan)
8	클라우드 저장매체	칸박스(Kanbox)
9	모바일 메신저	라이왕(Laiwang)
10	자동차 서비스, 카 셰어링	리프트, 콰이드(Lift, Kuaide)
11	C2C 오픈마켓	타오바오(Taobao)
12	온라인 여행 예약	타오바오 트래블(Taobao Travel)
13	B2C 오픈마켓	티몰(Timall)
14	E-Learning	튜터그룹(Tutor Group)
15	음악 스트리밍	샤미(Xiami)

16	비디오 스트리밍	유쿠 투도우(Yuku Tudou)
17	인터넷 금융	위어바오(Yu'e Bao), 알리파이낸스
18	배송 추적 서비스	카이니아오(CAINIAO)
19	기술 지원 플랫폼	알리마마
20	비공개 쇼핑몰	11main
21	택시	콰이디다쳐
22	소셜게임 플랫폼	KTplay

출처: 배병환 외(2015).

먼트사업에 진출한다고 밝히기도 했다. 또한 알리바바는 급성장하는 중국 내 시장 및 해외 모바일 커머스 시장 선점[11)]을 위해 모바일 부문의 경쟁력을 강화하고 있다. 이 같은 알리바바의 성장은 미국 아마존과 견줄 만하다.[12)]

3 바이두(Baidu): 대륙의 구글

2000년 초 설립된 바이두는 세계 3대 검색 엔진이자 약 4억 명의 인터넷 사용자를 자랑하는 중국 최대 검색 엔진이다. 미국 나스닥 시장에 상장한 2005년에는 상장 첫날 주가가 400% 가까이 폭등하며 세계 시장에 강렬한 첫인상을 남겼다. 현재 중국 내 시장점유율의 80%에 육박하는 바이두는 창업자 리옌훙(李彦宏) 회장의 '검색 엔

11) 중국 최대 동영상 포털 Youkou Todou 및 SNS 서비스 Weibo 인수를 통해 모바일 플랫폼을 확보함과 동시에 미디어 콘텐츠(ChinaVision Media Group), 교육(TutorGroup), 음악(Xiami)와 같은 모바일 콘텐츠·서비스 기업을 인수했다. 2014년 3분기 실적 기준으로 모바일 부문 매출이 전년 동기 대비 10배 이상 증가한 37억 1,900만 위안을 달성(전체 매출의 22%)하는 등 전체 매출액에서 모바일 부문이 차지하는 비중이 높아지는 결과를 가져다주었다. 이외에도 알리바바는 인터넷 금융사업에도 관심을 갖고 적극적인 움직임을 보이고 있다(배병환 외, 2015).

12) 디지털조선일보 (2014.10.06.). 구글, 페이스북, 아마존, 애플을 위협하는 중국 IT 기업들(http://news.-chosun.com/site/data/html_dir/2014/10/06/2014100601324.html).

진'에 대한 강한 믿음에서 출발했다. 창업 초기 중국어 검색 엔진에 목마른 고객들을 위해 최상의 서비스[13]를 제공했고 여러 개의 서버를 사용해 정보의 검색이나 전달 속도를 높였다. 바이두(百度)란 회사 이름은 "무리 속에서 그를 천 번이고 백 번이고 찾는다(千百度)"는 한 시구에서 따왔다. 정확한 정보를 위해서라면 백 번 천 번 끈질기게 검색한다는 의미인 것이다. 바이두는 창업 이후 검색 엔진이 아닌 다른 영역 진출보다는 전략적 제휴나 인수·합병(M&A)[14]을 통해 인수하는 방식을 택했으나 최근 바이두는 검색 서비스와 광고 사업 외에도 바이두 아이(baidu-eye), 무인자동차, 젓가락 등 다양한 기술 개발에 지속적으로 투자하는 등 스마트 디바이스 시장에도 관심을 보이고 있다. 2014년 9월에 공개된 바이두 아이는 구글글래스와 같이 물체를 스캔하고 인식하는 기능을 지원하고 있는 웨어러블 기기로 시각적 사용자 경험 중심의 구글글래스와 달리 청각적인 사용자 경험을 제공하는 차별성을 갖고 있다.[15]

이와 더불어 검색, 클라우드, 위치 기반 서비스를 아우르는 기술력을 통해 단말기 사업자들과의 협력을 통해 스마트 생태계 구축에도 관심을 기울이고 있다. 이외에도 바이두는 스마트 생태계 구축과 동시에 생활 밀착형 서비스를 지속적으로 제공하고 있으며, O2O 분야에 대한 영역을 확대하기 위해 식당, 백화점, 여행사 등의 제휴를 통해 시장 진출을 모색하고 있다.

---

13) 중국 최대 검색 서비스 사업자로 이미지, 뉴스, 지도 등의 검색 기능을 비롯해 검색 서비스 내 커뮤니티 서비스를 제공하고 있다.

14) 후발 주자인 바이두의 선택은 모바일 신생 업체 인수이다. 바이두는 2013년에 전자상거래 기업 '누오미홀딩스'와 모바일 앱스토어 '91와이어리스', 동영상 플랫폼 'PPS' 등을 인수하는 데 약 2조 원을 쏟아부으며 총력을 기울이고 있다.

15) 한국경제매거진(2014.01.31.).[SPECIAL REPORT] 삼성 넘보는 중국 IT 기업의 비밀(http://magazine.hankyung.com/business/apps/news?popup=0&nid=01&nkey=2014011600946000031&mode=sub_view).

그림 2-2 바이두 웨어러블 기기

바이두 아이 바이두 무인자동차 바이두 젓가락

출처: 배병환 외(2015).

표 2-9 바이두 주요 서비스 영역

구분	사업 부문	사업명
1	검색 엔진	바이두
2	전자지도	바이두 티투
3	클라우드 서비스	바이두 윈왕판
4	온라인 위키	바이두바이커
5	무인주행	무인자동차
6	웨어러블	바이두 아이, 바이두 젓가락
7	온라인 결제	바이두 월렛
8	빅데이터 서비스	바이두 상정
9	LBS 서비스	바이두 션비엔
10	인터넷금융	바이파
11	게임	바이두 모바일게임
12	앱 로컬마켓	바이두 모바일 어시스턴트

출처: 배병환 외(2015).

4 샤오미(Xiaomi): 대륙의 실수에서 대륙의 혁신으로

샤오미는 레이쥔(雷軍)에 의해 2010년에 설립되었다. 14억 인구의 중국 내수 시장을 바탕으로 급성장하며 글로벌 스마트폰 시장을 양

분하고 있는 삼성전자와 애플을 빠르게 따라잡고 있다. 2013년 기준 매출 약 5조 5,000억 원으로 시가 총액은 약 10조 2,600억 원이다. 애플과 스티브 잡스(Steve Jobs) 스타일의 제품 발표 컨셉트와 디자인을 벤치마킹해 초기 '짝퉁 애플'로 불리던 샤오미는 성능이 우수한 스마트폰을 애플이나 삼성전자 등 경쟁사보다 저렴하게 판매하면서 입지를 다져나갔다. 특히, 샤오미의 제품은 전량 온라인으로 주문을 받고 배송하는 시스템으로 중간 비용 발송을 최소화함으로써 제품의 가격을 낮추는 전략을 취했다. 샤오미는 자체 온라인 쇼핑몰 '샤오미닷컴'을 통한 판매 방식을 고집했고, 마케팅 비용 및 유통 비용을 절감할 수 있었다.

또한, 안드로이드에 기반을 둔 독자 운영 체제인 'MIUI'를 개발하고 사용자들의 의견을 수렴해 매주 한 번씩 업데이트하며 문제를 개선하고 새로운 기능을 추가하고 있다. 대부분의 안드로이드 스마트폰이 구글과 제조사, 통신사의 복잡한 이해 관계에 얽혀 업데이트가 늦어지는 것과 대조적인 부분이다. 샤오미는 애플처럼 끊임없이 사용자와 교감하며 업데이트에 의견을 반영함으로써 사용자를 샤오미의 두터운 팬으로 묶었고, 기존 안드로이드 인프라를 그대로 활용할 수 있기에 기반 인프라는 구글의 안드로이드를 이용하면서 플랫폼, 서비스는 아마존 방식을 적용하는 양자의 강점을 절묘하게 결합했다. 그 결과 샤오미는 중국 내 1위, 세계 3위의 점유율을 가지는 ICT 기업으로 성장했다.[16)]

또 최근 샤오미는 스마트폰(Mi 시리즈)에 이어 스마트홈, 모바일 헬스케어 사업 등 다방면으로 사업의 확장을 시도하고 있다. 스마트 TV인 Mi TV를 비롯해 초저가 UHD TV, 스마트 박스, 스마트 라우터 등을 잇달아 출시했으며, 중국 부동산업체 화룬완샹(華潤萬象)과

16) 디지털조선일보 (2014.10.06.). 구글, 페이스북, 아마존, 애플을 위협하는 중국 IT 기업들(http://news.chosun.com/site/data/html_dir/2014/10/06/2014100601324.html).

그림 2-3　샤오미 스마트폰 출하 대수 및 점유율 추이

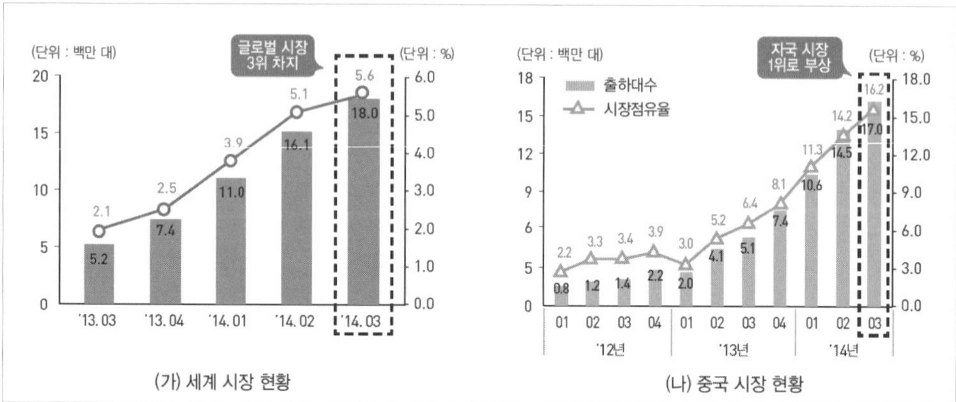

출처: 배병환 외(2015) 재인용.

손잡고 스마트홈 플랫폼을 출시했다. 스마트폰을 중심으로 하여 그 주변기기들을 전략적으로 공략해 스마트밴드(Mi band),[17] 샤오미

표 2-10　샤오미 사업 영역

구분	사업 부문	사업명
1	스마트폰	Mi 1~4
2	스마트 TV	Mi TV
3	스마트 밴드	Mi Band
4	스마트 홈	스마트홈 플랫폼
5	태블릿	Mi 패드
6	셋톱박스	Mi 박스
7	스마트 공기청정기	Mi 청정기
8	스마트 에어컨	가전업체 메이디와 협력
9	Mi클라우드	클라우드

출처: 배병환 외(2015).

17) 스마트폰과 연결되어 운동량을 체크, 수면 중의 움직임을 통해 건강 상태를 관리할 수 있는 건강용 피트니스 스마트밴드.

보조 배터리, 이어폰, 블루투스 스피커 등을 출시해 선풍적인 인기를 끌고 있다. 또한 스마트 밴드(Mi band)를 통해 확보한 기술력으로 미국 의료전문기업 아이헬스 랩(iHealth Labs)과 손잡고 모바일 헬스케어 서비스를 제공할 수 있는 웨어러블 기기 분야에도 진출을 꾀하고 있다.

제 4 절 중국 인터넷 기업 전망[18]

중국의 인터넷 기업들은 광활한 내수와 보호주의적 정부 규제, 그리고 자체적인 혁신에 기반해 큰 성장을 이룰 수 있었고, 그 성장을 바탕으로 해외시장으로의 진출을 가속화하기 시작했다. 텐센트, 바이두, 시나, 알리바바, 샨다 등 대부분의 기업들이 해외 상장을 감행했고, 중국 인터넷산업에 대한 기대감을 기반으로 막대한 자산을 획득할 수 있었으며, 이를 기반으로 해외 진출을 가속화하면서 글로벌 영향력을 키워나가고 있다. 그 과정에서 중국 인터넷 기업의 해외 진출은 콘텐츠와 플랫폼의 특성에 따라 달라지며, 고유한 혁신 패턴과 진출 패턴을 보인다. 중국의 인터넷 기업의 전략 및 전망은 크게 세 가지로 분류해 제시할 수 있다.

1 해외 시장 진출

대부분의 중국 ICT 기업들은 지사 설립과 현지 투자 등을 통해 기

18) 김성옥 외(2013). 경제 · 인문사회연구회 중국종합연구 협동연구총서. 중국 인터넷 기업 해외 진출에 따른 한중 협력 방안 연구, pp. 8-9 인용 및 재구성.

술경쟁력을 높여가고 있다. 텐센트는 위챗의 영어 버전 개발 등을 통해 동남아시아를 중심으로 글로벌화의 수위를 높여가고 있으며, 바이두 등의 검색 포털 기업은 검색 포털이 가진 특성으로 인해 해외 진출이 용이하지 않았으며, 모바일 플랫폼 서비스의 확대를 통해 해외 이용자들과의 접점을 만들고자 한다. 한국에 진출한 중국 인터넷 기업은 대부분 온라인게임 업체이다. 이들이 한국에 들어온 이유는, 초기에는 한국의 선진적인 콘텐츠를 확보해 중국과 기타 해외시장에 퍼블리싱해 시장을 개척하기 위한 목적이었다. 따라서 초기에는 단순히 한국의 콘텐츠를 확보하기 위한 라이선스 형태였다면, 나아가 해외시장 진출을 적극적으로 모색해 현지화를 추구하는 전략을 취하고 있다.

2 기술 제휴를 위한 전략적 제휴

초기에는 인수합병(M&A)과 지사 설립 등 적극적인 방법으로 한국 시장을 두드리던 중국 인터넷 기업들은, 이제는 다시 간접 투자와 부분 협력 등의 점진적 방식을 통해 다수의 콘텐츠를 확보하며 투자 효율성을 높이고 있는데, 이는 중국 인터넷 기업의 해외 진출 형태에서 한국이 가지고 있는 위상을 대변하는 것이기도 하다. 기타 지역으로의 해외 진출 시, 중국 인터넷 기업은 현지 기업에 대한 대대적인 인수합병을 통한 스프링보드(springboard)형 성장 패턴을 보이고 있는 반면, 한국에서는 이보다 한층 느슨한 협력 형태인 전략적 제휴, 그중에서도 비(非)지분 투자 형식의 간접 투자를 진행함으로써 기업 간 결속보다는 콘텐츠의 확보에 집중하고 있다. 콘텐츠 경쟁력은 한국이 가지고 있는 비교 우위이며, 전략적 제휴를 통한 중국의 플랫폼–한국의 콘텐츠, 중국의 투자–한국 개발업체의 기술 간 협력은 한중 인터넷 기업 간의 보편적인 협력 형태로 자리 잡아 가고 있다. 동시에, 중국 내에서 대형 인터넷 기업들의 플랫폼 전쟁이 본격화되면서, 한국으로서는 온라인게임 중심의 협력 영역의 저변을 확대할 수 있는 기회가 생겨났다. 중국 인터넷 기업이 자체 플랫폼을 구축하고 다양한 서비스를 통합하기 시작하면서, 한국으로서는 협력 공간 확대의 가능성이 생기고 있는 것이다. 현재 우리에게 중국 인터넷 기업과의 협력 방안을 구축하고, 이를 통해 안정적인 협력 관계를 다져나가는 것은 필요한 일이며, 이는 한국 내 플랫폼 독점화, 투자 지원 및 진출 지원 부족으로 인해 사업 기회를 모색하기 힘든 중소 개발자들과 한국의 시장 포화로 인해 고민하고 있는 업체들에게 자본 유입과 시장 확대의 기회를 동시에 가질 수 있는 경로가 되어 줄 수 있을 것이다.

제 5 절 한국의 대응 과제

1 한중 협력 현황

한국의 ICT 기업들이 중국 진출에 어려움을 겪는 이유는 중국 내 자국 보호정책뿐만 아니라 언어와 콘텐츠를 바라보는 인식이다. 저작권에 대한 인식이 낮아 앱의 불법 복제가 빈번하고, 무형의 재화를 돈을 주고 산다는 공감대가 적어 수익성이 현저히 낮다. 또한, 한국과 다른 문화와 언어의 장벽은 여전히 중국 진출에 걸림돌이 되고 있다.

하지만 최근 중국 ICT 기업들은 자국 시장에서 음악, 드라마 등 한류 콘텐츠의 인기가 높아짐에 따라 관련 수요를 충족시키기 위해 국내 유수의 엔터테인먼트사와 전략적 제휴를 추진하는 움직임을 보이고 있다. 바이두는 2014년 5월 SM엔터테인먼트, SM C&C와 전략적 업무 제휴를 위한 양해각서(MOU)를 체결했으며. 업무 제휴를 통해 SM이 보유한 음원과 뮤직비디오 등을 중국 내 온라인 서비스를 독점해 유통할 수 있게 되었다. SM 소속 아티스트 및 케이팝 커뮤니티 공동 운용, 신규 방송 프로그램 제작 등에 걸친 공동 비즈니스를 수행할 수 있게 되었다. 텐센트 역시 2014년 12월 YG엔터테인먼트와 MOU를 체결해 YG 소속 가수들의 음원 및 뮤직비디오 등 콘텐츠를 음악 서비스 플랫폼 텐센트 QQ 뮤직을 통해 독점해 유통사의 지위를 누리고 있다.

또한, 국내 게임 역시 중국 시장에서 큰 인기를 얻고 있는 상황으로 국내 게임사와의 전략적 제휴와 함께 지분 투자 활동을 활발히 전개하고 있다. 알리바바는 파티게임즈와 네시삼십삼분(4:33)과의 게임 퍼블리싱 제휴를 체결해 중국 내 독점 퍼블리싱 권한을 획득했다. 텐센트의 경우, CJ게임즈에 5억 달러, 파티즈게임에 200억 원을 투자하는 등 다양한 모바일게임사에 투자했다. 반면, 바이두는 중국 게임을 한국에 공동 퍼블리싱하기 위해 국내 게임퍼블리싱회사 '팡게임'과의 제휴를 추진했다. 이러한 중국 ICT 기업들의 움직임은 콘텐츠와 관련해서는 한류 콘텐츠를 확보해 독점적으로 공급함으로써 중국 이용자의 자사 플랫폼 유입을 확대하려는 전략으로 풀이되며, 점차 검색, 게임, 결제 등의 자사 서비스를 투자 및 제휴를 맺은 국내 기업을 통해 우리나라로 유통·서비스하려는 의도로 전망된다.

이외에도 중국 ICT 기업들은 중국 내 요커(遊客) 등 중국 관광객과 해외직구 이용자를 대상으로 위안화 결제가 가능하도록 국내 유통업계와 PG사와의 제휴를 추진하고 있다. 알리바바는 KG 이니시스와 업무 제휴를 통해 중국 소비자가 국내 온라인 쇼핑몰을 이용할 때 알리페이를 통해 위안화로 결제할 수 있도록 지원하고 있으며, 한국정보통신과는 중국 관광객들이 알리페이 계좌와 연동된 휴대폰 번호를 활용해 별도 절차 없이 중국 내 계좌로 환급금 입금, 부과세 환급 사업의 내용을 담고 있는 전략적 제휴를 체결했다. 텐센트는 다날과 중국 소비자가 한국 온라인 쇼핑몰에서 텐페이를 통

표 2-11 바이두, 알리바바, 텐센트의 국내 콘텐츠 시장 진출 현황

기업	콘텐츠 시장 진출 현황
바이두	<콘텐츠 제휴> -(게임·메신저) 팡게임 ※ 국내 게임의 중국 내 서비스 유통 -(엔터테인먼트) JYP, SM ※ JYP, SM 보유 음원, 뮤직 비디오 등의 중국 내 서비스 <서비스 지원> -검색 엔진에서 한글 검색 결과 서비스 시작
알리바바	<콘텐츠 제휴> -(게임·메신저) 파티게임즈, 네시삼십분과 게임 퍼블리싱 계약 체결 ※ 국내 게임의 중국 내 서비스 유통 <투자> -SM 엔터테인먼트에 1,000억 원 규모 투자 검토
텐센트	<콘텐츠 제휴> -(게임·메신저) CJ E&M, 조이시티, 위메이드, 다음카카오 ※ CJ E&M 자회사(CJ게임즈) 지분 인수(5억 달러), 국내 게임의 중국 내 서비스 유통 -(엔터테인먼트) YG 엔터테인먼트 ※ YG 소속 가수 음원, 뮤직 비디오 등 콘텐츠 독점 공급 <지분 투자> -CJ게임즈(5,000억), 파티게임즈(200억), 카카오(720억), 캡스톤파이터즈(500억), 레드덕 등 중소게임개발사(160억) 등 약 7,300억 원 투자(2012~현재)

출처: 배병환 외(2015).

|표 2-12| 알리바바, 텐센트 국내 결제시장 진출 현황

기업	콘텐츠 시장 진출 현황
알리바바	-(전자상거래) 롯데백화점, 인터파크, 카페24 ※ 알리페이는 국내 400여개 쇼핑몰과 제휴, 자국민 관광객 대상 결제 서비스 제공 -(온라인 결제) KG 이니시스(알리페이 결제 지원), 한국정보통신
텐센트	-(온라인 결제) 다날, 하나은행(검토 중) ※ (다날) 한국 내 쇼핑몰에서 텐페이를 통해 결제 가능하도록 지원 ※ (하나은행) 하나은행-하나카드를 통해 국내 가맹점에서 텐페이 결제 지원 검토 중 -(전자상거래) 신세계 면세점 ※ 텐페이를 통해 위안화로 결제할 수 있도록 지원

출처: 배병환 외(2015).

해 결제할 수 있도록 지원하는 내용의 제휴를 했으며, 신세계 면세점과 중국 소비자들이 신세계 인터넷 면세점에서 텐페이를 통해 위안화를 결제할 수 있게 지원하는 등 텐페이 활용 범위 확대를 위해 전략적 제휴를 체결했다. 이러한 움직임은 중국 소비자들의 한국 상품 수요가 증가함에 따라 추진된 것으로 현재 중국 관광객 또는 중국인 체류자를 대상으로 서비스를 제공하고 있으나, 점차 국내 이용자까지 범위를 확대할 가능성을 열어두고 있는 것으로 보인다(배병환 외, 2015).

2 한중 ICT 협력 패러다임의 변화

스마트 시대의 도래, 중국 기업의 경쟁력 향상, 중국 소비자의 구매력 향상, 한국 기업의 시장 개척 필요 등 다양한 요인에 의해 우리나라와 중국 ICT 협력은 변화를 요구받고 있다. 이전의 협력 방식과 앞으로 요구받는 협력 방식을 비교하면 다음과 같다.

한중 ICT 협력 1.0 시대 방식이라고 명명할 수 있는 이전의 한중 ICT 협력 방식은 ICT 기기, 설비, 소프트웨어 등 전통적인 ICT산업 분야를 중심으로 이뤄졌다. 한국 기업은 기술과 자본을 제공하고 중국 기업은 노동, 부지 등 생산에 필요한 물리적 요소를 제공했다. 당시 중국 정부는 중국 내수 시장을 확대시키고 중국 기업이 시장에서 안착하는 데 주력했다. 현재 텐센트, 알리바바, 바이두, 샤오미 등은 당시 중국 정부의 시장 보호와 지원을 통해 현재의 성장 기반을 다질 수 있었다.

한중 ICT 협력 1.0 시대에 한국 기업에게 중국 진출은 다음과 같은 어려움이 있었다. 첫째, 중국 정부는 시장 접근, 외국인 투자 지분 및 투자 방식을 제한했다. 둘째, 중국 내 외자기업 차별이 존재했다. 셋째, 저작권 침해와 중국 정부의 소극적인 처벌 의지이다. 넷째, 중국 현지 시장정보 취득이 어렵다는 점 등이다.

현재 한중 ICT 협력은 다음과 같은 변화를 겪고 있다. 우선 협력하는 분야가 전통적인 ICT 분야에 더해 u-헬스, IoT, 웨어러블 컴퓨팅 등 융합 ICT 산업으로 확정되었다. 또한 이전과 달리 기술과 자본을 제공하고 노동과 부지 등을 제공받는 방식의 협력이 아닌 대등한 입장에서 협력이 이뤄지고 있다. 온라인게임 업계에서는 중국 기업이 한국 기업에 자본을 제공하고 한국 기업 개발을 하는 방식도 등장했다. 중국 내 ICT 기업들은 중국 내수 시장에서 벗어나 글로벌 ICT 기업들과 경쟁을 시도하고 있다. 최근 화제가 되었던 중국 인터넷 기업들의 M&A 소식과 미국 증권시장 상장 소식 등에서 이를 확인할 수 있다.

이와 같은 변화는 한중 ICT 협력 1.0 시대가 끝나고 한중 ICT 협력 2.0 시대로 나아가야 함을 보여준다고 하겠다. 다음에서는 한중 ICT 협력 2.0 시대의 대응 방안에 대해 논의하고자 한다.

3 한중 ICT 협력 2.0 시대의 대응 방안: 동반 글로벌 진출 전략

1) 중국 내에 '중국 ICT연구소' 설립을 통한 기업 역량 강화

중국 베이징(北京) 내에 중국 현지 ICT 기업과 시장, 정부 정책에 대한 정보를 신속하고 정확하게 확보하기 위한 '중국 ICT연구소' 설립이 필요하다. '중국 ICT연구소'에서 획득한 정보들을 국내 ICT 기업들을 포함한 다양한 이해관계자에게 전달하고, 피드백(feedback)을 받으며, 이를 통해 한중 ICT 1.0 시대의 중국 시장에 대한 정보 취득의 어려움을 극복하고 국내 기업들에 정보를 전달함으로써 기업의 의사결정의 적시성과 효과성을 제고해야 한다.

2) 한국의 ICT 생태계 장점 강화 및 국내 기업 간의 협력 체계 구축

한국의 ICT의 장점을 강화해 한국의 독창적인 아이디어, 뛰어난 기술력, C-P-N-D(Content-Platform-Network-Device)가 고루 잘 갖춰진 시험 무대(test-bed)와 선도 시장으로서의 장점을 통해 한중 글로벌 파트너십을 확보해야 한다. 한국 정부는 ICT 생태계에서 C-P-N-D 영역의 국내 기업들 간의 협력 체계를 구축할 수 있는 분위기 조성 및 공동 대응이 필요하다. 중국 ICT연구소에서 분석한 중국의 글로벌 진출 전망과 전략을 바탕으로 국내 ICT 기업들의 공동의 대응과 상생 방안을 마련해야 한다. 미래창조과학부 등 정부는 국내 기업 간 협력 분위기를 조성하는 회의, 협의 활동을 적극적으로 수행해야 한다.

3) 중국의 한국 기업에 대한 투자 유치를 통해 동반 글로벌 진출 전략

중국과의 동반 글로벌 ICT 시장에 진출해야 한다. 중국은 바이두, 알리바바, 텐센트, 샤오미 등의 중국 인터넷 기업들의 서비스와 플랫폼의 진화에 따라 중국 국내뿐만 아니라 글로벌 ICT 시장 진출 전략을 펼치며 세계 각국에 투자를 확대하고 있다. 또한, 중국 기업들의 글로벌 진출에서 바로 길목에 위치한 한국의 기업의 경험, 기술, 비즈니스 모델에 대한 관심이 매우 높다. 중국 자본의 국내 유입에 대해 그동안 위협으로만 인식한 것에서 벗어나 국내 기업들의 세계 시장 진출의 기회로 삼아야 한다. 그렇게 하면 국외 진출의 실패 위험을 줄일 수 있다. 한국은 중국이 글로벌 ICT 시장에 진출하는 데 파트너로서 역할을 수행하며, 한국 ICT 기업들의 강점을 확대 발전시켜야 한다.

4) 협력의 글로벌 규범을 마련한 후, 중국 시장 진출 전략을 모색

한국 기업이 중국식 규제와 규범을 준수하면서 중국 시장에서 성공하기가 쉽지 않다. 글로벌 시장에서 성장하는 과정에서 체득한 글로벌 규범을 준수하는 한중 협력 기업들이 중국식 규범이 아닌 글로벌 규범을 중국 시장에서도 준수하는 시점이 중국 진출의 적기이다(현재 중국 시장에서 현지화 경쟁력을 가질 수 있는 국내 글로벌 기업들은 제외). 한국 기업이 글로벌 시장에서 중국 기업의 파트너로 자리매김한 후 중국 시장을 글로벌 시장의 부분으로 간주하면서 자연스럽게 중국 시장에도 동반 진출하는 우회 전략을 모색해야 한다.

제 3 장

청년 일자리 해법, 대학과 ICT에 있다

제 1 절 서론

1 박근혜 정부의 창조경제

지난 40여 년간 대한민국은 추격형 경제성장 전략을 통해 발전해 왔다. 그러나 글로벌 경제위기와 신흥 산업국가의 추격 등에 따라 대한민국의 경제 발전은 한계에 봉착했으며, 고용 없는 성장(jobless growth), 청년실업, 저출산·고령화 등 각종의 사회문제에 직면해 있다. 대한민국 국민들은 더 이상 경제 성장만을 최고의 가치로 여기지 않고 '성장과 복지가 균형을 이루는 사회'에 대해 열망하고 있다.[1)]

1) 관계부처 합동(2013).「창조경제 실현계획」.

이러한 국내·외적 상황에서 취임하게 된 박근혜 정부는 '국민 행복, 희망의 새 시대'를 국정 비전으로 정하고 이를 달성하기 위한 첫 번째 국정 목표로서 '일자리 중심 창조경제'를 제시했다. 또한 지금까지 우리 정부의 연구개발(R&D) 전략이 경제 발전을 위한 응용개발 연구 중심의 투자로 최대한 빨리 선진국의 기술과 산업을 발빠르게 따라잡는 전략[2]이었다면, 박근혜 정부가 추구하는 과학기술정책의 패러다임은 생태계 창조형 R&D전략을 중심으로 과학기술과 아이디어를 기반으로 하는 창조산업의 육성을 강조하고 있다. 이처럼 박근혜 정부는 저성장과 높은 실업률 등의 위기감으로 만연한 한국 경제의 돌파구로서 '창조경제, 창조산업 육성'을 내걸고 있는 것이다.

그림 3-1 박근혜 정부의 창조경제 개념

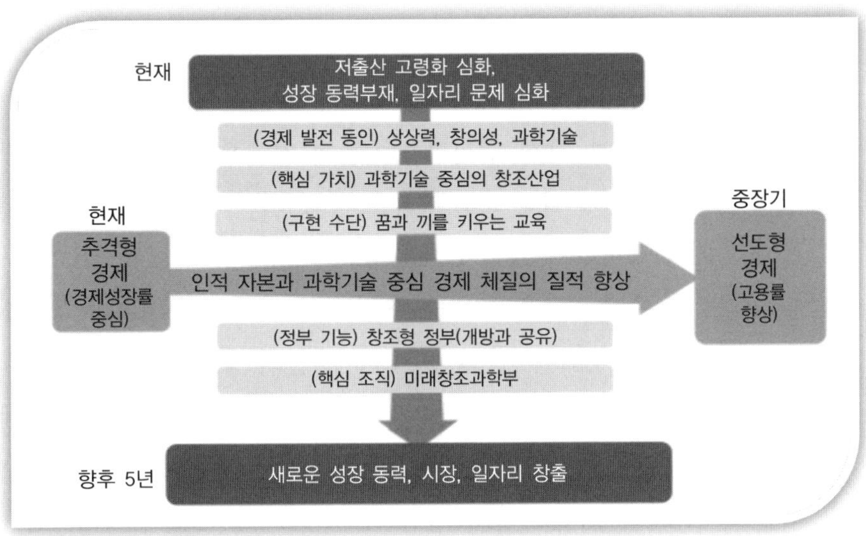

출처: KISTEP(2013).

---

2) 조선닷컴 (2012.07.11.). 아침논단-'추격형 R&D'를 넘어 '창조형 R&D'로-(http://news.chosun.com/site/data/-html_dir/2012/07/11/2012071103036.html?Dep0=twitter&d=2012071103036).

구체적으로 '창조경제'는 기존의 '추격형 경제 패러다임'에서 '선도형 경제 패러다임'으로의 전환을 목표로 하며, '경제성장률 위주'의 경제 운영 방식에서 '고용률 제고'의 운영 방식으로 전환하는 것을 목표로 한다. 또한 지식기반 중심의 질적 성장(인적 자본과 과학기술 등)을 통해 지속 가능한 중장기 성장을 지향하는 것이라고 말할 수 있다. 정부는 이에 대한 전략으로 ① 창조경제 생태계 구축, ② 일자리 창출을 위한 성장 동력 강화, ③ 중소기업의 창조경제 주역화, ④ 창의와 혁신을 통한 과학기술 발전, ⑤ 원칙이 바로 선 시장경제 질서 확립, ⑥ 성장을 뒷받침하는 경제 운영을 제시한다(차두원 · 유지연, 2013).

2 초심으로 돌아가자(Back to the Basic)

창조경제의 첫 출발점인 '스마트-뉴딜(Smart-New Deal)' 구상은 ICT를 통해 젊은 층에게 좋은 일자리를 만들어 주는 것이었다. 박근혜 대통령은 후보 시절 인터뷰[3]를 통해 처음으로 '스마트-뉴딜' 구상에 대해 밝혔다. 이는 ICT 기술을 통해 일자리를 창출하는 신성장 동력정책이 그 골자였다. 박 대통령은 해당 인터뷰에서 '스마트-뉴딜'이라는 용어를 두고 "스마트(Smart)는 정보기술(ICT), 뉴딜(New Deal)은 내수활성화를 통한 일자리 창출의 의미인데 우리말로 더 잘 표현할 수 없을까 고민 중"이라고 말한 바 있다. 결국, 박근혜 정부가 최우선의 핵심 국정과제로 내걸고 있는 '창조경제'는 '스마트-뉴딜'의 구체화 버전이라고 말할 수 있다.

앞서 박근혜 대통령의 후보 시절 인터뷰에서 알 수 있다시피, '창

3) 동아일보(2012.09.14). "박근혜, IT 통한 일자리 창출 '스마트-뉴딜'이 신성장 동력"(http://news.-donga.com/3/all/20120914/49400027/1).

조경제'라는 국정과제는 처음 구상 시부터 ICT 기술을 통해 젊은 층에게 좋은 일자리를 만들어 주는 것이 그 핵심 내용이었던 것을 알 수 있다. 따라서 필자는 창조경제의 핵심이 ICT 기술과 일자리 창출에 있다고 보고, 진정한 의미의 창조경제가 실현되기 위해서는 현재 발표되고 있는 창조경제와 관련한 각종 계획들 중에서 'ICT 기술을 통한 청년 일자리 창출'을 지향하는 '초심'으로 돌아가야 한다고 생각한다. 특히 20대 청년 실업자가 41만 명에 육박하고 청년 실업률이 사상 최고 수준으로 치닫고 있는 현재 상황에서 ICT 기술을 활용한 일자리 창출이 그 돌파구로서 작동할 가능성이 높다고 판단된다. 그러므로 여기에서는 어떻게 ICT 기술을 이용해 청년 일자리를 창출할 수 있을지에 대한 방안을 좀 더 구체적으로 살펴보고자 한다.

1) 청년 실업률 증가[4]

1997년 외환위기 이후, 한국의 전체 실업률은 큰 폭으로 증가했다. 약 15년이 지난 2013년 기준 2.8%로 어느 정도 외환위기 이전의 실업률 수준으로 회복된 상황이다. 그러나 대한민국의 실업률은 OECD 국가들 중에서 최고 수준에 이르므로 결코 한국의 경제 상황을 긍정적이라고 평가할 수는 없는 상황이다. 더 중요한 문제는 청년 실업률에 있다. 청년 실업률은 외환위기 이후 큰 폭(5.7%→12.2%)으로 상승한 이후, 어느 정도 감소하는 추세를 보이다가 2000년 이후로 더딘 회복세를 보이고 있다. 청년 실업률을 15~19세, 20~29세로 나눠 보면, 15~19세의 경우 2013년에 외환위기 전 수준(8.8%)을 회복했지만, 본격적인 구직 기간이 포함되어 있는 20~29세의 경우에는 2013년 기준으로 외환위기 이전(5.3%)보다 상당히 높은 수준(7.2%)을 보이고 있다.

---

4) e-나라지표 사이트(http://www.index.go.kr/potal/main/EachDtlPageDetail.do?idx_cd=1495).

그림 3-2 우리나라 실업률 추이

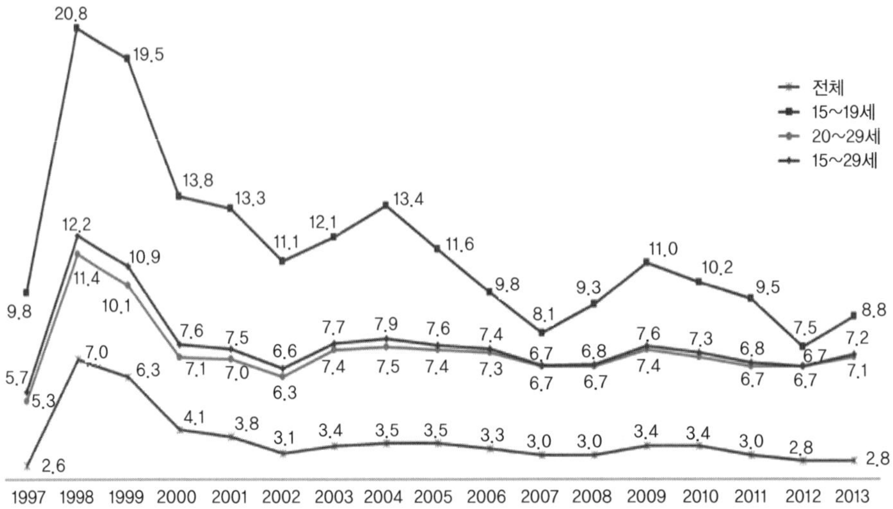

비경제활동인구의 비율도 청년층(15~29세)에서 전체 비경제활동인구보다 높은 수준을 보이고 있다는 사실에도 주목할 필요가 있다. 청년층 비경제활동인구의 비율은 외환위기 당시와 비교해서도 높은 수준을 유지하고 있다. 청년층을 15~19세, 20~29세로 나눠 비교해 보면 청년층의 비경제활동인구 비율 상승은 20~29세 계층의 비율 상승으로 인한 것임을 유추할 수 있다. 이는 결국 실제 구직을 가장 많이 하는 20~29세의 청년층이 신규 일자리 창출 정체 등으로 인해 구직을 포기하게 된 인구가 많아진 것이라는 사실을 유추해 볼 수 있다.

2) 우리의 ICT 경쟁력

이처럼 청년 실업률 및 청년 비경제활동인구 비율이 높아진 상황은 대한민국의 경제에 결코 좋은 영향을 미치지 못한다. 2015년 4월에는 청년 실업률이 10.2%로 역대 최고의 수치를 기록했다. 인구의

그림 3-3 비경제활동인구 비율 추이

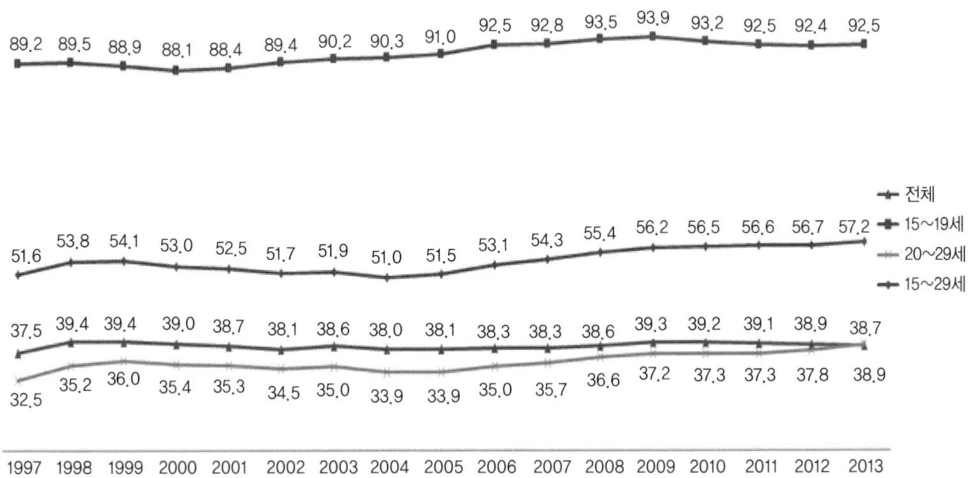

고령화 문제 등으로 인해 정년 연장이 불가피한 상황에서 신규 일자리 창출이란 기업에게도 정부에게도 쉽지 않은 일이다.

그럼에도 불구하고 현재 한국 사회에 퍼져 있는 위기감과 과도하게 위축되어 있는 경제에 활력을 불어넣기 위해서는 청년 실업률을 감소시키고 고용률을 증가시키는 것이 반드시 필요하다. 그렇다면, 대한민국 경제에서 선도적 위치를 차지하고 큰 부가가치를 창출할 수 있는 산업 분야는 무엇일까? 혁신적 사업이 용이해 신규 일자리를 많이 창출할 수 있는 분야는 아무래도 대한민국이 세계 최고의 경쟁력을 갖추고 있는 ICT 분야일 것이다.

기사에 따르면,[5] 반도체, 휴대전화, 정보통신기술(ICT)을 제외한 산업이 2014년 연속 무역수지 적자를 기록할 위기에 처했지만, ICT 산업의 무역수지는 2009년 이후 5년 연속 흑자 기조를 유지할 만큼 국가적인 경쟁력을 유지하고 있다. 또한 한국은 삼성전자, LG전자

5) 연합뉴스(2013.12.16). "非ICT 산업, 14년 연속 무역적자"(http://www.yonhapnews.co.kr/bulletin/2013/-12/14/0200000000AKR20131214049300017.HTML).

와 같은 세계적 경쟁력을 갖춘 글로벌 기업이 있으며, 전자정부 등 정부의 ICT 이해도, 국민의 ICT 활용도도 세계 최고 수준이다. 특히 ICT 제조업 생산은 우리나라 제조업 성장의 50% 이상을 차지할 만큼 한국에서 ICT 및 산업의 위상은 매우 높다. 그뿐만 아니라, 전체 OECD 국가를 기준으로 봤을 때에도 국가별 ICT 수출 비중이 최상위에 속할 만큼 세계적으로 한국의 ICT산업의 위상은 꽤 높은 편이라고 할 수 있다. 이러한 상황에서 세계적 경쟁력을 갖추고 있는 ICT를 통한 새로운 성장 동력과 일자리를 창출하는 전략은 현 상황에서 자연스러운 선택이라고 판단된다.

그림 3-4 연간 ICT산업 무역수지 추이

출처: 연합뉴스. 2013.12.16. 기사.

그림 3-5 국가별 ICT 수출 비중

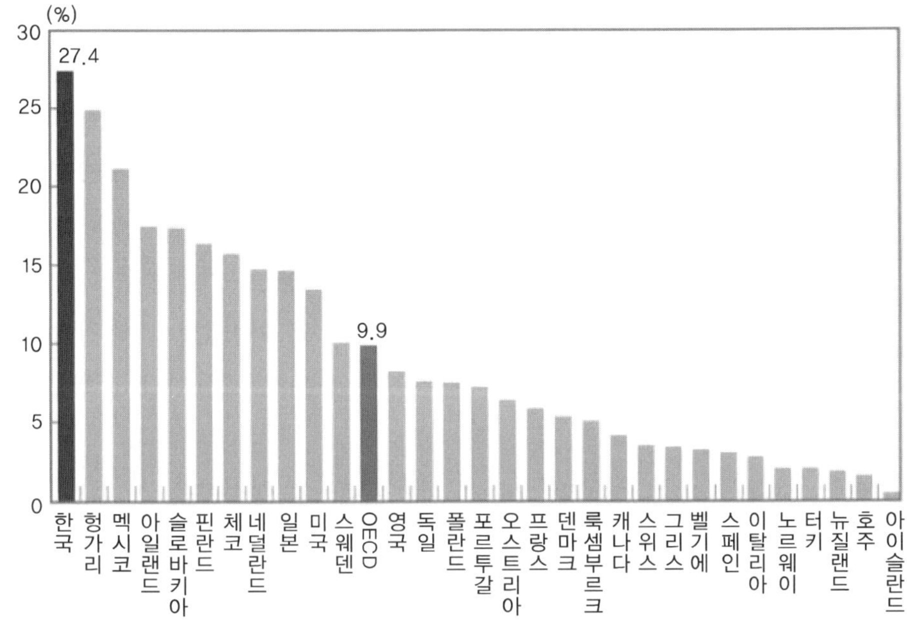

출처: OECD(2010).「Information Technology Outlook」 재인용.

제 2 절 세계 각국의 고용 창출 전략

대한민국이 창조경제라는 슬로건 하에 ICT와 청년 일자리 창출에 집중해 경제를 부흥시키고자 하는 계획을 세우고 있는 상황에서 다른 선진국들은 어떠한 방식으로 고용 창출 전략을 세우고 있는지 확인해 볼 필요가 있다. 여기에서는 미국, 이스라엘, 영국, 중국의 사례를 살펴봄으로써 한국의 창조경제 전략에 어떠한 시사점을 줄 수 있는지 살펴보겠다.

1 미국: 혁신, 연구개발, 창업, 글로벌 개방

미국은 2011년 2월 정부 운영 방식 개혁과 창의성을 활용한 경제 성장 전략인 미국 혁신전략 보고서[6]를 발표했다. 이 보고서에서는 박근혜 정부의 창조경제와 유사하게 국민의 창조성과 상상력에 투자해 새로운 일자리와 산업을 창출할 수 있음을 언급했다. 이에 대한 추진 과제로 세계 최고 수준의 인력 양성, 기초연구 분야 미국 주도권 강화, IT 에코 시스템 구축, 시장 기반 혁신 촉진을 위한 R&E(research & education) 세액공제, 효율적 지식재산 정책을 통한 재능과 독창성 촉진 등을 제시했다.

이후 재임에 성공한 오바마 대통령과 그 행정부는 2011년에 내놓은 '국가혁신전략'을 확대한 새로운 어젠다인 '지속 가능한 성장과 양질의 일자리 창출을 위한 혁신(Innovation for sustainable Growth and Quality Jobs)'을 내놓았다. 해당 어젠다의 핵심 전략으로는 국가혁신 기반 강화, 기업혁신을 촉진하기 위한 경쟁시장 조성을 말하고 있다. 오바마 행정부는 '성장'과 '일자리 창출'이라는 두 마리 토끼를 모두 잡기 위해, ICT를 주축으로 청정 에너지, 바이오, 나노 등 새로운 성장산업 분야를 총망라하고, 이들 산업에 세액공제 혜택을 확대해 50만 개의 일자리를 창출하겠다는 세부 목표를 세운 바 있다.[7] 또한 하이테크 경제 시대 인력 수요에 대응하기 위해 대학-기업-창조 계층(현재·미래 수요가 높은 과학, 기술, 엔지니어링, 수학 중심)의 새로운 파트너십을 개발하는 학교에 인센티브를 제공하는 것에 대한 필요성을 언급했다(차두원·유지연, 2013).

---

6) A Strategy for American Innovation: Securing Our Economic Growth and Prosperity, The White House-National Economic Council, Council of Economic Advisors, Office of S&T Policy.

7) 전자신문(2013.03.25.). 미·일·중, 전략은 달라도 핵심은 '창조경제' … 세계는 창조경제로 이동중 (http://www.etnews.com/201303250447).

그림 3-6 미국 혁신전략 추진을 위한 추진 과제

(출처) A strategy for American Innovation: Securing Our Economic Growth and Prosperity, The White House-National Economic Council, Council of Economic Advisors, Office of S&T Policy, 2011.

출처: KISTEP(2013) 재인용.

이러한 미국형 창조경제가 실현되는 공간으로는 전 세계적으로 알려져 있는 실리콘 밸리(Silicon Valley)를 주목하고 있다. 실리콘 밸리는 전기전자, 컴퓨터, 바이오 등 각종 첨단산업 분야의 기업들이 밀집해 있으며, 활발한 창업이 끊임없이 이어지면서 전 세계 기술 트렌드를 주도하고 있는 성공적인 혁신단지이다.

실리콘 밸리의 성공 요인을 간단히 살펴보면 다음과 같다.

첫째, 실리콘 밸리는 미국이라는 세계에서 가장 크고 주목받는 내수시장을 가지고 있으며, 엔젤 투자 등 특화된 자본 환경을 가지고 있다.

둘째, 초기 기업을 성공적으로 육성시킬 수 있는 인큐베이터와 엑셀러레이터 기업의 활동도 두드러지고 있다.

셋째, 이런 물적 환경뿐만 아니라 실리콘 밸리는 스탠퍼드, 버클리 등 세계 유수의 대학과 인접해 있어, 이러한 대학에서 배출된 인재들이 실리콘 밸리에서 창업을 선택하거나 지역 벤처기업으로 입사하는 등 인력 공급이 원활한 환경을 보유하고 있다.

넷째, 정부의 정책적 지원도 실리콘 밸리의 성공에 큰 영향을 주고 있다. 미국 정부의 R&D정책의 특징은 개별 기업이 투자하기 힘든 기초연구 및 고위험 분야 연구에 집중하는 것이다. 따라서 혁신형 기업들이 정부의 지원을 바탕으로 다소 위험한 분야의 사업에도 뛰어들 수 있는 것이다.

실리콘 밸리는 한국이 가고자 하는 '창조경제'의 실사판(實寫版)

그림 3-7 미국 실리콘 밸리

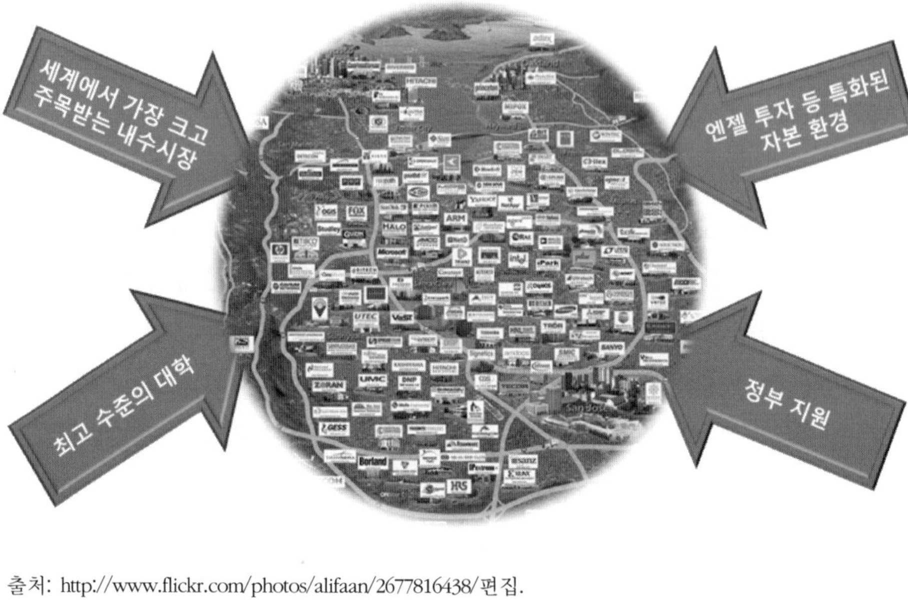

출처: http://www.flickr.com/photos/alifaan/2677816438/편집.

이라고 볼 수 있으며 실리콘 밸리의 성공 요인을 제대로 분석하고 한국과 비교해 정책적 시사점을 이끌어 내는 과정이 필요하다(전승우 외, 2013).

2 이스라엘: 나라 전체가 실리콘 밸리

이스라엘은 '실리콘 와디(wadi: 계곡)'라고 불리는데 그 이유는 나라의 국가 규모나 인구 수준에 비해 고도화된 혁신 생태계를 가지고 있기 때문이다. 이스라엘은 창업 자원이 풍부할 뿐 아니라, 대학을 중심으로 장기적이며 안정적인 연구 지원을 통해 기초연구에서 성과를 창출하고 기술 이전 및 사업화 생태계를 선순환 구조로 확립시킨 대표적 국가이다. 또한 세계 최고 수준의 GDP 대비 연구개발 투자(2011년 4.68%)와 우수한 과학기술 분야의 유대인 네트워크 등 창업생태계에 유리한 환경이 이미 조성되어 있다.

우수한 연구 환경 때문인지 이스라엘은 4명의 노벨화학상을 배출했고, 나스닥 상장 이스라엘 기업 임원의 80%를 배출한 우수한 대학도 존재한다. 재정적으로는 요즈마 펀드(yozma fund)[8] 등 정부 벤처 캐피탈 등 정부의 적극적인 지원뿐만 아니라, 바이츠만 연구소[9]의 기술 이전 사업화를 위한 예다(Yeda)[10]의 역할과 연구소 교

---

8) 요즈마는 히브리어로 창의·독창·창업 등과 같은 뜻을 가진 단어로 요즈마 펀드는 벤처 캐피털에 자금을 대주는 역할을 하는 펀드이다. 이스라엘 정부는 1993년 민간기업과 공동으로 요즈마 펀드를 출범, 정부(40%)와 민간(60%)이 리스크를 부담하되 수익이 발생하면 민간기업이 정부 지분을 인수할 수 있도록 인센티브를 제공했다. 1997년 민영화된 이 펀드는 이스라엘 벤처 캐피털 산업 기반과 스타트업 창업환경을 조성했다는 평가를 받고 있는데, 초기 1억 달러에서 2013년 현재 규모가 40억 달러 수준에 이르고 있다(출처: 네이버 지식백과, http://terms.naver.com/entry.nhn?docId=1847236-&cid=43667&categoryId=43667).

9) 이스라엘의 대표적 연구기관인 바이츠만연구소는 1959년 기술사업화를 전담하는 독립회사 예다(Yeda)를 설립하고 연구소 개발 기술의 상업화 업무를 전담하는 등 기초연구의 실용화에 매진하고 있으며 설립 초기 소속 교수들이 직접 창업하는 기술 이전 시스템을 성공적으로 추진했다.

수들이 직접 창업하는 기술 이전 시스템이 이스라엘을 혁신형 창업 생태계의 모범으로 보는 요인으로 꼽히고 있다.

이처럼 이스라엘은 비록 국가의 규모는 작지만 나라 전체가 혁신을 지향하며 우수한 혁신 생태계를 바탕으로 이스라엘에서는 중소기업과 벤처기업이 건실하게 육성되고 있다. 일자리 창출 효과가 가장 높은 정책이 바로 중소기업에 대한 지원 확대와 벤처창업 활성화라는 점에 주목할 때(방송통신전파진흥원 2013), 이스라엘 혁신생태계는 우리나라 창조경제 정책 방향에 큰 시사점을 줄 수 있을 것이라고 판단된다(차두원 · 유지연, 2013).[11)]

그림 3-8 이스라엘의 혁신 잠재력

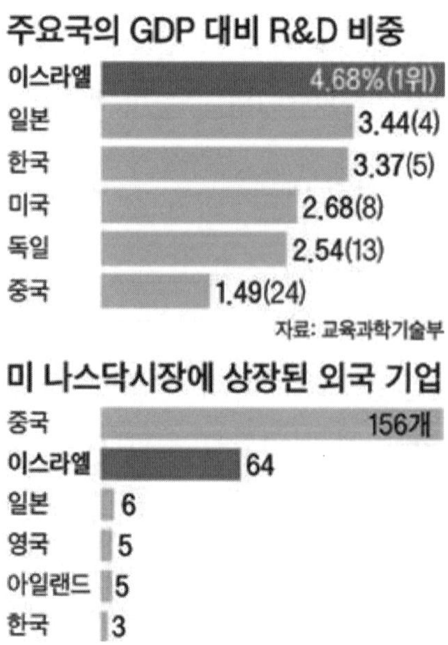

출처: 중앙일보. 2011.10.07.

---

10) 전자신문(2013.11.26) [미리 읽는 특허전쟁] 이스라엘 기술이전 허브 'YEDA'(http://www.etnews.com/201311260077).

11) BIZION (2013.03.18.). 이스라엘을 통해 배우는 '창조경제'(http://bizion.mk.co.kr/bbs/board.php?bo_table=insight&wr_id=169&page=15).

3 영국: 창작, 디자인 등 창조산업

영국은 대표적인 문화산업 국가로서 문화예술 중심의 창조산업(creative industry)이 경제적 성장과 일자리 창출에 기여했다. 영국은 창작이나 디자인을 통해 많은 부가가치를 창출해 왔다. 『해리 포터(*Harry Potter*)』, 비틀스(The Beatles), 여러 뮤지컬 등이 모두 영국을 모태로 한 콘텐츠들이다. 영국은 창의적 사고를 바탕으로 한 문화산업에 집중적으로 투자하고 있으며 이를 통해 많은 부가가치를 창출하고 있다. 예를 들어 영국의 소설 『해리 포터』는 시리즈 완결까지 9년간 308조 원에 해당하는 수익을 거뒀는데 이는 같은 기간 한국의 간판산업인 반도체 수출 수익보다 77조 원을 더 번 셈이다. 이러한 영국의 창조산업의 활성화를 통한 창조산업의 진흥은 정부의 꾸준한 창조산업에 대한 연구와 정책 지원의 결과라고 할 수 있다.

영국은 1997년 토니 블레어(Tony Blair) 총리 내각 출범 이후에 국가 이미지를 제고하고 국가경제를 활성화하기 위해 창조경제에 대한 연구와 정책 지원을 지속적으로 추진했다. 1998년 문화·미디어·스포츠부(Dept. of Culture, Media, Sport)는 창조경제를 "개인의 창조성, 기술, 재능 등을 기반으로 지식재산을 생성·활용해 경제적 가치와 일자리 창출 잠재성이 있는 산업들로 구성된 경제 체제"로 정의했다. 또한 창조경제의 핵심에는 지식재산권이 창조적 행위를 창조산업으로 변환시키는 촉매 역할을 수행해야 한다고 주장했다.

이후 2008년 고든 브라운(Gordon Brown) 총리는 향후 10년의 비전을 제시하면서 과학, 혁신, 창조산업, 금융 산업 등에서 영국의 강점을 살리기 위한 정부개혁을 강조했으며, 2008년 4월 영국 창조경제 업그레이드를 위해 관련 정부기관과 단체들이 중장기적으로 수행해야 할 'Creative Britain: New Talents for the New Economy'로서

8개 부문 26개의 정책 과제를 발표했다. 영국 정부의 정책 추진 배경에는 영국의 제조업 부진 및 경기 침체 해결을 위해 창조산업을 국가의 성장 동력으로 육성하고자 하는 전략이 내포되어 있다고 볼 수 있다. 이처럼 영국은 기존의 문화예술 콘텐츠 중심의 창조산업뿐만 아니라, 최근에는 과학기술 분야의 창조산업 진흥도 꾀하며 런던의 중·동부 지역을 미국의 실리콘 밸리와 같은 기술 허브로 육성하겠다는 계획(East London Tech City)도 발표하고 있다(차두원·유지연, 2013).

4 중국: 인터넷 및 정보통신 기업의 약진

2013년도 중국 ICT 시장은 약 424조 원(3,527억 달러) 규모로 미국에 이은 2위 글로벌 ICT 강국으로 부상했다. 특히 텐센트(Tencent), 알리바바(Alibaba), 바이두(Baidu), 샤오미(Xiaomi) 등 소위 TABX라고 불리는 중국 인터넷 기업의 대표 주자들은 모두 창업을 통해 규모를 키운 회사들이며 창업 이래 지속적인 성장세를 보이고 있다.

예시로 알리바바는 설립된 지 채 20년이 되지 않는 기업이지만, 중국 정부의 적극적인 지원에 힘입어 그 규모는 상장 이후 삼성전자도 제칠 만큼 크게 성장했으며, 중국 내에서 1,400만 개의 추가 고용을 만들어 냈다. 이처럼 알리바바는 창업을 바탕으로 한 혁신기업이 국내 일자리 창출에 긍정적 영향을 미친 대표 사례라고 볼 수 있다. 알리바바 사례와 같이 중국은 정부의 적극적인 지원 하에 인터넷 및 정보통신 분야에서 높은 부가가치와 고용 효과를 창출하고 있으며, 더불어 국가경제에도 많은 부분 이바지하고 있다.

제 3 절 창조경제 인재는 어디에?

1 우리나라 민간 부문의 경쟁력

한국의 경우 대기업과 중견기업의 수출 경쟁력이 높은 상황이며 자생적 경쟁력을 확충하고 있다. [그림 3-9]는 국가과학기술위원회가 발간한 『2014 과학기술연감』의 '우리나라 재원별 연구개발비 추이'이다. 2013년 우리나라의 연구개발비 재원별 구성을 살펴보면, 정부·공공재원 14조 2,417억 원(24%), 민간재원 44조 8,792억 원(75%), 외국재원 1,800억 원(0.3%)으로 민간재원 비중이 높은 구조를 유지하는 것을 알 수 있다. 공공 부문과 민간 부문의 재원 비중은 약 25:75이며, 최근 3년간 민간 부문의 재원 비중이 지속적으로 증가한 것을 알 수 있었다. [그림 3-10]은 '우리나라 주체별 연구개발비 추이'를 나타낸 그래프이다. [그림 3-10]에 따르면, 민간 부문인 기업체가 사용한 연구개발비는 46조 5,599억 원으로 전체의 78.5%를 차지했으며, 공공연구기관은 7조 2,607억 원, 대학은 5조 4,803억 원의 연구개발비를 사용했다. 이 그림에서도 마찬가지로 총 연구개발비에서 민간 부문이 차지하는 부문이 공공 부문보다 월등하게 높다는 것을 알 수 있었다.

여러 통계자료를 통해 알 수 있듯이 창조경제에서 R&D가 차지하는 비중이나 중요성을 고려할 때, 연구개발비 수준이 공공 부문보다 민간 부문이 압도적으로 많으며, 민간 부문이 공공 부문보다 창조경제 역량을 배양하기 더 나은 환경을 갖추고 있다고 할 수 있다. 그러나 민간 부문이 창조경제가 잘 발현될 수 있는 환경을 갖추고는 있지만, 민간 부문에서 추구하는 가치와 공공 부문이 추구해야 하는 가치는 엄연히 다르기 때문에 민간 부문이 자발적으로 청년 일자리 창출과 같은 공적 가치를 실현해 주기만을 바랄 수는 없다.

그림 3-9 우리나라 재원별 연구개발비 추이

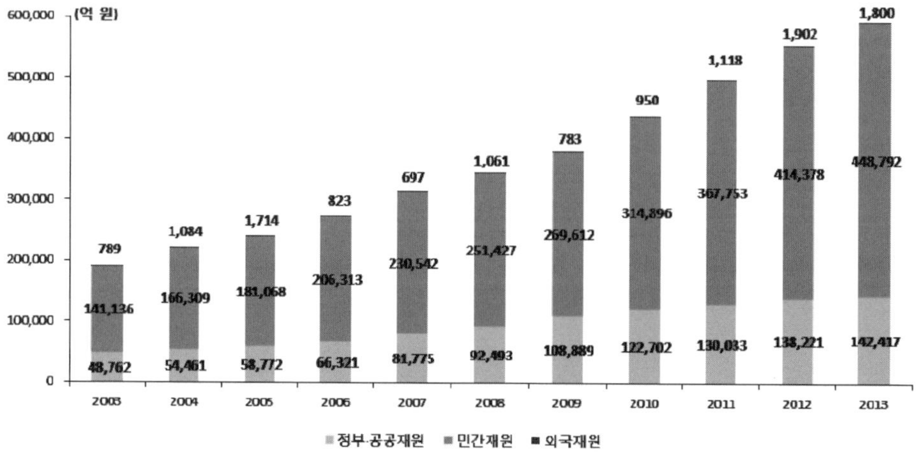

출처: 「2014 과학기술연감」. 국가과학기술위원회.

그림 3-10 우리나라 주체별 연구개발비 추이

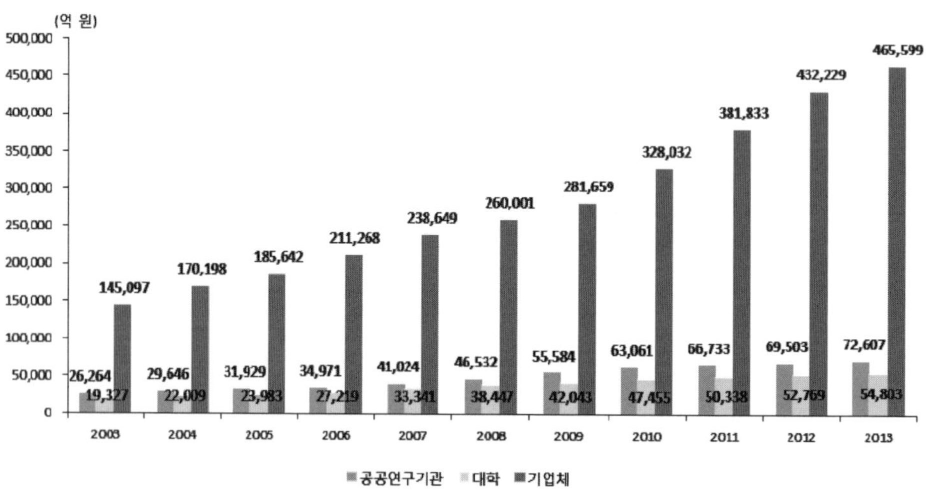

출처: 「2014 과학기술연감」. 국가과학기술위원회.

현재 한국은 민간 부문의 경쟁력 확충과 사업의 성장에도 불구하고 고용률은 그다지 크게 늘지 않는 '고용 없는 성장(jobless growth)' 상황에 봉착해 있다. 이러한 상황에서 정부의 역할은 창조경제 역량을 배양하기에 좀 더 우수한 환경을 갖춘 민간 부문이 대한민국의 경제 활성화와 청년 신규 일자리 창출과 같은 공적 가치 달성에 자발적으로 참여할 수 있도록 분위기를 조성하는 것이다. 또한 직접적으로 청년 일자리 창출에 기여하는 민간기업 및 기관에 대해서는 인센티브를 부과하는 등 정부 차원에서 민간 부문의 경쟁력을 최대한 활용하는 방안이 실현되어야 할 것이다.

2 수도권 집중 현상

산업연구원(KIET)이 2013년에 발표한 '지역산업 고용구조 변화와 일자리 창출 전략' 보고서에 따르면 고용 창출의 77.1%가 수도권에 집중된 것으로 나타났다. 취업자의 순증가 또한 수도권 집중 현상이 확대 심화되었고, 상대적으로 고임금을 제공하는 대기업의 일자리 증가 또한 수도권에 집중되어 있다. 이뿐만 아니라, 1000대 기업의 시·도별 분포 현황을 살펴보면 서울과 인천, 경기 등 주로 수도권과 경남, 부산, 울산, 대구, 경북 등 영남권 지역에 높게 분포되어 있다. 특히 수도권에는 1,000개 기업 중 무려 709개사가 입지해 수도권에 1000대 기업의 대다수가 위치해 있는 것을 확인할 수 있다. 이와 같은 수치는 정부의 수도권 규제완화정책으로 인해 수도권 집중 현상이 더욱 심화되었고, 산업 인프라가 월등한 수도권 지역의 경쟁력이 곧 해당 기업의 매출 향상으로 이어지는 구조로 인해 기업들의 수도권 집중 현상이 더욱 심화된 것으로 판단할 수 있다. 이러한 기업 입지뿐만 아니라 금융기관, 문화공연시설 등 각종의 인프라가 수도권에 집중되어 있어 우리나라의 경우 물적·인적 역량이 수도권에 집중될 수밖에 없는 구조이다.

하지만 지방의 경우에는 모든 물적·인적 자원의 수도권 집중 현상으로 인해 산업 및 경제 인프라와 관련 인력이 부족해 지역경제가 위태로운 상황이다. 이러한 상황 속에서 각 지방에 거주하고 있는 여러 우수 인력 자원들은 물적·인적 자원이 부족한 지방을 벗어나, 산업 역량이 집중된 수도권으로 이동할 수밖에 없는 상황이 계속해서 발생하고 있다. 이러한 수도권 집중 현상은 지역 간 불균형을 더욱더 심화시키고 지역경제를 악화시켜 전체적인 경제 활성화에도 악영향을 미치게 될 것이므로, 대한민국 경제도 긍정적이지 못하다.

표 3-1 수도권 집중 현상

취업자 순증가 수도권 분포(%)		1990~95	1995~00	2000~05	2005~10
	총 취업자 수	67.1	67.4	77.1	77.1
	상용근로자 수	52.5	54.8	60.7	60.9

문화공연시설 지역 분포 (대+중+소공연장, 2011)	서울	인천	경기	부산	대구	광주	대전	울산	강원	충북	충남	전북	전남	경북	경남	제주
	189	27	120	38	35	22	15	3	27	10	37	17	17	31	31	1

1000대 기업 시도별 분포 현황 (2012년)	수도권			충청권				호남권			부산, 울산, 경남			대구, 경북		강원, 제주	
	서울	인천	경기	대전	충남	충북	세종	광주	전북	전남	부산	울산	경남	대구	경북	강원	제주
	527	34	148	15	33	19	3	12	10	15	40	24	50	17	44	6	3
	709(70.9%)			70(7.0%)				37(3.7%)			114(11.4%)			61(6.1%)		9(0.9%)	

출처: 산업연구원(2013), 전주상공회의소(2013), 문화체육관광부(2011) 재구성.

그렇다면 물적 자원과 인적 자원이 수도권으로 집중된 상황에서 침체되어 있는 지역 경제를 살리고 더불어 창조경제를 실현해 나갈 수 있는 방안은 무엇일까? 도대체 우리나라의 창조경제 인재는 어디에 분포하고 있는 것일까? 수도권에 존재하는 창조경제 역량과 인프라 중심으로 정부가 창조경제 정책을 펼친다면, 이는 이미 심화되어 있는 수도권 집중 현상을 더욱더 심화시키고, 지역경제를 악화시킬 우려가 있다.

3 창조경제 역량은 대학에 있다

필자는 이러한 창조경제 지원 역량이 대한민국의 각 대학에 분포되어 있다고 생각한다. 1997년 외환위기 발발 이전에는 박사급의 우수 인력들이 KIST나 ETRI와 같은 정부 출연 연구기관에 많이 분포되었다. 우수 인력들은 연구원을 거쳐 이후 수도권을 포함한 각 지역의 대학들로 재분포되었다. 그러나 1997년 외환위기 이후 사회적 고통을 부담하자는 차원으로 정부는 출연 연구기관에 대한 지원을 축소했고 이에 따른 연구 인력, 인건비, 경상운영비 등의 감축이 이뤄졌다. 이 밖에도 기관 경영혁신 차원에서 연봉제, 계약제들이 도입되고 시행되었으며, 민간 주도 연구개발 노력이 강화되는 등 출연연구기관에 대한 정부 주도의 대폭적인 구조조정이 감행되었다. 특히 가장 눈에 띄게 구조조정이 현실화되었던 부분은 인력 감축 부분이었는데, 1998년 당시 인력의 경우에는 9%가량 감소되어 과거보다 이직률이 4%p 이상 높게 나타나는 등 출연 연구기관의 연구 인력들은 외부로 많이 이직하는 상황이 전개되었다(과학기술정책연구원, 1998). 이러한 이유들로 인해 최근의 박사급 우수 인력들은 출연연구기관이라는 중간 단계를 거치지 않고 바로 지역의 각 대학의

그림 3-11 대학에 존재하는 창조경제 역량

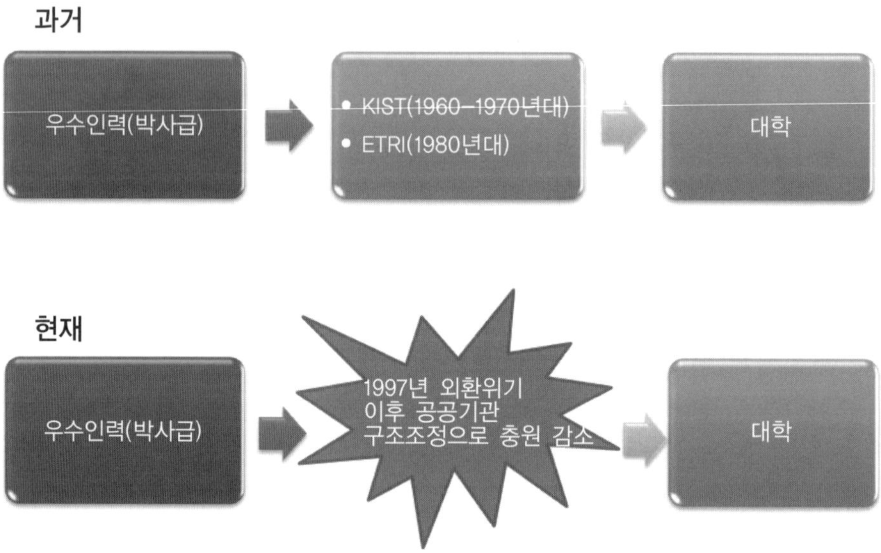

교원들로 충원되고 있는 상황이다. 즉, 지난 15년간 연구 우수 인력들은 전국에 분포되어 있는 각 대학들로 공급되어 왔다.

전국의 대학들로 분포된 연구 우수 인력들은 연구 활동과 국가 R&D사업에 활발히 참여하는 등 각 지역의 대학에서 자신의 역할을 다해 왔다. [그림 3-12]의 우리나라 주체별 학위별 연구원 분포를 살펴보면, 주체적으로 연구 활동을 할 수 있는 박사학위자들의 과반 이상(62%)이 대학에 분포하고 있는 것을 알 수 있다. 이는 전국의 연구 우수 인력 자원인 박사 및 석사들이 출연 연구기관과 같은 공공연구기관보다는 대학에 많이 존재한다는 것을 알 수 있으며, 대학이 상당한 수준의 연구 역량을 보유하고 있다는 것을 예상할 수 있다. 또한 [그림 3-13]과 같이 현재 대학의 젊은 교수인력들은 다른 영역에 비해 비교적 전국에 골고루 분포되어 있기 때문에[12] 대학에

12) 서울+인천+경기 교수 수 비율 39.2%.

그림 3-12 우리나라 주체별 학위별 연구원 분포 현황(2013년)

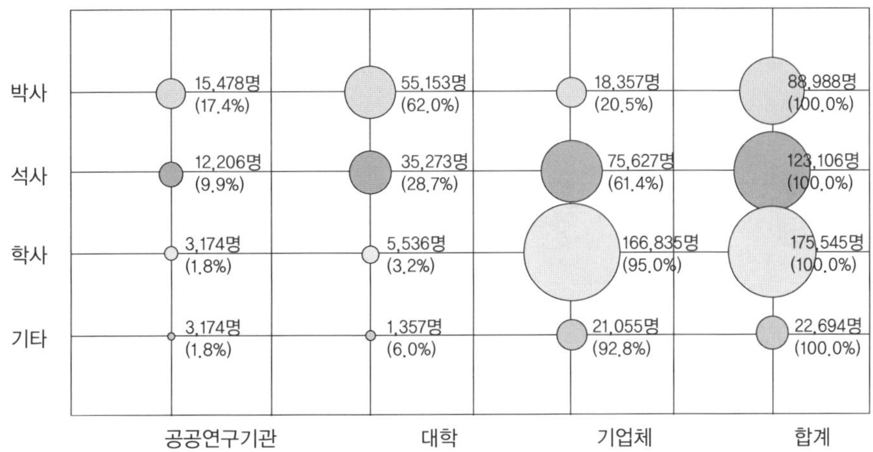

출처: 미래창조과학부(2014). 「2014 과학기술연감」.

그림 3-13 지역별 대학교원 분포

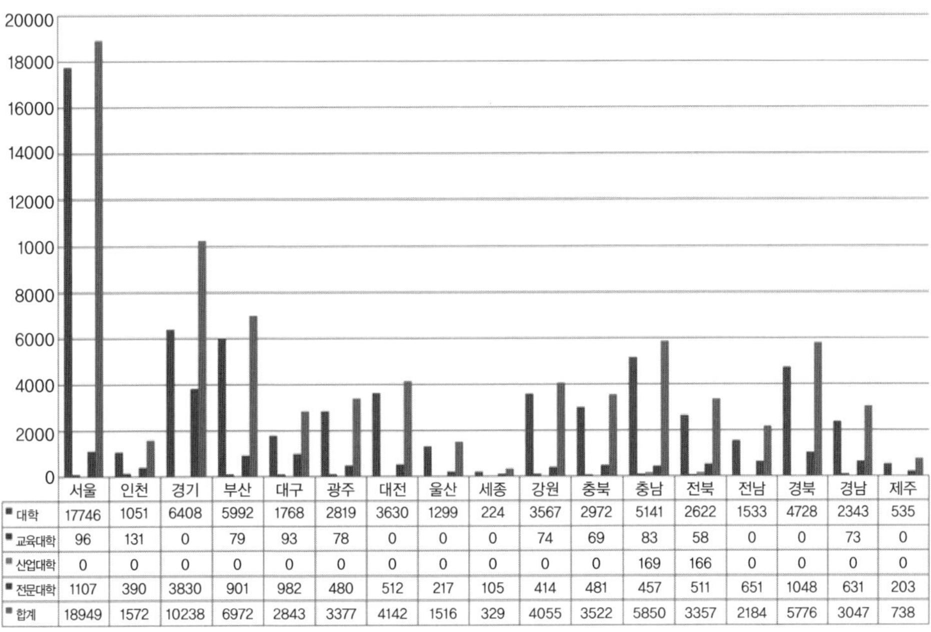

	서울	인천	경기	부산	대구	광주	대전	울산	세종	강원	충북	충남	전북	전남	경북	경남	제주
■ 대학	17746	1051	6408	5992	1768	2819	3630	1299	224	3567	2972	5141	2622	1533	4728	2343	535
■ 교육대학	96	131	0	79	93	78	0	0	0	74	69	83	58	0	0	73	0
■ 산업대학	0	0	0	0	0	0	0	0	0	0	0	169	166	0	0	0	0
■ 전문대학	1107	390	3830	901	982	480	512	217	105	414	481	457	511	651	1048	631	203
■ 합계	18949	1572	10238	6972	2843	3377	4142	1516	329	4055	3522	5850	3357	2184	5776	3047	738

출처: 미래창조과학부(2014). 「2014 과학기술연감」.

있는 우수 교수 인력을 잘 활용한다면 연구 역량을 키우고, 창조경제를 효율적으로 지원하는 동시에 지역별 경제 활성화를 통해 지역간 불균형의 문제에도 효과적으로 대응할 수 있을 것이다.

제 4 절 청년 일자리 창출 정책 방향의 전환

1 정책문제 제기

이상에서 논의한 내용을 토대로, 현 정책이 ICT를 활용한 청년 일자리 창출, 즉 창조경제 실현에 도움이 되는 바람직한 방향으로 제시되고 있는가에 대해 비판적으로 살펴보는 과정이 필요하다. 그러나 안타깝게도 현재 계획되고 있는 정책들은 청년의 일자리를 창출하는 데 그다지 바람직스럽지 못하다.

우선, 교육부의 대학 정학 정원 축소 등 대학 구조조정 계획은 창조경제와 청년 일자리 창출에서 부정적 영향을 미칠 수 있다. 특히 이 구조조정 계획은 인위적인 정원 감축과 퇴출 등 부정적인 인센티브 체계가 강한 정책 프레임을 가지고 있다. 이는 대학 운영을 축소 지향적으로 유도하며, 앞서 살펴본 것처럼 창조경제의 지원 역량은 대학에 존재함을 감안할 때, 이는 창조경제의 지원 역량을 위축시킬 수 있는 정책인 것이다. 결국, 정부의 정책이 오히려 대학을 창조경제에 적극적으로 기여하기 어려운 구조로 이끌어가고 있다고 말할 수 있다.

또한 미래창조과학부의 출연 연구기관, 과학기술특성화대학 중심의 창조경제 지원정책도 효과적으로 보이지 않는다. 대덕에 밀집된 출연 연구기관은 연구 인력이 고령화되고 신규 우수 인력의 유입

그림 3-14 교육부의 대학구조조정 개혁안

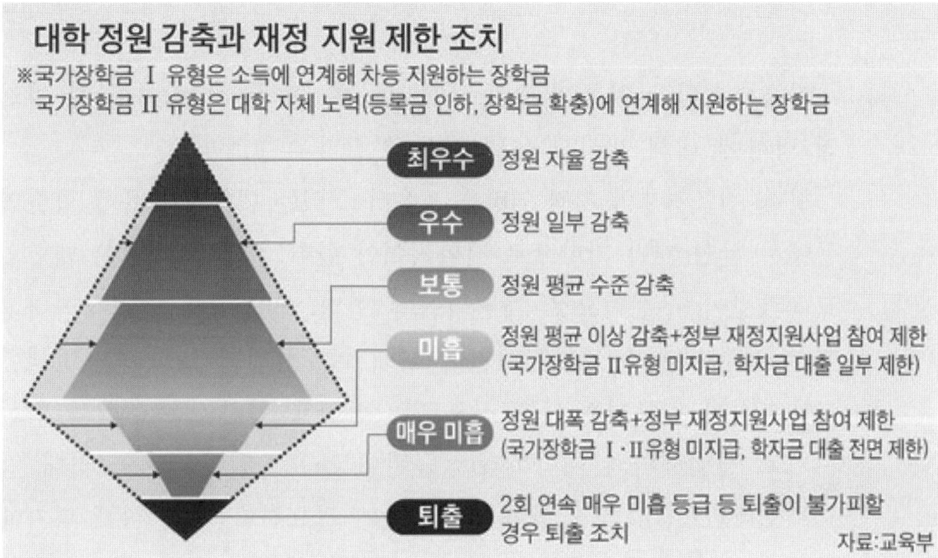

출처: http://article.joins.com/news/article/article.asp?ctg=19&Total_ID=13990352.

저하로 인해 창조 역량이 이미 소진된 상태이다. 또한 소수의 과학기술특성화대학은 전국 각지에 분포되어 있는 중소기업들과 연계 및 협력하는 데에 어려움이 있을 수 있다. 그러나 미래창조과학부의 정책을 살펴보면 연구 인력이 소진된 출연 연구기관과 소수의 과학기술특성화대학이 중심이 되는 창조경제 관련 계획을 세우고 이를 집행하고자 한다. 이는 창조경제를 활성화시키고 청년 일자리를 창출하는 데 그다지 효율적이지 못한 정책이라고 판단할 수 있다. 또한 미래창조과학부는 국내 기업의 국외(실리콘 밸리 등) 진출을 독려하고 중점적으로 지원하고 있다. 이는 가시적인 성과가 나도 결과적으로는 국내 청년 일자리 창출에는 큰 도움이 되지 못한다는 측면에서 효과적이지 못한 정책이라고 할 수 있겠다. 따라서 창조경제를 활성화하고 청년 일자리를 창출하기 위해서는 미래창조과학부 정책 방향에 대한 개선이 필요하다.

2 개선 방안

지금까지의 논의를 바탕으로 할 때, 현 정책이 나아가야 할 발전적 방향에 대해 제시해 보면 다음과 같다.

첫째, 창조경제의 지원 역량을 보유하고 있는 대학의 교육이 학술연구에서 산업 개발 지향으로 전환되어야 한다. 이를 위해서는 대학의 교육과정이 우선적으로 개편되어야 한다. 창조경제를 활성화하고 청년 일자리 창출을 증진시키기 위해서는 산업계의 요구를 반영한 교육과정이 필요하다. 구체적으로는 산업체 인턴 프로그램을 확산시키고 산업체와의 계약학과(성균관대 소프트웨어학과, 고려대 정보보호학과) 신설을 활성화시키는 것이 필요하다. 또한 학생 평가에서도 산학협동 인턴십을 필수 학점 과목으로 포함시키고, 기업체 프로젝트 지원 활동을 학점에 반영해 학생의 성취도를 평가하는 방안도 반영되어야 할 부분이다. 이뿐만 아니라 교수평가 및 충원 시스템도 창조경제에 기여할 수 있는 방향으로 개선되어야 한다. 이를 위해서는 교수 충원, 성과 및 승진 심사에서 기업 경력, 산학협동 업적이 큰 연구자를 교수로 충원하는 방안이 검토되어야 한다. 기존의 학술논문 위주의 성과평가에 대해서도 산학협력 성과 위주로 성과평가가 이뤄져야 하며, 이를 잘한 교원에게는 인센티브를 제공하고 승진의 기회를 제공하는 등 교원평가에서도 개선이 필요하다. 더 나아가서는 정부의 연구 지원과 대학평가 또한 창조경제에 기여할 수 있는 방향으로 변화되어야 한다. 교수 개인, 학과, 대학에 대한 연구 및 재정 지원사업에서도 산학협력 성과를 위주로 평가하고 이에 따라 지원하는 것이 필요하다.

둘째, 정부는 교육과정의 재편뿐만 아니라 기업들도 창조경제 활성화에 반드시 기여할 수 있도록 정책을 수립해야 한다. 구체적으로는 정부의 공적 지원을 받는 기업은 산학협력(10% 이상)에 참여를 의무화하는 방안이 검토될 수 있다. 또한 신생기업이 산학협력 바우처(voucher)를 제공해 신생 기업들과 대학 간의 커넥션을 유도하는 방안도 필요하다. 또한, 대학의 바우처 규모에 상응하는 매칭 공적 지원을 함으로써 대학이 기업 수요에 적극적으로 대응하게 하는 방안이 검토될 수 있겠다.

셋째, 출연 연구기관 중심의 창조경제 자원을 창조경제 역량을 보유하고 있는 대학으로 이전시키는 과정이 필요하다. 이에 대해서는 미래창조과학부가 소관하고 있는 정부 출연 연구기관의 지원 자금 상당 부분을 대학 산학협력의 지원 자금으로 전환하는 것이 필요할 것이다. 또한 이에 상응하는 출연 연구기관 연구진들을 대폭 대학의 교수인력으로 이전할 수 있도록 정부가 적극적으로 지원해야 한다. 이를 통해, 현재 가용할 수 있는 자원으로 창조경제 역량을 최대한으로 끌어올리는 것이 바람직하다.

마지막으로, 현재 교육부의 대학 구조조정 관련 평가 체계에서 고용 창출을 위한 개혁과 혁신 과제 반영을 극대화하는 것이 필요하다. 기존의 대학 구조조정 관련 평가 체계는 고용 창출에 대한 부문이 강조되고 있지 않기 때문에, 청년 일자리 창출에 주력하는 대학에서는 평가 체계의 개선을 통해 긍정적 평가를 주는 방향으로 변화되어야 할 것이다.

3 대학 혁신 방안 로드맵

현재 교육부, 산업부, 미래부가 공동으로 공과대학 혁신 방안을 마련 중이다. 정부에서는 공과대학에 창조경제 역량이 존재한다고 보고, 공과대학 위주로 혁신 방안을 마련하고 있는 것으로 예상된다. 그러나 정부가 최우선 정책 타기팅(targeting)을 공과대학이라는 다소 범위가 큰 분야보다는 ICT 분야에 두는 것이 더 바람직한 방향이라고 제안하고 싶다. 그 이유는 앞서 언급한 바 있듯이, 우리나라가 다른 산업 분야에서보다 ICT산업 분야가 세계적인 경쟁력을 보유하고 있으며, 우리나라 산업 전체에서 ICT산업이 특히 수출 부문에서 압도적인 위치를 차지하고 있기 때문이다. 또한 ICT는 다른 산업에 비해 기술 주기가 짧고 글로벌 경쟁력이 존재하는 분야이기 때문에, 정부의 집중적인 지원으로 조기에 가시적인 성과를 낼 수 있다는 측면에서 ICT 관련 대학 부문이 고용 창출의 선발대 역할을 맡는 것이 바람직하다고 판단된다.

이와 같은 내용을 토대로 창조경제 지원 역량을 보유하고 있는 대학 혁신의 로드맵을 작성해 보면 다음과 같다. 굳이 명명하자면, '초단기'의 시기, 즉 요구되는 빠른 시기 안에 미래부와 중소기업청의 주도로 ICT 분야의 대학 부문이 창조경제 실현의 선발대로서 역할을 해야 한다. 창조경제 인력들이 ICT 분야에서 창의적인 아이디어를 통해 일자리와 부가가치를 창출할 수 있도록 정부의 집중적인 지원과 투자를 받아야 할 것이다. 이를 위해 ICT 분야의 대학 부문 교육과정에 변화가 필요할 것으로 보인다. 그 다음으로 '단기'의 시기에는 교육부, 산업부, 미래부, 중소기업청이 협력해 ICT 분야보다는 좀 더 범위가 넓은 공과대학을 혁신하는 방안이 요구된다. 마지막으로 '중기'의 시기에는 ICT 분야와 공과대학 혁신 경험을 바탕으로 대학 전반이 창조경제에 이바지할 수 있는 방향으로 혁신되는 과정이 필요할 것이다. 이처럼, 단순히 창조경제를 위해 공과대학만을 혁신한다는 단편적인 정책보다는 대학 전반에 걸쳐 대학이 부가가치와 일자리를 창출할 수 있도록 혁신하기 위한 단계적 방안이 이행되어야 할 것이다.

그림 3-15 대학혁신 방안 로드맵

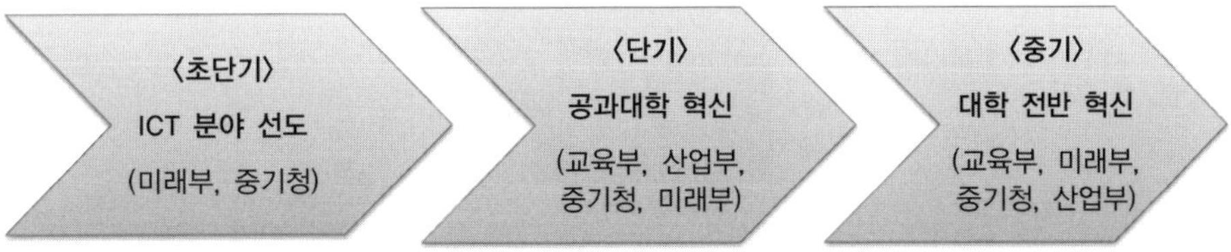

4 기대 효과

청년 일자리의 해법은 전국에 분포되어 있는 각 대학들과 ICT 분야에 있다. 단순히 창업을 활성화해 창조경제를 실현하기보다는 이미 존재하는 각 지역의 창조경제 지원 역량을 효율적으로 활용해 지역경제 부흥까지도 실현하는 것이 침체되어 있는 한국의 경제 상황을 더욱 긍정적인 방향으로 발전시킬 수 있는 방안이라고 생각된다.

앞서 언급했다시피, 현재 전국에 분포되어 있는 각 지역의 대학들을 창조경제에 기여할 수 있는 방향으로 혁신을 감행해, 각 지역의 대학에서 교육받은 양질의 인력들이 일자리를 찾기 위해 수도권으로 이동하기보다는 대학의 산학협력과 같은 프로그램을 충분히 활용해 지역의 기업들과 네트워크를 형성하고 종래에는 지역의 기업들에서 일자리를 찾을 수 있도록 유도해야 할 것이다. 이렇게 각 지역의 인력들이 해당 지역의 기업에서 일자리를 찾을 수 있는 환경이 조성된다면 지역에 있는 중소기업의 경쟁력도 더불어 강화될 것이며, 지역 전체의 경제 발전에도 큰 도움이 될 것이다. 더 나아가서는 현재 문제가 되고 있는 노동시장의 미스매치가 완화되고 취업률이 제고되어 현재 저고용과 저성장에 대한 위기감으로 과도하게 위축된 한국 경제가 반등할 수 있는 기회가 될 수 있을 것이다.

그림 3-16 ICT와 대학을 통한 청년 일자리 해법 기대 효과

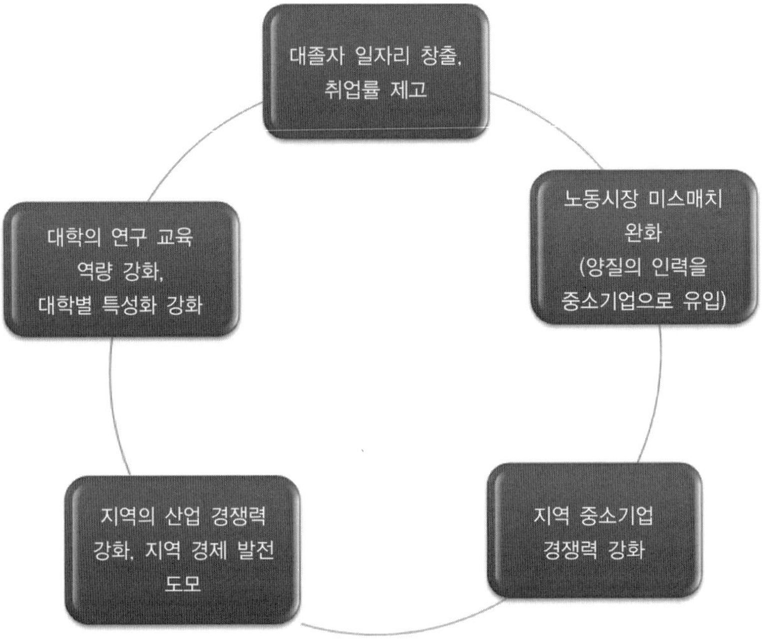

제 4 장

미디어 환경 변화와 비즈니스 방식의 변화 -종합편성채널을 중심으로-

제 1 절 환경의 변화

1 새로운 미디어의 등장

미디어 환경에서 최근 가장 중요한 변화를 꼽으라면 스마트 기기의 등장을 들 수 있다. 특히 스마트폰이 등장함으로써 현재의 미디어 환경은 이전까지의 미디어 환경과 판이하게 다른 양상을 보인다. 2014년 3월 기준으로 하여 우리나라의 스마트폰 보유자는 4,900만 명을 넘었고 인구 중 80%가 스마트폰을 사용하고 있다(KT경제경영연구소, 2015).

스마트폰 이외에 태블릿 PC 이용자를 포함하면 스마트 기기 이용

그림 4-1 글로벌 주요국 스마트폰 보급률 현황 및 인구 수

(단위: %, 명)

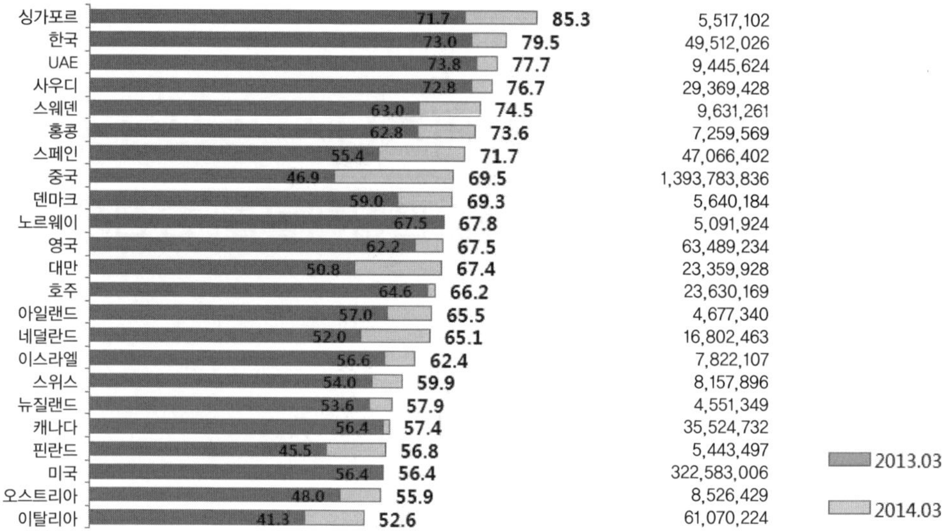

출처: KT경제경영연구소(2015).

자 수는 우리나라 인구에 육박할 것으로 짐작된다. 스마트폰은 앱, 전화, 유무선 인터넷, 컴퓨터, 텔레비전, 게임기, SNS(Social Networks Service), 사진 등 주요 기능이 하나의 단말로 결합되어 주류 단말기로 자리매김했다. 이제는 종이 신문 대신 스마트폰으로 기사를 읽으며 TV 대신 스마트폰으로 뉴스를 시청하는 것이 더욱 자연스러운 모습이 되었다.

2 새로운 미디어 이용 행태의 등장

스마트 기기가 일반화되면서 미디어 이용 행태는 이전보다 더 개인화되고 다양해졌다. 이러한 변화는 TV와 라디오, 신문 등 기존 미디어 이용 행태에도 영향을 미치고 있다.

그림 4-2 해당 매체를 주 5일 이상 이용하는 비율

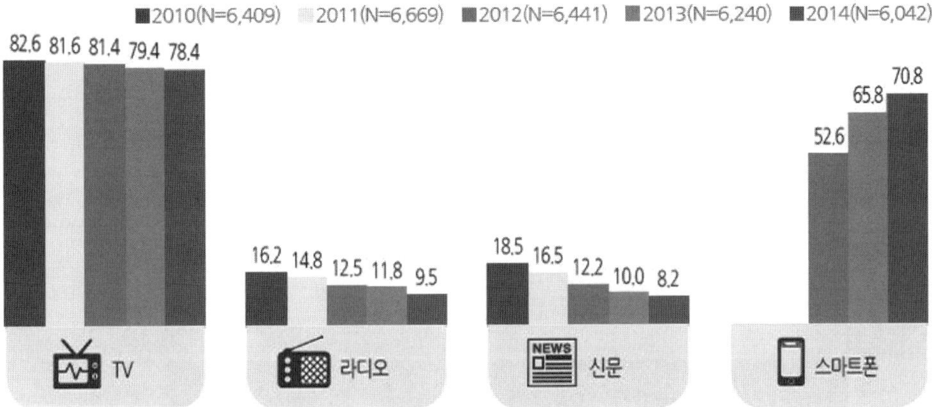

출처: 방송통신위원회(2014e).

위 조사 결과를 보면 스마트폰 이외의 다른 매체들의 이용 빈도가 2001년부터 2014년까지 꾸준히 감소하고 있다. 스마트폰이 TV, PC, 라디오, 종이 신문이 제공해 줄 수 있는 콘텐츠를 제공하기 때문에 스마트폰 이용 시간은 증가한데 반해 다른 매체 이용 시간은 줄었다고 이해할 수 있다.

그림 4-3 일상생활에서 필수 매체

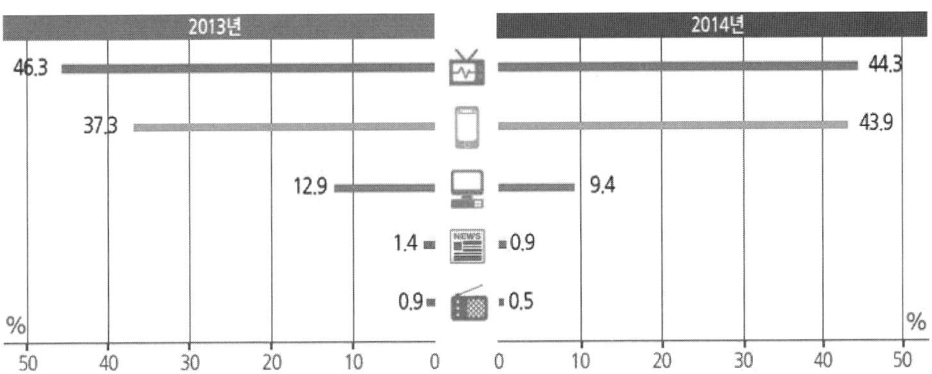

출처: 방송통신위원회(2014e).

응답자들이 일상생활을 하는 데 필수적이라고 여기는 정도 또한 스마트폰 이외에는 모두 2013년에 비해 2014년에 감소했다.

그림 4-4 모바일 기기의 이용 행태 변화

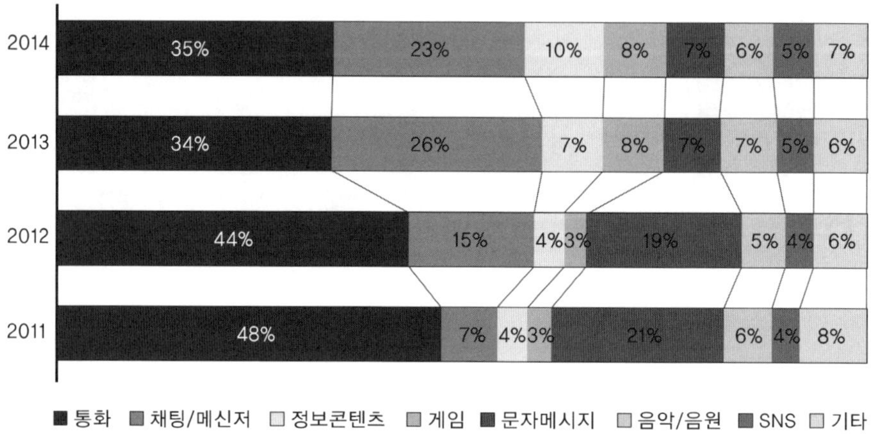

출처: 정보통신정책연구원(2014c).

모바일(mobile) 기기의 이용 행태 역시 변화를 보이고 있다. 2011년까지만 해도 모바일 기기의 주요 용도는 통화였다. 2014년으로 올수록 통화의 비중은 감소했고 정보 콘텐츠 이용, 게임 등의 비중이 커지고 있다. 이는 이용자의 취향에 따라서 모바일 기기 이용 행태가 다양해지는 현상이라고 할 수 있다. 즉, 스마트폰 등 모바일 기기가 단순한 전화기가 아닌 맞춤형 기능을 제공할 수 있는 기기로까지 발전했기 때문에 이와 같은 이용 행태의 변화를 관찰할 수 있는 것이다.

3 새로운 미디어 서비스의 등장

스마트 미디어화에 따라 이용자 선택형 서비스가 강화되면서, 새로운 서비스도 등장하고 있다. 대표적인 서비스가 OTT 서비스이다. OTT(Over The Top) 서비스란, 기존의 통신 및 방송 사업자와 더불어 제3사업자들이 인터넷을 통해 드라마나 영화 등의 다양한 미디어 콘텐츠를 제공하는 서비스이다. Top은 TV에 연결되는 셋톱박스를 의미하며, 초기엔 TV 셋톱박스와 같은 단말기를 통한 인터넷 기반의 동영상 서비스를 의미했다. 현재는 셋톱박스의 유무를 떠나 PC, 스마트폰 등의 단말기뿐만 아니라 기존의 통신사나 방송사가 추가적으로 제공하는 인터넷 기반의 동영상 서비스를 모두 포괄한 의미로 사용되고 있다. OTT 서비스는 콘텐츠를 제공하는 방식은 새롭지는 않다. 대신 이동통신의 발전으로 스마트 기기를 통해 언제 어디서나 원하는 콘텐츠를 시청할 수 있는 새로운 미디어 소비 방식을 가능하게 한다. OTT 서비스 등장 배경에는 ① 비교적 저렴한 가격으로 자신이 선호하는 미디어 콘텐츠만을 시청하려는 TV 시청자들의 수요 증가, ② 케이블 TV는 제한된 채널로 인해 시청자들의 각기 다른 선호 콘텐츠 수요를 모두 만족시킬 수 없다는 한계, ③ 방송사들의 TV 방영 프로그램을 인터넷 유통하게 되어 시청자들이 시간의 제약을 받지 않고도 다양한 동영상 서비스 시청 가능해진 점, ④ ICT 발전으로 인해 과거 PC로 국한되었던 동영상 서비스가 스마트폰, 태블릿PC, 게임기, TV 등과 같은 다양한 단말기에서 제공 가능해진 점들을 들 수 있다(방송통신위원회, 2014a).

이외에도 새로운 미디어를 통한 콘텐츠 소비가 편리하도록 기존 매체의 구성 방식에서 벗어나 스마트 미디어에 맞춰 콘텐츠를 제공하는 경우도 있다. 영국의 『파이낸셜 타임스』는 HTML5를 이용해 스마트폰, 컴퓨터의 인터넷, 태블릿에서 모두 맞춤형으로 반응하는 뉴스 디자인을 선보였다. 이를 통해 이용자들은 본인이 가진 기기 스크린에 맞게 모든 디지털 신문 내용을 적절히 볼 수 있다.

기존의 일방적인 콘텐츠 전달 방식에서 벗어나 방송 콘텐츠, 음악, 생활 콘텐츠 등 다양한 콘텐츠와 SNS를 동시에 즐길 수 있는 서비스도 등장하고 있다. 근래에는 TV 중계를 하면서 SNS의 실시간 반응을 체크하고 시청자의 반응에 답해 주는 방식의 방송이 유행하고 있다.

프로그램 제작 방식을 달리해 1시간 단위의 TV 프로그램이 아닌 10~15분 단위로 콘텐츠를 제공하기도 한다. 스마트폰을 통한 영상 콘텐츠는 이동 등으로 인해 일과 중 생기는 짜투리 시간에 이용되는 경우가 많다. 또한 이동통신망을 사용하기 때문에 시청하는 데 비용이 발생할 수도 있다. 이 때문에 기존 TV에서 제공하는 방식의 1시간 단위의 콘텐츠는 스마트폰을 통한 콘텐츠 소비에 적절하지 않다. tvN과 네이버가 선보인 '신서유기'라는 프로그램은 10~15분 단위로 하여 한 편을 제공해서 스마트 기기에 적절한 형식을 보여준다.

제 2 절 미디어 환경 변화와 종합편성채널[1)]

1 종합편성채널의 개념과 의의

종합편성채널이란 케이블방송 등 유료방송에서 시청할 수 있는 채널로 "보도, 교양, 오락 등 다양한 방송 분야 상호간에 조화를 이루도록 방송 프로그램을 편성하는 채널"을 말한다(한국콘텐츠진흥원, 2011).

종합편성채널이라는 개념이 처음으로 법에 나타난 것은 2000년

1) 한국행정연구원(2015). 대한민국 역대 정부 주요 정책과 국정운영 8권, 대영문화사, pp. 199-231 요약.

통합방송법이 제정되면서부터이지만, 법률적 개념에서만 존재하다가[2] 2009년 방송법 개정에 따라 구체적으로 현실화되었다. 방송법 제2조 제2항에 의하면 방송사업은 지상파방송사업, 종합유선방송사업, 위성방송사업, 방송채널사용사업의 네 가지 유형으로 나뉜다. 이 중 방송채널사용사업이란 "지상파방송사업자, 종합유선방송사업자 또는 위성방송사업자와 특정 채널의 전부 또는 일부 시간에 대한 전용 사용 계약을 체결해 그 채널을 사용하는 사업"으로 정의했다. 제2조 제18항에서는 '종합편성'을 보도·교양·오락 등 다양한 방송 분야 상호간에 조화를 이루도록 방송 프로그램을 편성하는 것으로 정의했다.

종합편성채널은 지상파 및 기존의 일반 케이블 채널과 같은 유료 방송들과 비용 및 편성권에서 차이를 보인다. 지상파방송은 교양, 오락, 보도 등의 다양한 장르를 무료로 서비스하고, 케이블방송은 유료로 운영되면서 편성권 측면에서 주로 특정 장르의 프로그램에 집중하고 있다. 이에 반해 종합편성채널은 유료방송이라는 측면에서 는 케이블과 유사하면서도 편성권의 측면에서 지상파와 유사하

표 4-1 방송사업별 비용과 프로그램 내용

	지상파	기존 케이블 채널	종합편성채널
비용	무료	유료	유료
프로그램 내용	내용: 보도, 드라마, 영화, 스포츠, 교양, 엔터테인먼트 등의 전반적인 프로그램을 아우른 편성	특정 장르의 프로그램에 집중적으로 편성	지상파의 종합편성과 유사함

출처: 2011 방송영상산업백서.

2) 2000년 통합방송법이 제정되면서 (구)종합유선방송법의 전문편성 프로그램 공급업과 (구)방송법의 종합편성 지상파방송사업이 새 방송법에 포함되는 과정에서 자연스럽게 종합편성을 행하는 방송채널사용사업이라는 개념이 자리 잡게 되었다(신태섭, 2011).

게 보도, 드라마, 영화, 스포츠, 교양, 엔터테인먼트 등의 다양한 프로그램을 편성하게 된다.

2 종합편성채널 도입의 목표

2009년 방송법 개정의 내용을 구체화하는 것으로서 2010년부터 종합편성채널사업 도입정책이 마련되기 시작했다. 2010년 9월 '종합편성 및 보도전문 방송채널사용사업 승인기본계획'에서 밝힌 종합편성채널 도입의 정책 목표는 다음과 같다.

① 융합하는 미디어 환경 변화에 적극 대응, ② 방송의 다양성 제고를 위한 시청자 선택권 확대, ③ 콘텐츠 시장 활성화 및 유료방송시장의 선순환 구조 확립, ④ 경쟁 활성화를 통한 방송 산업의 글로벌 경쟁력 확보이다(방송통신위원회, 2010).

구체적으로 살펴보면, 종편의 도입을 계기로 미디어 융합 시대의 수직적 규제를 완화하려 했다. 기존에는 특정 매체나 자본에 의한 여론의 과도한 지배를 방지하고자 신문과 방송 겸영 금지를 원칙으로 했으나 미디어 융합과 상호 진입을 통한 경쟁력 강화라는 글로벌 경쟁 상황에서 더 이상 미디어 칸막이를 고집하는 것은 한계가 있다고 보고 이에 대한 개혁을 추진했다.

다음으로 방송사업자 간 경쟁 강화와 시청자 채널 선택권을 강화하기 위한 목적을 가지고 있었다. 특히, 종합편성채널 사업자의 선정은 자본력이나 콘텐츠 제작 조달 능력 면에서 지상파에 버금가는 새로운 채널의 방송시장이 등장할 수 있으리라는 기대를 가지고 있었으며, 지상파에 지나치게 의존하는 방송 콘텐츠의 생산에도 활기를 불어넣을 것으로 보았다.

3 미디어 환경 변화와 종합편성채널

종합편성채널의 도입 목적은 융합하는 미디어 환경 변화에 적극 대응, 방송의 다양성 제고를 위한 시청자 선택권 확대, 콘텐츠 시장 활성화 및 유료방송 시장의 선순환 구조 확립, 경쟁 활성화를 통한 방송산업의 글로벌 경쟁력 확보이다. 이는 새로운 미디어로서 스마트 미디어가 등장하면서 미디어 환경에 나타난 변화상과 동일하다. 구체적으로 설명하면 다음과 같다.

스마트 미디어의 등장으로 방송을 제작하고 시청하기가 쉬워지면서 개인에게는 방송을 제작하면서 소비하는 프로슈머(prosumer)가 등장할 수 있는 환경이 조성되었다. 방송산업 진입장벽이 낮아지면서 개인뿐만 아니라 기업들에도 방송산업에 진출할 수 있는 기회를 제공하게 되었다. 이에 따라서 기존의 방송사업자 이외에 통신사업자, 플랫폼 사업자 등이 방송사업자로 등장하게 된다. 스마트 미디어 환경에서는 기존 사업자 간 융합이 활발해질 뿐만 아니라 기존에 사업자가 아니었더라도 융합을 통해 시너지 효과를 낼 수 있게 되었다.

다음으로 방송의 다양성이다. 스마트 미디어가 등장하기 전까지 방송은 일방향으로 이뤄졌다. 이는 방송사업자가 프로그램을 제작해 송출하면 소비자는 그것을 받아보는 구조이다. 스마트 미디어가 등장한 후에는 일방향이었던 관계에서 벗어나 소비자가 취향에 맞는 방송을 선택할 수 있게 되었으며 제작자와 소통을 할 수 있게 되었다. 이러한 변화에 맞춰 기존 매체들도 다양한 시도를 통해 시청자의 취향을 반영하도록 바뀔 필요가 있다.

글로벌 경쟁력 확보는 융합 추세, 콘텐츠 시장 활성화와 연관된다. 다양한 사업자들이 방송 시장에 진입이 가능해지면서 국내 기업뿐만 아니라 해외 사업자도 국내 시장에 경쟁하는 환경이 만들어졌다. 반대로 한국의 사업자가 해외시장에 진출할 기회도 넓어졌다. 이동통신망의 발전과 개인 기기의 보급은 미디어 소비자를 국내 프로그램으로 붙잡아 놓을 수 없게 만들고 있다. 국내에서 방영되지 않았음에도 불구하고 미국 드라마들이 국내 소비자들에게 호평을 받고 시청되었던 예가 이를 잘 보여준다고 할 수 있다. 선택권이 다양해진 소비자를 잡아두고 다양한 콘텐츠로 무장한 국외 경쟁자들과 경쟁하기 위해서는 콘텐츠 제작 및 유통이 더욱 활발히 이뤄져 콘텐츠 시장이 활성화될 필요가 있다.

종합편성채널은 목표에서 알 수 있듯이 종합편성채널 도입은 우리나라 방송산업의 스마트 미디어 환경 적응에 중요한 역할을 할 것이라고 기대를 받았다.

제 3 절 종합편성채널의 성과[3)]

1 방송시장 경쟁의 활성화

종합편성채널의 도입으로 인한 시장경쟁 활성화는 다양한 측면에서 관찰되고 있다. 종합편성채널이 본격적으로 도입된 2012년 이후 방송채널 간 경쟁이 활성화되었으며, 이에 따른 방송 서비스 및 콘텐츠 품질 향상, 방송 이용자 및 광고주의 선택권 확대 등 이용자 후생 증가, 방송광고시장의 시장집중도 등의 측면에서 긍정적인 효과가 나타난 것으로 평가되었다. 방송시장 경쟁구도 측면에서는 방

3) 한국행정연구원(2015). 대한민국 역대 정부 주요 정책과 국정운영 8권, 대영문화사, pp. 199–231 요약.

송채널 간 경쟁 활성화로 비지상파 방송채널의 외주 제작 수요가 증가함에 따라 지상파 및 계열 방송채널용 사업자(Program Provider: PP)의 수요 집중도가 감소되어 외주제작 프로그램 시장의 구조가 개선되었다. 방송광고시장의 측면에서도 종합편성채널의 채널 진입과 주요 유료방송채널의 경쟁력 향상 등으로 방송광고시장의 시장 집중도가 완화되었으며, 민영 미디어렙(media rep) 진입으로 지상파 방송광고 판매에서도 실질적인 경쟁 구도가 형성되었다. 방송 서비스로 인한 후생 측면에서도 플랫폼 및 채널 간 경쟁 증가로 콘텐츠 및 시설 투자 압력이 제고됨으로써 방송 서비스 이용자의 후생 증가를 촉진할 가능성이 커졌다는 점도 성과로 볼 수 있다(방송통신위원회, 2013e). 이러한 지표상의 변화는 실제 방송시장의 경쟁 가속화로 이어지고 있다. 지난 수십년 간 지상파 중심으로 이뤄져 왔던 견고한 벽을 허물고 무한 채널 경쟁 시대로 방송시장을 변화시키고 있다. 종합편성채널의 시청률이 1%를 넘어감에 따라 콘텐츠 경쟁은 더욱 치열해지고 방송사 인지도가 아닌 양질의 콘텐츠만이 경쟁력을 가질 것이다. 동시에 양질의 콘텐츠를 제작하기 위한 제작 경쟁은 콘텐츠를 제작하는 인력시장에까지 변화를 일으키게 될 것이다.

2 다양한 방송 콘텐츠의 생성

지상파방송 중심의 방송시장에서 종합편성이 가능한 채널 4개가 등장한 것은 방송 프로그램과 콘텐츠 전반에 커다란 변화를 가져왔다. 『2013년 방송영상산업백서』에 따르면 2012년과 2013년 전반기에 걸쳐 가장 두드러지는 변화로 종합편성채널과 PP의 콘텐츠 부문에서의 발전을 제시했다. 그 예로는 tvN의 '응답하라 1997'(최고 시청률 9.5%)이나 JTBC의 '무자식 상팔자'(최고 시청률 8.5%)가 있다.

특히 JTBC는 드라마 콘텐츠에서 '아내의 자격', '우리가 결혼할 수 있을까?', '무자식 상팔자' 등을 막대한 콘텐츠 부문 투자를 통해 잇달아 성공시키며 종편의 드라마에 대한 기대를 높였다. 예능/오락에서도 지상파와 종편이 경쟁하며 다양한 진화의 노력이 이어졌다. 특히 집단토크쇼가 다양한 포맷과 내용을 다루면서 시도되었다. 이것은 섭외의 어려움을 극복하기 위해 시작된 면도 있지만, 다양한 주제를, 다양한 출연자의 시각으로 다루면서 시청자들의 재미와 공감을 제공했다는 측면에서 의미가 있다(한국콘텐츠진흥원, 2013a, 재정리).

3 시청자의 선택권 확대와 채널/프로그램 만족도 제고

여기에서는 정보통신정책연구원이 발간한 『KISDI 2013년 KI 시청자 평가조사 보고서』를 중심으로 종합편성 출범 이후 시청자들의 종편 프로그램에 대한 만족도, 종편채널에 대한 7개 부문의 성과 평가 결과를 통해 이를 간략하게 살펴본다.

먼저 프로그램에 대한 만족도를 나타내는 KI 지수의 경우, 2013년 전체 KI 지수 평균은 6.96이며, 만족도(SI)는 6.99, 품질(QI)은 6.94였다. KI는 채널A가 7.15로 가장 높았고, 그 다음으로 JTBC(6.91), TV조선(6.89)과 MBN(6.93) 순으로 나타났다. 2013년 평가는 2012년에 비해 KI 지수 평균이 0.03 하락했고, KI 지수 변동폭은 채널A가 0.16 하락으로 가장 컸으나, 1위를 차지했다. 그 다음으로 JTBC가 하락폭이 컸다. TV조선과 MBN은 다소 상승한 것으로 나타났다(KISDI, 2013년 KI 시청자 평가조사 보고서). 이를 지상파와 비교해 보면, 2013년 지상파의 KI가 7.07~7.53 사이의 7점대에서 주로 형성되어 있는 것에 반해 종합편성채널은 6.89~7.15에서 형성되고 6점대 후반이 주를 이룬다. 하지만 종합편성채널 출범이 얼마 지나지 않았음에도 불구하고 채널A의 프로그램들이 MBC보다 프로그램 만족도가 높고, SBS에 필적하고 있다는 점은 주목할 만하다. 또한 지상파와 비교해 큰 차이가 나고 있지 않다는 점도 시청자들이 종편 프로그램을 선택하는 데 긍정적인 요소로 작용할 것으로 보인다.

표 4-2 종합편성채널의 2012년, 2013년 시청자 평가지수 비교

구분	KI			SI			QI		
	2012 (A)	2013 (B)	B-A	2012 (A)	2013 (B)	B-A	2012 (A)	2013 (B)	B-A
전체	6.99	6.96	−0.03	7.01	6.99	−0.02	6.97	6.94	−0.03
TV조선	6.85	6.89	−0.04	6.86	6.90	−0.04	6.84	6.89	0.05
JTBC	7.06	6.91	−0.15	7.11	6.98	−0.13	7.00	6.84	−0.16
채널A	7.31	7.15	−0.16	7.33	7.17	−0.16	7.29	7.13	−0.16
MBN	6.85	6.93	0.08	6.87	6.95	0.08	6.83	6.91	0.08

제 4 절 종합편성채널에 대한 비판적 평가

1 유사 보도 채널로서 종합편성채널

방송통신위원회가 2014년 2월 발표한 종합편성채널 사업계획 이행 실적 점검 결과에 따르면 JTBC는 보도 14.2%, TV조선은 보도 48.2%, 채널A는 보도 43.2%, MBN은 보도 39.9% 편성 비율을 나타내고 있다. 방송통신위원회가 2015년 6월에 발표한 보도자료에서도 TV조선과 채널A의 보도 프로그램 편성 비율이 개국 이래 지속적으로 증가해 왔다. 2014년에는 보도 프로그램 편성 비율 계획치를 상향 조정했음에도 불구하고 이를 이행하지 못하고 각각 51.0%, 44.2%의 높은 보도 프로그램 편성 비율을 보였다고 지적하고 있다.

표 4-3 2011~2014년도 보도 프로그램 편성 비율 계획 대비 실적

구분	2011년	2012년	2013년	2014년
TV조선	24.8% / 29.8%	24.8% / 35.9%	24.8% / 48.2%	47.0% / 51.0%
채널A	23.4% / 21.8%	23.6% / 34.2%	23.6% / 43.2%	38.9% / 44.2%

종합편성채널은 편성의 70~80%를 보도·교양으로 채우고 있다. 이로 인해 종합편성채널이 유사 보도 채널이란 비판을 받고 있다. 이와 같은 편성 방식은 종합편성채널 사업자가 드라마와 예능은 지상파와 경쟁에서 이기기 어렵고 제작비 대비 시청률 효과도 노리기 힘들다고 판단하기 때문으로 보인다. 방송통신위원회는 보도 프로그램 위주의 편성을 점검하고 시정을 요구하고 있지만 잘 이뤄지고 있지 않은 상황이다.

이러한 종합편성채널의 보도 프로그램 위주의 편성은 시청자에게 다양한 콘텐츠를 제공하고 방송의 다양성을 확보하려는 종합편성채널 설립의 목적에 위배된다. 또한 향후 종합편성채널이 성장하기 위해서도 이러한 편성 방식은 문제가 있다. [그림 4-5]와 [그림 4-6]에는 종합편성채널을 시청하는 이유와 시청하지 않은 이유가 제시되어 있다. 종합편성채널을 시청하는 이유는 다양한 소재를 다룬 프로그램, 흥미로운 내용 등이 상위권을 차지하고 있다. 종합편성채널을 보지 않은 이유로는 공정하게 보도할 것 같지 않아서, 정치적 성향이 중립적일 것 같지 않아서 선택했다. 이 결과를 토대로 보면 종합편성채널이 현재와 같이 과도하게 보도 프로그램을 편성하는 등 저널리즘에 매몰되면 현재 종편을 시청하고 있는 시청자의 시청 욕구를 충족시키지 못할 수 있다. 이뿐만 아니라 종편을 시청하고 있지 않은 시청자들을 끌어들이기도 어려워질 수 있다.

그림 4-5 종편 시청 의향 이유

[Base=종편 시청 의향자, N=642, 단위 : 중복 %]

	전체	성별		연령				직업				
		남성	여성	1929	3039	4049	50이상	직장인	주부	대학(원)생	자영업	기타
Base for %	(642)	(303)	(339)	(118)	(182)	(200)	(142)	(354)	(132)	(69)	(52)	(35)
타 방송사 대비 흔히 볼 수 없는 소재가 많아서	29.0 70.1	71.9	68.4	63.6	74.7	68.0	72.5	68.9	72.0	66.7	73.1	77.1
흥미로운 내용들이 많아서	17.1 58.7	59.4	58.1	59.3	54.4	61.0	60.6	60.7	57.6	59.4	55.8	45.7
프로그램이 타 방송사 대비 좀더 다양할 것 같아서	20.6 58.4	55.4	61.1	63.6	49.5	61.5	61.3	58.2	59.1	59.4	53.8	62.9
프로그램 기획, 구성이 독특해서(참신해서)	15.4 52.3	56.1	49.0	50.8	60.4	47.5	50.0	53.4	51.5	47.8	50.0	57.1

출처: embrain, 2014.01., 종합편성채널(종편) 관련 인식조사.

그림 4-6 종편 시청 비의향 이유

[Base=종편 시청 비의향자, N=134, 단위 : 중복 %]

	전체	성별		연령				직업				
		남성	여성	1929	3039	4049	50이상	직장인	주부	대학(원)생	자영업	기타
Base for %	(134)	(83)	(51)	(37)	(39)	(37)	(21*)	(74)	(11*)	(23*)	(17*)	(9*)
공정하게 보도할 것 같지 않아서	38.8 74.6	74.7	74.5	67.6	82.1	83.8	57.1	79.7	63.6	56.5	70.6	100.0
정치적 성향이 중립적일 것 같지 않아서	26.1 69.4	72.3	64.7	67.6	74.4	73.0	57.1	74.3	36.4	60.9	64.7	100.0

출처: embrain, 2014.01., 종합편성채널(종편) 관련 인식조사.

2 콘텐츠 개발 역량 및 의지 부족

방송통신위원회에서 발표한 TV조선, JTBC, 채널A, MBN에 대한 2014년도 이행 실적에 대한 점검 결과를 보면 콘텐츠 투자 미흡과 재방송 비율이 높다는 점을 지적하고 있다. 콘텐츠 투자는 종합편성채널 4사 모두 사업계획 대비 이행이 미흡한 것으로 나타났으며, 사업자별 사업계획 대비 이행률은 TV조선이 95.1%(48,312백만 원/

45,964백만 원), JTBC가 72.8%(161,226백만 원/117,441백만 원), 채널A는 81.3%(62,151백만 원/50,552백만 원), MBN은 95.7%(4,099백만 원/3,921백만 원)이었다.

재방 비율은 JTBC와 MBN의 경우 사업계획 대비 실적이 각각 49.5%/57.0%, 45.6%/50.9%로 사업계획상의 재방 비율을 이행하지 못했으며 TV조선과 채널A는 사업계획 대비 실적이 각각 44.2%/37.2%, 44.8%/41.4%로 사업계획상의 재방 비율을 이행했다. 종합편성채널 4사의 평균 재방 비율은 50% 정도인데 지상파 SBS의 재방 비율이 13.7%였던 것에 비해 지나치게 높은 수준이다.

스마트 미디어 환경에서는 새로운 미디어 서비스가 계속적으로 등장하고 있으며, 서비스에 대한 미디어 소비자의 선호도 매우 빠르게 변화한다. 최근 미국 유료방송 업계에서는 코드커팅(cord-cutting)이 주요 이슈로 떠오르고 있다. 이 현상은 온라인 동영상 서비스가 유료방송의 유력한 대체 혹은 보완 서비스로 자리매김하면서 유료방송 가입자 이탈과 이용량 감소에 따른 수익 격감이 나타나는 것이다. 현재 한국에서는 코드커팅 현상이 명확하게 나타나는 것은 아니다. 하지만 우리나라 온라인 동영상 서비스 이용자를 대상으로 한 조사(방송통신위원회, 2014a)에서는 온라인 동영상 서비스는 주로 스마트폰 및 PC로 이용하며 해당 서비스를 이용할 수 있는 스마트TV의 사용은 매우 적은 것으로 나타나고 있다. 이런 경향은 TV에서 제공되는 방송 역시 다른 유사 서비스와 차별화하지 않는 이상 더 편리하고 새로운 미디어가 나타나면 대체될 수 있다는 가능성을 보여준다. 즉, 종합편성방송 사업자들이 새로운 콘텐츠를 개발하지 못하고 재방 위주의 방송을 계속하는 경우 다른 미디어에 의해 대체될 가능성이 크다는 것이다.

3 국내 시장 안주

그림 4-7 국가별 콘텐츠 시장 규모 및 비중(2012년 기준)

(단위: 십억 달러)

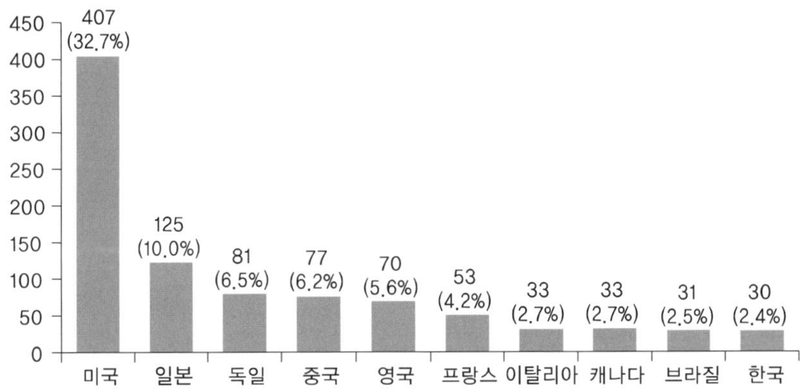

주: 콘텐츠 시장은 출판(신문, 소비자 및 교육 도서, 소비자 잡지, B2B 정보), 음악, 게임, 영화, 방송, 인터넷 광고, 옥외 광고를 포함.
출처: 방송통신위원회(2013f).

위 그림에서 보는 것처럼 한국 콘텐츠 시장 규모는 매우 협소하다. 협소한 국내 시장에 경쟁에 치중한 탓에 종합편성채널은 다양한 콘텐츠 제공이라는 개국 당시 목표보다는 생존을 위해 안전한 프로그램 제작에 치중했다.

방송통신위원회 2013년 방송사업 실태조사 보고서에서는 지상파와는 달리 방송채널 사용사업자는 프로그램 수출보다는 수입에 의존하고 있는 실정이라고 밝히고 있다. 해외 시장 개척이라고 하더라도 중국과 미국 등 규모가 큰 시장을 개척하거나, 새로운 시장에 도전하기보다는 일본 등 지상파 방송사가 이미 개척해 놓은 수출국에 치중하고 있다.

그림 4-8

방송사 수출입 추이(2010~2012)*

(단위: 만 달러)

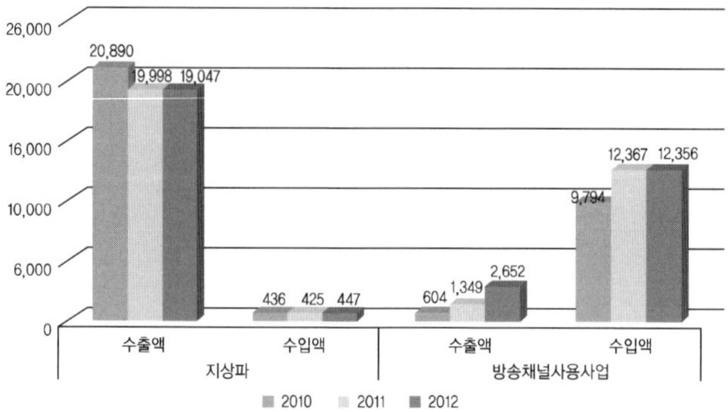

*수출입 총액에는 방송 프로그램 이외에 해외교포 방송 지원, 비디오/DVD 판매, 타임블럭, 포맷이 포함.

방송 프로그램 수출입 추이

(단위: 만 달러)

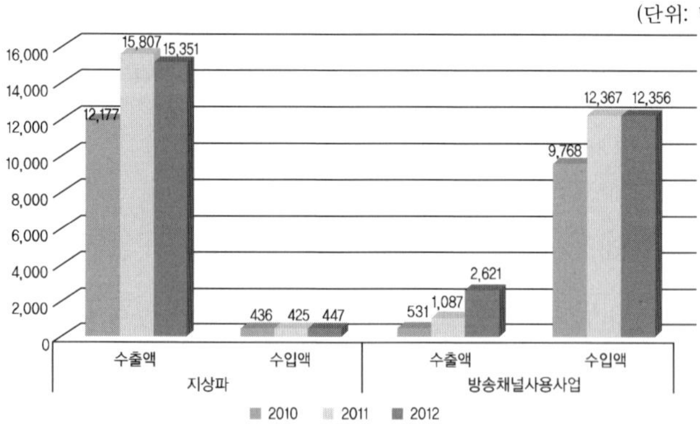

지상파 주요국별 방송 프로그램 수출입 현황

(단위: 만 달러)

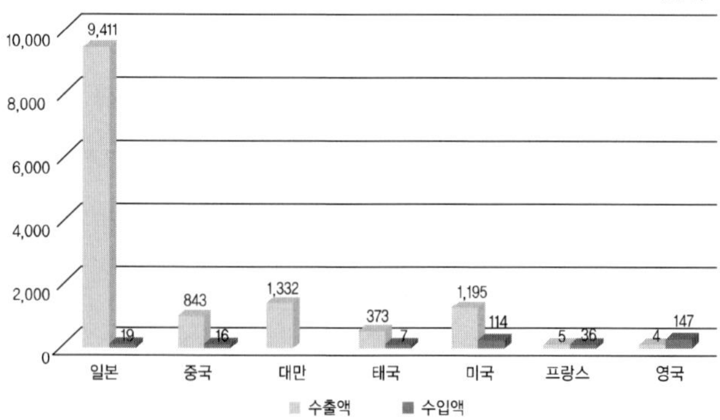

방송채널사용사업 주요국별 방송 프로그램 수출입 현황

(단위: 만 달러)

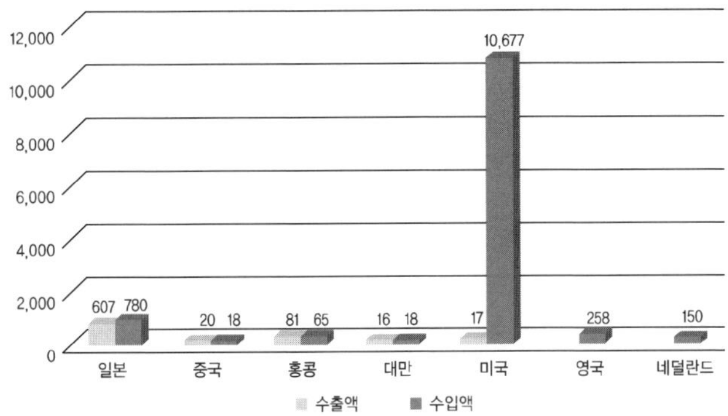

출처: 방송통신위원회(2013f).

제 5 절 스마트 미디어 환경에서 종합편성채널의 발전 방향

1 미디어 보완 효과의 극대화

새로운 미디어가 등장하면 기존 미디어와 대체 관계인지 보완 관계인지에 관한 오랜 논쟁이 존재한다. 미디어 간 보완 효과에 대한 연구로 케이와 존슨(Kaye & Johnson, 2003)은 인터넷 이용 이후에 라디오를 듣거나 잡지를 읽는 시간은 줄어들었으나 텔레비전을 시청하는 시간은 오히려 더 늘어났다는 연구 결과를 제시했다. 로빈슨과 케스트바움(Robinson & Kestnbaum, 1999)은 컴퓨터를 많이 이용하는 사람들이 그렇지 않은 사람들에 비해 인쇄 매체와 텔레비전을 많이 이용한다는 연구 결과를 제시했다. 국내 연구로 한윤·이상우(2012)는 유료 온라인 동영상 서비스인 CJ헬로비전의 티빙(tving) 이용자를 대상으로 한 연구에서 티빙 이용 시간이 많은 이용자일수록 텔레비전 시청 시간도 많아진다는 연구 결과를 제시했다.

새로운 미디어가 등장해 기존 미디어를 대체하거나 보완하는 정도는 미디어에 따라서 결정될 수도 있지만 콘텐츠 장르 등에 따라 다양하게 나타날 수도 있다. 따라서 기본으로 삼고 있는 매체가 새로운 미디어가 아니더라도 제공하는 콘텐츠를 어떻게 구성하느냐에 따라서 미디어 대체 현상을 극복하고 보완 효과를 극대화할 수 있다.

종합편성채널의 경우 방송, 신문, 출판, 영화 등 기존에 보유하고 있는 콘텐츠가 경쟁자에 비해 많은 장점을 가지고 있다. 이 콘텐츠들이 한 미디어에서만 서비스되는 것이 아니라 다양한 미디어를 통해 소개되고 서비스될 수 있도록 미디어 유통 플랫폼을 구축할 필요가 있다. 또한 다른 콘텐츠 맛보기 제공을 통해 특정한 콘텐츠의 소비자가 자사의 다른 콘텐츠 소비자가 될 수 있게 할 필요가 있다. 이를 통해 콘텐츠 소비자가 자사의 플랫폼에서 가치를 느끼고 계속 머물고 싶은 욕구를 갖게 해야 한다.

2 실험적 제작과 콘텐츠 투자

종합편성채널에 기대되는 것은 기존 지상파 방송사가 시도하지 못했던 흥미롭고 다양하며 창의적인 프로그램이다. 이를 위해 실험적인 제작 및 투자가 이뤄져야 하는데, 철저한 시청자에 대한 분석이 바탕이 되어야 한다. 시청자의 콘텐츠 이용 행태 분석을 위해서는 빅 데이터를 활용할 필요가 있다. 현재 빅 데이터의 콘텐츠산업 분야 활용은 현재 초보적인 수준으로 일부 이동통신사, 포털사, 온라인 게임업체 등이 빅 데이터를 활용하고 있으나 관련 인프라 및 인력 부족으로 인해 활성화되지 않은 실정이다. 콘텐츠 산업에서 빅 데이터 활용은 대부분 단순히 데이터를 수집해 집계된 결과를 제시하는 정도에 그치고 있다.

콘텐츠 제작 및 투자를 결정하기 위해 빅 데이터의 활용은 다음과 같은 의의를 갖는다. 우선 소비자의 콘텐츠 선호도와 의견 청취를 통한 소비자의 이해를 도울 수 있다. 다음으로 웹, 모바일, 어플리케이션, SNS 등을 통한 폭증한 소비자 데이터 활용할 수 있으며, 이용자 피드백 데이터를 기반으로 한 정교한 이용자 분석이 가능하다. 이를 통해 새로운 기회 발견, 트렌드 대응 및 콘텐츠 마케팅 전략 수립이 가능해진다. 또한 콘텐츠 소비자의 특성 및 소비 선택에 영향을 미치는 요인 분석이 가능하다.

매체 이용자에 대한 면밀한 분석을 바탕으로 투자가 진행되어야 하지만 실험적인 제작과 투자를 위해서는 경영진의 과감한 위험 감수와 효율적인 의사결정 구조가 필수적이다. 고객과 외부 전문가 등을 참여시켜 프로토타입을 제작하고 파일럿 방송 후 발전 가능성이 있는 것은 발전시키고 그렇지 못한 것은 빠르게 버리는 프로세스를 구축할 필요가 있다. 이를 위해서는 경영진의 결단이 반드시 필요하다.

실험적인 시도를 위해서는 그에 알맞은 인사와 조직 측면의 변화도 수반되어야 한다. 다양한 실험을 하기 위해서는 그에 맞는 인력과 유연한 조직이 있어야 한다. 이러한 별동대가 기존 조직 내에 생기면 내부에서 갈등이 발생하거나 별동대가 혁신성을 잃어버릴 수 있다. 따라서 기존 조직 밖에서 인큐베이팅(incubating)을 할 필요가 있고 별동대에게는 충분한 실험과 시도를 할 수 있도록 권한을 충분히 부여하는 것이 중요하다.

종합편성채널 사업자는 지상파에 비해 제작과 투자를 할 자원이 부족하므로 실험적인 제작과 투자를 하면서도 비용 절감을 위한 방안을 강구해야 한다. 『허핑턴 포스트(*The Huffington Post*)』의 전략을 참조할 만하다. 『허핑턴 포스트』는 전문성을 가진 블로그를 기사화하고 해당 블로거가 쓴 글에서 대해 비용을 지불하지 않은 정책을 취함으로써 참신성, 전문성, 비용 절감의 목표를 이뤘다. 이러한 전략이 가능했던 이유는 『허핑턴 포스트』가 블로거들에게 사회와 소통할 수 있는 창구를 마련해 주었고 허핑턴 포스트 창립자의 인맥을 이용해 유명인사들의 글을 기사화해서 이후 기사를 제공하는 사람들에게 기사를 쓰는 것만으로도 영광이라는 이미지를 구축했기 때문이다. 『허핑턴 포스트』의 전략에서 알 수 있듯이 실험적 제작과 투자의 자원은 반드시 고비용을 유발하는 것은 아니다. 경영진을 비롯한 사원의 전문성 · 인맥 등 내부적으로 활용되지 못한 자원을 활용하고, 외부적으로 참신한 고객의 아이디어를 적극적으로 수용한다면 저비용으로 혁신적인 시도가 가능하다.

3 적극적인 국외 진출 시도

규모가 작은 국내 시장에서 경쟁을 하기보다는 국외 진출에 눈을 돌리는 것이 필요하다. 특히 중국과 같이 성장 가능성이 큰 시장을 겨냥해야 한다. 중국에서 한국 콘텐츠에 대한 관심은 생각보다도 더 뜨거운데 2014년 10월을 기준으로 '런닝맨'은 중국의 온라인커뮤니티 카페인, 바이두 티에바(百度貼吧)에서 포스트가 6,985,237개 있다. 이는 중국에서 인기 예능 프로그램 '해피 캠프(快樂大本營)' 포스트가 4,827,916개 있는 것과 비교할 수 있다. [그림 4-9]는 2014년 7월부터 2014년 8월까지 중국에서 바이두(百度)에서 '런닝맨' 검색의 추이를 나타낸다. 중국에서 '런닝맨'을 방영하는 월요일에 검색 수치가 급격하게 증가함을 볼 수 있다.

바이두 티에바에서 2014년 10월까지 한국 드라마에 대한 포스트가 20,560,589개 있는데 반해 미국 드라마의 포스트는 8,271,978개에 그치고 있다. '별에서 온 그대'는 포스트가 6,185,299개 있고, 미국 드라마인 '빅뱅이론(The Big Bang Theory)'은 2,536,110개 있다. [그

그림 4-9 2014년 7월부터 2014년 10월까지 '런닝맨' 검색 수 변화 추이

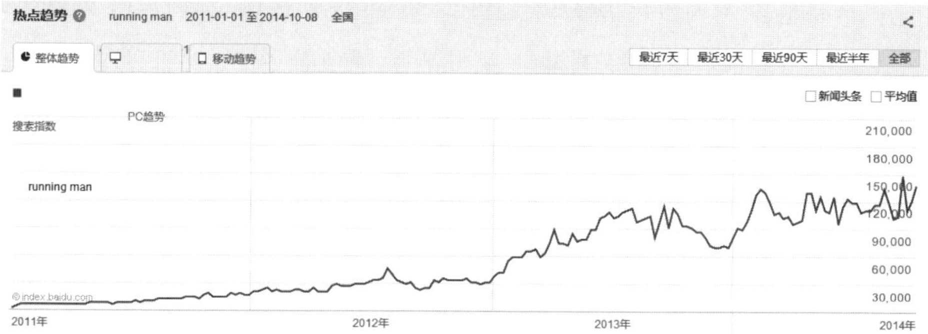

출처: http://baidu.com

그림 4-10 2013년 12월부터 2014년 3월까지 '별에서 온 그대' 검색 수 변화 추이

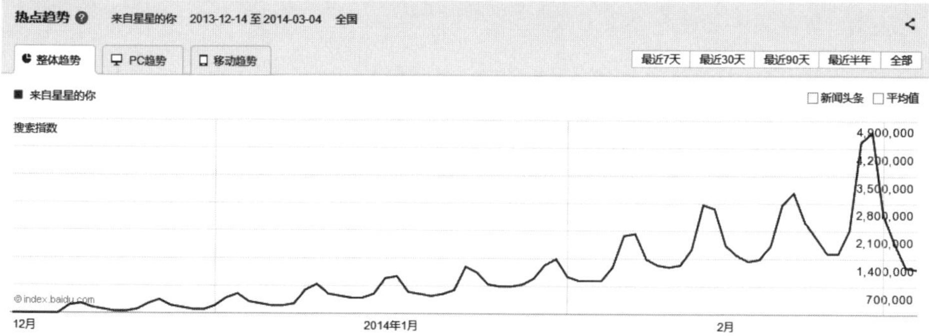

출처: http://baidu.com

림 4-10]은 2013년 12월부터 2014년 3월 사이에 '별에서 온 그대'가 바이두에서 검색된 횟수의 변화 추이이다.

'런닝맨'과 '별에서 온 그대' 두 가지 사례만으로는 한국 콘텐츠가 중국에서 성공한다고 일반화하기 어렵다. 하지만 '런닝맨'이 중국 자체 제작한 예능보다 더 인기가 있고, '별에서 온 그대'가 미국 유명 시트콤보다 많은 포스트가 있다는 것은 한국에서 성공한 콘텐츠가 중국에서 성공할 가능성을 보여주는 것이기도 하다.

경쟁력 있는 콘텐츠를 중국에 판매할 때는 중국은 성장하고 있는

시장임을 고려해서 단일 가격으로 판매하는 방식보다 매출의 일정 부분을 가져가는 방식의 계약을 할 필요가 있다. 콘텐츠의 제작권뿐만 아니라 콘텐츠 제작의 노하우를 판매할 인적 자원을 파견할 필요도 있다. 중국 예능 제작은 한국의 콘텐츠 제작에 비해 섬세한 면이 부족하다. 이는 제작권 판매뿐만 아니라 제작 노하우 판매도 가능성이 있는 시장임을 보여준다. 중국 현지에서 중국인을 대상으로 한 예능을 제작함으로써 시장 현황에서 파악하고 구매자와 관계(콴시)를 돈독히 하여 판로를 계속적으로 유지할 수 있다.

4 과도한 저널리즘 탈피

종합편성채널들은 저널리즘 회사가 아닌 미디어 비즈니스 회사가 되어야 한다. 종합편성채널에 대한 인식 조사에서 시청자들은 종합편성채널에 다양하고 창의적인 콘텐츠를 요구하는 것으로 집계되었으며 과한 저널리즘으로 정치색을 띠는데는 거부 반응을 보였다. 이러한 결과로 미뤄볼 때 콘텐츠가 빈곤하고 과한 저널리즘으로 시청자에게 접근한다면 시청자의 외면을 받게 될 가능성이 높다. 방송시장의 기본적인 수익 모델이 시청률로 대표되는 소비자의 관심을 광고주에게 판매하는 것이다. 그 때문에 시청률이 낮다는 것은 광고주에게 판매할 수 있는 상품의 매력도가 낮다는 것을 의미한다.

<표 4-4>에서 종합편성채널의 미디어 비즈니스 방향을 짐작할 수 있다. 종합편성채널이 과도한 저널리즘에 매몰되어 보도전문 채널과 성격이 유사해질 경우 방송의 대표적인 수익원인 광고 수익이 매우 떨어질 것으로 보인다. 오락, 스포츠, 영화 등은 모두 보도전문채널에 비해 높은 광고 수익을 거두고 있는 것으로 나타나고 있는데 이는 저널리즘이 킬러 콘텐츠(killer contents)로서 한계가 있음을

보여준다. 따라서 종합편성채널이 미디어 비즈니스에 성공하기 위해서는 과도한 저널리즘을 지양하고 킬러 콘텐츠가 될 수 있는 오락, 스포츠, 영화 등의 분야를 적절하게 구성할 필요가 있다.

표 4-4 2011년~2013년 공급 분야별 PP광고 매출 추이

(단위: 억 원)

	2011년	2012년	2013년	2011~2012 증감률	2012~2013 증감률
종합편성	716	1,710	2,355	138.80%	37.80%
보도전문	867	917	736	5.70%	−19.70%
오락	5,808	6,034	5,974	3.90%	−1.00%
스포츠	976	1,052	1,059	7.70%	0.70%
영화	1,530	1,359	967	−11.20%	−28.80%
정보, 경제정보, 공공정보	375	548	650	46.10%	18.70%
드라마	204	223	245	9.30%	9.90%
교양, 문화	200	163	152	−18.30%	−7.10%
만화	100	116	119	16.30%	2.70%
교육	102	111	119	8.40%	7.90%
취미	122	121	100	−0.30%	−17.90%
종교	66	57	58	−14.40%	2.00%
게임	40	40	32	0.20%	−21.30%
기타	377	77	70	−79.70%	−8.80%
합계	11,484	12,527	12,636	9.10%	0.90%

출처: 정보통신정책연구원(2014a).

제 5 장

공공데이터 활용의 이상과 현실

제 1 절 공공데이터 개방과 활용 정책의 배경

1 정부 3.0의 일환으로서 공공데이터 개방과 활용

박근혜 정부는 공공정보를 적극적으로 개방하고 공유하며 부처간 칸막이를 없애 소통하고 협력함으로써 국민 맞춤형 서비스를 제공하고 동시에 일자리를 창출과 창조경제를 지원하는 정부 운영 패러다임으로서 정부 3.0을 제시하고 있다.

박근혜 정부는 정부 3.0의 3대 전략 중 하나로 소통하는 투명한 정부를 제시하고 있다. 소통하는 투명한 정부 전략은 국민 생활에 영향을 미치는 정부의 정책 관련 정보를 그 과정과 함께 사전에 공

그림 5-1 정부 3.0 3대 전략과 10대 추진 과제

투명한 정부

- 공공정보 적극 공개로 국민의 알 권리 충족
- 공공데이터의 민간 활용 활성화
- 민 · 관 협치 강화

유능한 정부

- 정부 내 칸막이 해소
- 협업 · 소통 지원을 위한 정부 운영 시스템 개선
- 빅데이터를 활용한 과학적 행정 구현

서비스 정부

- 수요자 맞춤형 서비스 통합 제공
- 창업 및 기업활동 원스톱 지원 강화
- 정보 취약계층의 서비스 접근성 제고
- 새로운 정보기술을 활용한 맞춤형 서비스 창출

개하고, 정부의 원천 데이터를 개방해 국민들이 적극 이용할 수 있도록 하며, 정부의 업무 수행에 국민의 참여와 협력을 증진하는 과제를 중점적으로 실행한다.

공공데이터 개방과 활용에 관해서는 공공데이터를 전면 개방하고 이를 국민이 이용함으로써 정부의 투명성 제고와 아울러 신산업 창출을 촉진하고자 한다. 이를 위한 전략으로 공공데이터 민간 개방 근거 마련, 공공데이터 거버넌스 구축, 공공데이터 개방 생태계 조성을 추진하며, 주요 실천 과제로는 개방 법제화, 오픈데이터 전략 수립, 개방협의체 운영, 공공데이터이용지원센터 강화, 공공데이터 포털 확대, 오픈 플랫폼 구축, 개방 홍보교육 등을 5년간 중점적으로 추진한다.

2 창조경제의 일환으로서 공공데이터 개방과 활용

2013년 G8 서밋(G8 Summit)에서는 <표 5-1>과 같이 공공데이터를 민간이 이용했을 때 나타날 수 있는 가치를 제시하고 있다.

박근혜 정부는 공공데이터를 개방하고 활용을 촉진함으로써 새로운 사업 및 연구 등이 이뤄져 신산업을 발굴하고 일자리가 생겨나

▍표 5-1▍공공데이터 민간 이용의 부문별 가치

구분	부문별 가치 효과
정부·공공기관	공공정보 활용도 증가 및 투자가치 극대화 경제적 이익의 재투자로 인한 국가정보화 발전의 선순환 고리 형성 정보의 공동 활용을 통한 업무 효율성 향상 국민의 권리 충족 및 국정 투명성 보장 정보 및 공공기관 내 공공 서비스 업무 부담 경감
민간사업자 (개인 개발자)	수익 창출의 기회 확보 투자비용 절감, 경쟁력 강화 유도 신규 지식 서비스 개발을 통한 사업 영역 확장
이용자	고부가가치 서비스 이용을 통한 정보 선택 증가 국가기관의 운영과 국정 운영에 대한 참여 유발
산업	DB서비스 산업 활성화 촉진 산업 전반의 경쟁력 강화 유도 국가 경제 산업 부문의 고부가가치 창출 고용 창출과 지식기반 경제로 이전 유도 다양한 기술산업 발전 유도 정보기기 보급 확대 가능

출처: G8 Summit(2013. 06. 18). G8 Open Data Charter and Technical Annex, 김종업 외(2013) 재인용.

는 등 경제 전반에 원동력이 되어줄 것을 기대하고 있다. 행정 DB 구축사업(공공데이터 개방 및 이용활성화 지원사업) 등이 이를 지원하기 위해 추진되고 있다. 이 사업은 국가적으로 이용가치가 높은 행정정보 및 행정지식(경험, 업무지식) 등을 체계적으로 DB로 구축해 이용활성화 기반을 마련하고, 공공정보의 선순환 생태계를 조성해 국가 경쟁력 제고 및 신산업 비즈니스 창출을 목적으로 한다. 이를 위해 공공데이터 개방·공유를 통한 창조적 활용을 위해 민간에서 활용 가치가 높은 행정정보 과제를 우선 선정·지원한다. 또한 다기관 공동 활용 등 행정 업무 효율성 제고를 위해 국가적으로 이용 가치가 높은 행정정보를 DB화한다. 민간에서 활용 가치가 높은 이미 구축된 행정DB는 데이터 변형 및 업데이트 등 재가공을 추진해 민간에 개방함으로써 정보접근성을 확보한다.

3 선진국의 공공데이터 개방과 활용[1)]

미국은 2009년 1월 20일 버락 오바마 대통령이 취임 연설에서 개방정부계획(Open Government Initiative)을 발표한 이후, 연방정부의 공공데이터 민간 개방을 추진하고 있다. 개방정부계획은 정보의 투명성, 시민 참여, 협업 체계 증진을 목표로 각 부처의 계획 및 목표 달성 현황을 3단계로 평가하고 이를 개방정부 게시판(Open Government Dashboard)을 통해 공개·관리한다. 공공데이터 개방의 구체적인 실행을 위해, 개방정부 지침(Open Government Directive)을 근거로 모든 연방정부 기관별로 보유하고 있는 공공데이터의 통합 제공을 위한 공공데이터 통합개방 창구(Data.gov)를 구축해 운영 중이다.

영국은 유럽연합(EU)의 지침에 따라 2005년 유럽연합 회원국 중 가장 먼저 공공정보 재이용 규칙을 제정했고, 공공데이터 통합 민간 개방 창구(data.gov.uk)를 개설해 2010년부터 본격적인 개방을 시작했다. 2010년 1월에는 국민에게 정부 데이터 접근성 확대와 정부 투명성 제고, 가치 있는 공공정보를 제공함으로써 정부와 관련 산업의 기능을 더욱 효율화한다는 기본적인 목적을 가지고 범정부 공공데이터 개방·공유 포털인 Data.gov.uk를 개방했다. 2012년 6월에는 기업혁신숙련부 등 17개 주요 부처가 오픈데이터 전략을 마련하고, 의료, 교육, 세금, 고용, 기상 데이터 등을 2015년까지 순차적으로 개방하고 있다.

유럽연합은 2003년 11월에 제정된 공공데이터 재이용에 관한 지침(DIRECTIVE on The Re-use of Public Sector Information)을 통해, 회원국의 공공데이터 민간 개방을 본격적으로 추진하고 있다. 이 지

1) 손현진(2013), 박원준(2014) 참조.

침에서는 회원국의 공공기관이 보유한 정보에 대해 상업 및 비상업 목적으로 모두 이용할 수 있도록 규정하고 있다. 또한 공공데이터 재이용에 관한 지침을 근거로 이피에스아이플랫폼(ePSIplatform) 포털을 구축·운영하고 있는데, 이를 통해 공공데이터 재이용 촉진을 위한 전략 제시, 모범 사례, 법제도, 다양한 정보 교환 등을 추진하고 있다.

일본 정부는 공공데이터 활용 촉진을 위한 기본 전략으로 2012년 7월 전자행정 오픈데이터 전략을 세우고 정부가 직접 공공데이터의 적극 공개에 나서고 있다. 경제산업성의 DATA METI는 경제산업성이 보유한 데이터를 기업이 활용할 수 있도록 개방함으로써 경제 활성화를 유도하고자 하는 정책이다. 경제산업성은 DATA METI 구상을 통해 경제산업성이 보유한 데이터를 선행적으로 공개한다는 방침을 시사했다. 이 데이터에는 계량 표준, 지질도, 시험·평가 방법, 생물유전정보, 표준물질, 제품사고, 첨단계측기술, 화학물질 관리 등이 포함된다.

박원준(2014)에 따르면, 해외 주요 국가들은 공공데이터 개방을 통해 다음과 같은 효과를 기대하고 있다. EU는 공공데이터 개방에 따라 GDP의 약 0.3%에 해당하는 520억 유로에 이르는 시장 규모와 1,860억 유로에 달하는 경제적 효과가 있을 것으로 추산하고 있다. 영국은 약 150억 파운드의 경제적 효과와 2017년까지 58,000개의 일자리 창출을 기대하고 있다. 미국은 900억 달러의 경제적 가치 창출과 기상 데이터를 활용한 4,000개 이상의 일자리 창출 효과를 가져올 것으로 기대하고 있다. 일본의 경우 122억 달러의 시장 규모와 500억 달러 이상의 경제적 효과를 기대하고 있다.

제 2 절 공공데이터 개방과 활용 정책

1 공공정보 민간 활용 촉진 종합계획

2010년 3월 안전행정부(현 행정자치부)와 문화체육관광부방송통신위원회는 공동으로 공공정보 민간 활용 촉진 종합계획을 발표했다. 이 종합계획은 공공정보가 높은 사회경제적 가치를 가진 중요한 국가자산이라는 점에 주목하고 있다. 이 계획에서는 민간의 공공정보 활용에 대한 요구가 증가하고 공공정보 민간 개방과 활용을 통해 다양한 비스니스 창출 및 인터넷·콘텐츠 등 관련 산업을 육성할 필요가 있음을 제시하고 있다. 공공정보 민간 활용촉진 종합계획은 추진전략으로 ① 민간의 공공정보 수요에 선제적으로 대응할 수 있는 체계로 전환하고, ② 공공정보 수요자에게 원스톱(one-stop) 서비스가 제공될 수 있도록 부처 간 정책 연계를 강화하며, ③ 공공정보의 민간 활용에 대한 지원을 강화해 시너지 효과 극대화하도록 노력하며, ④ 공공정보 민간 활용의 효율적 추진을 위한 민·관 협력을 강화할 것을 제시했다.[2)]

2 공공데이터의 제공 및 이용 활성화에 관한 법률 제정

2010년 행정안전부(현 행정자치부)·문화체육관광부·방송통신위원회 공동으로 '공공정보 민간 활용촉진 종합계획' 수립하고 이후

---

2) 행정안전부·문화체육관광부·방송통신위원회(2010.3). 공공정보의 새로운 가치 창출을 위한 공공정보 민간 활용촉진 종합계획.

공공데이터 개방을 촉진하기 위해 2011년 9월 5일 공공기관이 보유하고 있는 일체의 공공데이터베이스를 일반 국민에게 제공하고자 하는 취지의 '공공데이터베이스의 제공 및 이용에 관한 법률안'이 발의되었다. 제18대 국회에서는 법률이 통과되지 못하고 임기 만료로 폐기되었다. 제19대 국회에서는 공공데이터베이스 법안을 수정·보완해 2012년 7월 31일 '공공데이터의 제공 및 이용 활성화에 관한 법률안'이 다시 발의되었다. 박근혜 정부가 출범하면서 정부3.0 추진, 창조경제 구현의 핵심 중 하나로 선정하는 등의 상황이 전개되었으며, 2013년 6월에 국회 본회의를 통과하고 2013년 10월 31일부터 시행하게 되었다.

이 법은 공공데이터의 개념에서부터 공공데이터 생성·수집 단계, 공공데이터 처리·운영 단계, 공공데이터 등록·관리 단계, 공공데이터 제공 단계, 공공데이터 제공 사후관리 단계, 공공데이터 폐기 단계까지 공공데이터 전반에 관해 규정하는 특징이 있다. 공공데이터 이용의 활성화를 지원하기 위한 법률로서 공공데이터의 범위를 넓게 규정한 것이다. 이 법에서 공공데이터는 데이터베이스, 전자화된 파일 등 공공기관이 법령 등에서 정하는 목적을 위해 생성 또는 취득해 관리하고 있는 광(光) 또는 전자적 방식으로 처리된 자료 또는 정보(법 제2조 제2호)로서 개별 공공기관이 일상적 업무 수행의 결과물로 생성 또는 수집·취득한 다양한 형태(텍스트, 수치, 이미지, 동영상, 오디오 등)의 모든 자료 또는 정보가 대상이다.

제공(개방)의 의미도 적극적으로 제시하고 있는데, 2008년 개정된 '공공기관의 정보공개에 관한 법률'이 국민들이 신청을 한 경우 심사를 해서 데이터를 공개하는 수동적인 방식이었다면 '공공데이터의 제공 및 이용 활성화에 관한 법률'은 정부나 공공단체가 먼저 공공데이터를 공개하는 능동적인 방식을 추구한다. <표 5-2>는 두 법률 간의 차이점을 비교해 놓은 것이다.

표 5-2 공공데이터의 제공 및 이용 활성화에 관한 법률과 공공기관의 정보공개에 관한 법률 비교

구분	제공(공공데이터)	공개(정보)
소관 법률	'공공데이터의 제공 및 이용 활성화에 관한 법률'	'공공기관의 정보공개에 관한 법률'
목적	민간 이용을 통한 신규 비즈니스와 일자리 창출, 국민 편익 향상	국민의 알 권리 보장과 국정 운영의 투명성 확보
범주	전자적 자료 또는 정보	전자적·비전자적 자료 또는 정보
제공 형태	반드시 기계 판독이 가능한 (machine-readable) 형태	특정한 공개 형태가 없음
대상 예시	실시간 버스 운행(노선, 위치, 도착 시간 등) 데이터 등	버스운행 계획보고, 버스회사 보조금 지급계획 및 결과 보고 문서 등

출처: 안전행정부(2014a).

3 공공데이터의 제공 및 이용 활성화 기본계획(2013~17년)

이 계획은 '공공데이터의 제공 및 이용 활성화에 관한 법률' 시행 이후, 공공데이터 개방을 국정과제로 추진하고, 정부3.0과 창조경제의 핵심 가치를 실현하기 위해 2013년 12월에 발표되었다. 공공데이터의 제공 및 이용 활성화 기본계획에서는 수요자 중심의 공공데이터 개방 확대, 공공데이터 개방·이용 기반 확충, 공공데이터 산업 생태계 조성, 지속적 추진 역량 확보를 제시하고 있다.

'공공데이터의 제공 및 활성화 기본계획'에서는 수요자 중심의 공공데이터 개방 확대를 위해 범정부 차원에서 전면 개방을 진행하며 산업 파급 효과가 큰 15대 개방 전략 분야를 2014~15년에 중점적으로 개방한다. 또한 공공기관별로 개방 파급 효과가 높은 핵심 공공데이터를 선정해 개방하게 하고 국정 어젠다와 실수요자를 고려한 개방을 추진한다.

더불어 공공데이터 개방·이용 기반 확충을 위해서는 공공데이터 제공·관리 실태를 평가하고 환류할 수 있는 시스템을 마련하는 등

공공데이터 관리 체계를 확립한다. 그리고 민간의 수요가 많은 공공데이터를 확대 생산하고 민간 이용 편의를 위해 공공데이터 품질 관리를 강화한다. 또한 공공데이터 개방 인프라를 확충하고 공공데이터 개방을 위한 교육 및 훈련을 강화한다. 데이터 간의 연계 및 데이터 이용을 촉진하기 위해 공공데이터 표준화를 추진하고 공공데이터를 이용한 빅데이터 분석을 지원한다.

공공데이터 산업 생태계 조성을 위해서는 범정부적인 지원 체계를 구축·운영할 계획이다. 또한 공공데이터를 이용한 비즈니스 모델을 개발하고 보급함으로써 공공데이터 초기 시장을 창출할 계획이다. 공공데이터 기업에 대해서는 생애주기별로 맞춤형 지원이 제공될 예정이며 공공데이터 산업 활성화를 위해 관련 법·제도를 정비해 나갈 예정이다. 지속적인 추진 역량을 확보하기 위해서는 공공데이터 관련 법·제도 정비, 대(對)국민 홍보 강화, 국제 협력 추진, 공공데이터이용지원센터 역량 강화가 제시되었다.

제 3 절 공공데이터 개방과 활용의 장애 요인

1 공공데이터 이용 측면

우리나라는 월드와이드웹(WWW)재단과 오픈데이터연구소가 제시한 『오픈데이터 현황보고서(*Open Data Barometer*)』에서 평점이 54.12점으로 77개국 중 12위를 기록해 상위권에 위치하고 있다. 하지만 세부 지표 중 오픈 데이터가 정치적·사회적·환경적·경제적으로 얼마나 긍정적인 변화를 가져왔는지를 평가하는 영향력 지수는 24.56점으로 낮은 수준에 그치고 있다. 홍연웅(2014)의 연구에서는 기상정보 제공 관련 기업을 제외하면 공공데이터를 이용한 창업 성공 사례는 소수에 불과한데, 이는 경제적 부가가치를 창출할 가능성이 높은 데이터가 거의 없거나 개방 초기에 시장 형성 미흡 등으로 인해 창업 성장 환경이 취약한데서 그 원인을 찾을 수 있다고 지적한다.

2014년 9월에 발표된 '공공데이터 개방 발전전략'의 배경도 이러한 지적과 인식을 같이하고 있다. 공공데이터 개방 발전전략에서 밝힌 우리나라 공공데이터 개방과 이용의 문제점은 다음과 같다.

공공데이터의 양적 확대에도 불구하고 선진국 대비 산업적 이용은 낮은 수준이다. 제공기관이 선정한 개별 데이터 중심으로 개방되어 수요가 높은 핵심·대용량 데이터는 제한적으로 개방되고 있으며, 개방된 데이터의 품질, 포맷 등도 선진국에 비해 미흡한 수준이다. 민간시장 발전을 저해하는 정부의 서비스 침해 사례도 제기되고 있다.

2 공공데이터 품질 측면

『오픈데이터 현황보고서』에서 실행력 지표는 실제 평가 대상국에서 제공하는 데이터 세트를 대상으로 데이터의 이용 가능성, 포맷, 라이선스, 적시성, 발견 가능성을 평가하고 있다. 한국은 평가 대상이 된 14가지 범주의 데이터 세트에서 53점을 획득해 준비성(77.19)에 비해 낮은 평가를 받았다. 홍연웅(2014)의 연구에서는 2014년 5월 24일 공공데이터 포털에서 제공하는 데이터들을 확장자별로 분류했는데 XLS, XLSX가 48.3%로 가장 많기는 하지만 HWP, HTML, JPG, PDF 등 공공문서로 추정되는 파일이 적지 않아 공공데이터 포맷에 통일성이 없으며 이는 이용에 불편을 가져온다고 지적하고 있다. 정승호 외(2013)의 연구에서는 품질문제를 발생시키는 원인을 품질문제에 대한 인식 미흡, 품질관리 체계의 부재, 품질 이슈에 대한 사전 예방 및 대응 정책, 예산 부족 등을 지적하고 있다. 이는 행정 및 공공기관이 보유하고 있는 데이터가 민간에 비해 오류율이 상대적으로 높은(민간 오류율 : 2.10%, 공공 오류율 : 5.19%) 원인으로 파악된다.

'공공데이터 개방 발전전략'에서는 공공데이터의 양적 확대에도 불구하고 선진국 대비 산업적 이용은 낮은 수준의 원인을 개방된 데이터 품질, 포맷 등이 선진국에 비해 미흡하기 때문으로 제시하고 있다.

3 중앙정부와 지방정부의 수준 차이

송효진 외(2014)에서는 중앙부처에서는 공공데이터의 개방이 가지는 사회 · 경제적 측면에서의 효과 등에 대해 충분한 공감대를 형성하고 실제적 이행을 추진하는 반면, 지방자치단체에서는 그렇지 못하다고 지적하고 있다. 중앙정부와 지방정부의 차이를 야기하는 원인을 다음과 같이 제시하고 있다.

우선 공공데이터 개방 및 민간 활용 지원을 위한 실무 차원에서의 이행 가이드가 제시되지 못하고 있다. 또한 지방자치단체별로 보유하고 있는 데이터의 속성이나 유형, 지역 주민이나 기업 등 지역사회가 요구하는 데이터, 이의 제공 가능성 등, 지역사회나 지방자치단체의 상이한 역량이나 특성, 환경 등에 대한 고려 부족하다. 그리고 공공데이터 제공 및 민간 활용 촉진을 지원할 수 있는 인력, 재정, 조직적 지원 역량이 중앙정부와 지방정부 간에 차이가 난다.

공공데이터의 개방과 활용에 선진적인 영국에서도 유사한 문제가 나타난다. 영국의 지방정부(councils)들은 중앙정부에 비해 공공 데이터 공개에 적극적이지 않은데 2012년 말 기준으로 영국의 434개 지방정부 중 105개가 공공 데이터를 공개하고 있고, 이 중에서 99개 지방정부만이 모두 공개를 하고 있었다(송효진 외, 2014).

4 공공데이터 관련 법적 문제

현재 민간에서 활빌히 활용되고 있는 공공정보로는 교통정보, 기상정보, 지리정보, 법률정보, 특허정보 등이 있다(손현진, 2013). 문제는 이 데이터들에 개인정보가 포함되어 있는 경우이다. 개인정보가 포함되어 있는 공공데이터의 경우 공개했을 때 개인정보 침해 문제가 발생할 수 있고 법적으로는 다른 법들과 충돌 문제가 발생할 수 있다. 이 중 개인정보 보호를 목적으로 제정된 '개인정보보호법'과 '공공데이터의 제공 및 이용 활성화에 대한 법률' 간 문제를 살펴보면 다음과 같다.

'개인정보보호법'에 의하면 개인정보는 크게 고유식별정보와 민감정보로 나눌 수 있다. 고유식별정보의 경우에는 개인정보법 제24조 ①에 개인정보 처리자는 다음 각 호의 경우를 제외하고는 법령에 따라 개인을 고유하게 구별하기 위하여 부여된 식별정보로서 대통령령으로 정하는 정보를 처리할 수 없다고 규정하고 있다. 고유식별정보의 종류에 대해서는 같은 법 시행령에서 주민등록번호, 여권번호, 운전면허번호, 외국인등록번호 등으로 규정하고 있다.

민감정보는 개인정보보호법 제23조에서 개인정보처리자는 사상·신념, 노동조합·정당의 가입·탈퇴, 정치적 견해, 건강, 성생활 등에 관한 정보, 그 밖에 정보 주체의 사생활을 현저히 침해할 우려가 있는 개인정보로서 대통령령으로 정하는 정보를 처리해서는 안 된다고 규정하고 있다.

'공공데이터의 제공 및 이용 활성화에 대한 법률'에서는 제2조에 공공데이터를 데이터베이스, 전자화된 파일 등 공공기관이 법령 등에서 정하는 목적을 위하여 생성 또는 취득하여 관리하고 있는 광(光) 또는 전자적 방식으로 처리된 자료 또는 정보로 광범위하게 규정하고 있다. 공공데이터의 이용에 관해서는 제3조에서 공공데이터를 편리하게 사용하기 위해 공공기관이 노력할 것, 영리적 사용을 금지하지 말 것 등을 규정하고 있어 적극적인 사용을 규정하고 있다.

문제는 '개인정보보호법'과 '공공데이터의 제공 및 이용 활성화에 대한 법률' 모두에서 개인정보가 포함된 공공데이터가 무엇인지, 법이 충돌할 경우 어떤 법이 우선되어야 할 것인지에 대해 규정하고 있지 않다는 점이다. 이 때문에 개인정보가 포함된 공공데이터의 종류, 개방 및 이용 수준 등은 해석에 의존하게 되는 상황이다. 개인정보보호법을 충실히 따를 경우에는 유용한 공공데이터를 거의 이용할 수 없는 상황이 야기된다. '공공데이터의 제공 및 이용 활성화에 대한 법률'을 충실히 따를 경우에는 개인정보가 포함된 공공데이터를 이용할 때 법적 조치를 미비한 이 법의 약점과 맞물려 개인정보가 오·남용될 수 있다. 이러한 두 법 간의 공개와 보호 사이의 견해 차이는 공공기관 내에서도 공공데이터 제공 수준이 다르게 나타나는 결과를 야기한 원인 중 하나이다.

각 개별법에 의해 공공데이터 이용 활성화가 이뤄지고는 있지만 각각의 공공데이터마다 근거법, 해당 기관, 규정된 공개 및 이용 수준, 비용 처리 방식 등이 다르다는 점도 문제이다. 예를 들면 '기상법'에서는 기상 업무에 관한 정보의 보급과 이용을 촉진시켜야 한다고 규정하고 있으며 기후자료 데이터베이스화, 통합관리, 품질관리 등 적극적인 조치를 규정하고 있다. 이에 반해 '국가통합교통체계효율화법'에서는 국가교통조사 및 및 개별교통조사에 과한 자료 등을 체계적으로 수집할 것을 규정하고 있지만 이 정보의 구체적인 민간 제공 의무 및 방식은 규정하고 있지 않다. 이러한 각 개별 법률 간의 공공데이터 제공과 이용 수준의 차이도 공공데이터의 제공 및 이용 활성화에 대한 법률에서 이를 조정할 수 있는 적절한 가이드라인을 제시하지 못하고 있기 때문이다.

제 4 절 공공데이터 개방과 활용의 발전 방향

1 공공데이터 개방 및 활용의 수요자 중심 개선

우리나라 정부부처와 지방자치단체의 공공데이터 활용정책은 공급자 관점에서 개방 자체에만 초점을 맞춘 서비스가 대부분이다. 공공데이터 서비스들이 정부 업무를 기준으로 분류되어 제공되고 있어 수요자 관점으로 접근하기 어렵다. 또한 정부 기능적 분류에 따른 공급자 관점의 데이터 분류 체계는 민간 수요에 부합하는 정확성 및 정합성 높은 자료를 제공하는 데 한계가 있다. 따라서 수요자 중심의 공공데이터 분류 체계를 구축함으로써 수요자가 공공데이터에 접근하기 용이하게 할 필요가 있다.

공공데이터 포털도 개선되어야 한다. 민간에 개방하는 공공데이터의 수나 그 제공 서비스가 해외 주요국에 비해 취약한 수준이고 제공하는 공공데이터의 대부분도 역사 자료, 건설 기술 등 민간 수요가 낮은 분야이다. 민간에 제공하는 데이터의 종류를 확충하고 민간에 수요가 큰 데이터부터 공공데이터 포털을 통해 개방할 필요가 있다.

'공공데이터 개방 발전전략'에서 제시된 수요자 중심 개선 방안은 다음과 같다.

우선 고가치·고수요 데이터를 우선 개방한다. 이를 위해 시도·새올(지방행정), 분야별 공통 시스템을 통해 관리되고 있는 전국 단위의 행정 데이터를 '국가 중점 개방 데이터'로 선정한다. 또한 민간이 주도해 개방 대상을 선정하고, 개방 로드맵을 수립하게 한다. 국가 중점 개방 대용량 데이터와 연계해 자동으로 개방 대상 정보를 수집·취합하는 클라우드 기반의 범정부 개방DB를 구축한다. 기관·DB별로 추진하고 있는 개방 지원사업(DB 구축, 품질 개선, 오픈API 구축 등)을 패키지화해 분야별로 집중 지원하고 개방한다.

다음으로 민간-공공 상생의 데이터 생태계를 조성한다. 이를 위해 정부는 공공데이터 제공 및 시장 공정 경쟁을 지원하고, 민간은 데이터를 이용해 서비스 개발·경쟁하도록 서비스 원칙을 확립한다. 또한 데이터 이용 유망기업 지원 내실화 및 공공·민간의 지원을 확대한다.

2 공공데이터 품질 개선

민간이 공공데이터를 활용하기 위해서는 기본적으로 소프트웨어에서 데이터를 수정, 변환, 추출할 수 있는 기계 판독이 가능한(Machine-Readable) 포맷이어야 가능하다. 민간이 자유롭게 데이터간 연계, 융·복합을 통해 부가가치를 높이기 위해서는 특정 소프트웨어나 디바이스에 종속되지 않는 오픈 소스로 공공데이터를 개방하는 것도 필요하다. 이미 미국, 영국, 호주 등 해외 주요국은 기계 판독이 가능한 공공데이터 포맷 개방을 원칙으로 하고, 대부분 오픈

소스 형태로 민간에 개방되고 있다.

공공데이터 품질을 개선하기 위해 공공데이터 제공책임관 제도가 실질화될 필요도 있다. 시행 초기라 법률의 전체적인 이해 부족과 담당자의 교육 부재로 공공데이터 제공책임관 제도가 원활하게 운영되지 않고 있다. 지속적이고 체계적으로 공공데이터를 관리할 수 있도록 기관의 인식 제고 및 담당자의 교육이 필요하다.

'공공데이터 개방 발전전략'에서는 데이터 품질 개선 방안으로서 공공데이터 품질 보장 강화를 제시하고 있다. 이를 위해서는 동일 분야에 대해 기관마다 다른 기준으로 개방한 데이터에 대해 민간이 참여하는 방식으로 핵심 데이터셋을 선정하고 2017년까지 자유로운 가공·융합이 가능한 오픈포맷 비중을 50%까지 확대할 예정이다. 또한 공공데이터 신뢰성 보장을 위한 품질인증제도를 2016년까지 도입할 예정이다.

3 지방정부의 공공데이터 개방 수준 제고

지방정부의 공공데이터 개방 수준을 제고하기 위해서는 지방정부에 대한 가이드라인을 확립할 필요가 있다. 공공데이터 개방에 대한 지속적인 압박과 권유를 통해 지방정부가 공공데이터 개방 수준이 점차 개선될 수 있도록 해야 한다. 영국의 경우 지방정부연합(Local Government Association: LGA)에서 공공데이터 개방과 활용을 추진하고 있다(김종업 외, 2013). 지방정부연합은 공공데이터 개방을 투명성(transparency) 측면에서 접근하고 있고, 이와 함께 Local Open Data Community(LODC)의 설립을 통해 공공 데이터 개방과 활용을 권장하고 있다(송효진 외, 2014).

공공데이터 개방 발전전략에서도 공공데이터 기반 확충 및 지자체 확산, 공공데이터 포털(data.go.kr)을 개방형 플랫폼으로 전환, 민간 자본을 활용한 데이터 개방사업 도입 추진, 개방 우수기관(서울시, 경기도 등)의 선도 모델화, 다른 지자체로 전파·확산 등을 통해 지방정부의 공공데이터 개방 수준을 제고해 나갈 계획이다.

4 공공데이터 개방과 이용을 위한 법·제도 정비

'공공데이터의 제공 및 이용 활성화에 관한 법률'과 개별 법령 간의 조화가 필요하다. 일반 국민들이 필요로 하는 공공데이터의 개방 및 활용과 관련해 개별 법령들이 제약을 가하고 있는 이용자 범위를 확대하고 이용 절차를 삭제하거나 간소화해야 한다.

공공데이터 이용 활성화 측면에서 공공정보의 공통된 가이드라인을 제시해 공공데이터를 이용할 때 각각의 근거법과 해당 기관이 다르고 비용 지불 방식 등이 달라지는 불편이 발생하지 않게 해야 한다. 또한 개인정보가 포함된 공공데이터의 종류를 예시적으로 나열해 개방 대상인 공공데이터의 범위를 확정할 필요가 있다.

제 6 장

정보통신 생태계 관점에서 정부정책 방향과 조직

제 1 절 한국 ICT산업의 위상

1 한국 ICT산업의 성과

한국 경제는 국내총생산(GDP) 대비 수출 비중이 2000년 35%, 2014년에는 51%에 이를 만큼 수출 의존도가 크다. 주요 산업 중 ICT 분야는 우리나라 수출의 매우 중요한 부분을 차지한다. 이에 관련해 산업통상자원부에서 2015년 1월 9일에 내어놓은 보도자료를 참조하면 다음과 같다. 이 자료에서는 휴대폰(부분품 포함), 반도체, 디스플레이 패널, 디지털 TV, 컴퓨터 및 주변기기를 ICT산업의 주요 수출 품목으로 집계하고 있다. 이 자료에 따르면 2000년도에 한국 ICT

그림 6-1 ICT산업 수출 비중 추이

(단위: 억 달러)

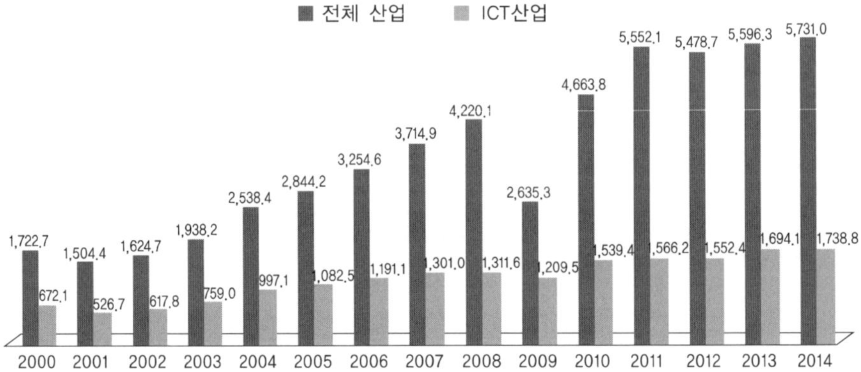

출처: 산업자원통상부(2015).

산업의 수출은 672.1억 달러였으나 2014년에는 1,738.8억 달러까지 약 2.6배 성장했다. 수출에서 차지하는 비중을 보면 2000년도부터 2014년까지 ICT산업이 수출에서 차지하는 비중이 가장 낮을 때가 30%였고 가장 높을 때는 46%로 총수출액의 절반에 육박했다. 수출 지역도 다양해서 중국, 일본, 싱가포르, 말레이시아, 태국, 대만, 인도, 미국, 영국, 독일, 러시아, 아랍에미리트, 브라질, 멕시코 등에 각 10억 달러 이상의 한국 ICT 제품이 수출되고 있다. ICT산업 분야는 한국 수출에서 큰 비중을 차지하고 있음에도 불구하고 계속적으로 성장하고 있는 분야이기도 하다. 2013년에 ICT산업 분야의 수출 증감률은 2012년에 비해 9.1%였던 반면 그 외 분야는 −0.6%에 불과했다. 2014년에는 이 격차가 줄어들기는 했지만 ICT 분야의 수출 증감률은 2013년 대비 2.6%로 그 외 분야(2.3%)에 비교해 여전히 높은 수준을 유지했다.

수출과 수입의 차이를 수출입 수지라고 한다. 경우에 따라서 고려해야 할 여러 요소가 있지만 일반적으로 수출이 수입보다 큰 경우에 해당 산업은 국제적으로 경쟁력 있는 산업이라고 판단할 수 있다.

그림 6-2 ICT산업 수출입 수지

(단위: 억 달러)

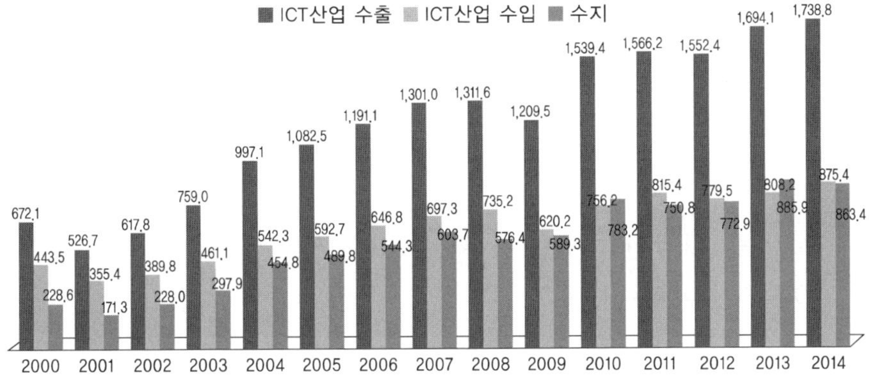

출처: 산업자원통상부(2015) 편집.

한국 ICT 산업의 수출입 수지는 2000년대 이후 꾸준히 150억 달러 이상의 무역수지 흑자를 기록해 왔고 2010년에는 783억 달러를 기록해 800억 달러에 육박했으며, 2013년에는 사상 최고 수준인 886억 달러를 기록했다. 비록 2014년에는 2013년에 비해 약간 감소한 863.

그림 6-3 ICT산업 무역수지 비중 추이

(단위: 억 달러)

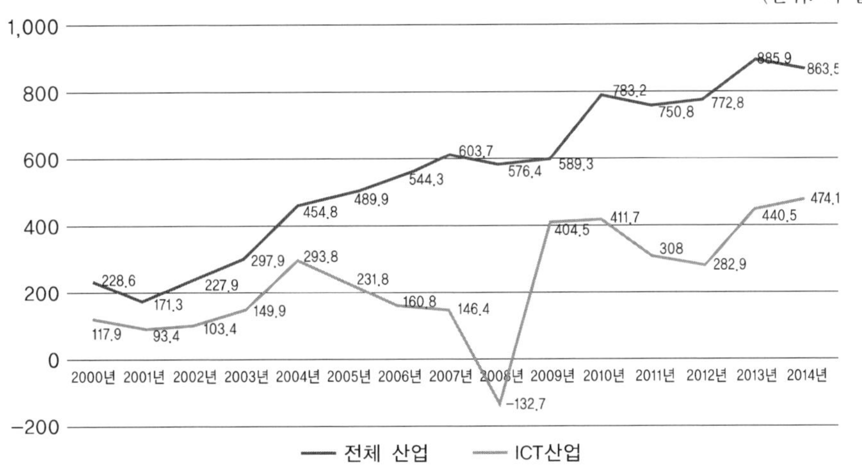

출처: 산업자원통상부(2015) 편집.

억 달러를 기록했지만 2000년에 비하면 약 3.8배에 달하고 있다. 한국 ICT산업의 무역수지에 대한 기여 정도를 파악하기 위해 2010년부터 2014년까지의 한국의 전체 무역수지 수준과 ICT산업의 무역수지 수준을 비교할 필요가 있다.

[그림 6-3]에서 —— 선은 2010년부터 2015년까지의 한국의 무역수지 정도를 나타내고 있으며 —— 선은 한국 ICT 분야의 무역수지 수준을 나타낸다. 2010년부터 2014년까지 매년 ICT 무역수지는 전체 무역수지보다 높은 수준을 유지했으며 변동 정도도 작고 상대적으로 안정적인 상승세를 보여주고 있다. 한국 수출입 분야에서 ICT산업이 그 외 분야의 적자를 보전해 주고 있는 것이다.

정리하면 수출 의존도가 높은 한국 경제의 특성상 국내 경제에서 ICT산업 부문이 차지하는 위상은 매우 높다. 국내총생산 대비 수출 비중을 40%(2000년에는 35%, 2014년에는 51%) 정도라고 하면 수출 중 ICT산업 부문이 30%(2010~2014년 사이에 전체 수출의 30%에서 47%의 비중을 ICT산업 부문이 차지함)만 차지한다고 가정해도 국내총생산 대비 10%가 넘는 비중을 ICT산업 수출이 차지하고 있다. ICT산업 중 내수를 포함시키면 그보다 더 큰 비중을 차지할 것이다.

국제 시장에서도 한국 ICT산업은 높은 위상을 자랑한다. OECD가 제시한 자료[1)]에서는 2012년을 기준으로 한국은 93,260백만 달러의 ICT 제품을 수출하고 있으며 이는 중국(549,954백만 달러, 미국 138,651백만 달러)에 이는 세계 3위의 ICT 제품 수출국이다. 또한 다양한 국가에서 한국 ICT 제품을 찾고 있으며, 무역 수지는 2010년 이래로 흑자를 기록하고 있어 국제적으로도 경쟁력이 있는 분야라고 할 수 있다.

---

1) https://data.oecd.org/ict/ict-goods-exports.htm

2 한국 ICT산업의 위기

1) 특정 지역 편중 무역구조

우리나라는 무역 의존도가 높은 나라이다. 통계청 자료[2]에 의하면 2013년에 우리나라는 GDP의 약 43%가 수출이며 약 40%가 수입이다. 네덜란드, 벨기에, 오스트리아 등보다는 낮은 수준이지만 독일, 일본, 영국, 프랑스, 미국 등보다는 높은 수준이며 무역에 의존하는 경제 구조로 평가받고 있다.

<표 6-1>은 한국 제품이 수출되는 상위 10개국을 4개 시점(2001년, 2005년, 2010년, 2014년)으로 제시하고 있다. 상위 10개국에 대한 수출 의존도는 보통 60% 이상으로 나타나고 있다. 이외에

표 6-1 국가별 수출액 비중 순위

2001년		수출액	비중	2005년		수출액	비중	2010년		수출액	비중	2014년		수출액	비중
1위	미국	31,211	20.7	1위	미국	61,915	21.8	1위	미국	116,838	25.1	1위	미국	145,288	25.4
2위	중국	18,190	12.1	2위	중국	41,343	14.5	2위	중국	49,816	10.7	2위	중국	70,285	12.3
3위	일본	16,506	11.0	3위	일본	24,027	8.4	3위	일본	28,176	6.0	3위	일본	32,184	5.6
4위	홍콩	9,452	6.3	4위	홍콩	15,531	5.5	4위	홍콩	25,294	5.4	4위	홍콩	27,256	4.8
5위	대만	5,835	3.9	5위	대만	10,863	3.8	5위	대만	15,244	3.3	5위	대만	23,750	4.1
6위	독일	4,322	2.9	6위	독일	10,304	3.6	6위	독일	14,830	3.2	6위	독일	22,352	3.9
7위	싱가포르	4,080	2.7	7위	싱가포르	7,407	2.6	7위	싱가포르	11,435	2.5	7위	싱가포르	15,077	2.6
8위	영국	3,490	2.3	8위	영국	5,339	1.9	8위	영국	10,702	2.3	8위	영국	12,782	2.2
9위	인도네시아	3,280	2.2	9위	인도네시아	5,046	1.8	9위	인도네시아	9,652	2.1	9위	인도네시아	11,361	2
10위	말레이시아	2,628	1.7	10위	말레이시아	4,608	1.6	10위	말레이시아	8,897	1.9	10위	말레이시아	10,846	1.9
	10대 수출국 합계	98,993	65.8		10대 수출국 합계	186,382	65.5		10대 수출국 합계	290,885	62.4		10대 수출국 합계	371,181	64.8
	총수출	150,439			총수출	284,419			총수출	466,384			총수출	572,665	

출처: 한국무역협회(http://www.kita.net).

2) http://kosis.kr/statHtml/statHtml.do?orgId=101&tblId=DT_2KAA806_OECD

특징적인 것은 2001년부터 2014년까지 우리나라의 주요 수출국은 순위의 변경은 있지만 거의 바뀌고 있지 않다는 점이다. 특히 수출 대상국 1, 2, 3위는 중국, 미국, 일본이 차지하고 있는데 2001년까지만 해도 미국이 최대 수출 대상국이었던 반면 2005, 2010, 2014년에는 중국이 최대 수출국으로 자리매김했다. 미국과 일본이 차지하는 수출 비중은 거의 변하지 않거나 하락세인데 비해 중국이 차지하는 수출 비중은 점차 증가하고 있다는 점도 눈여겨 볼 만하다.

우리나라의 수출 구조를 긍정적으로 보면 안정적인 거래 대상을 확보하고 있는 것이지만, 비판적으로 보자면 지난 십수 년 동안 한국 경제는 이들 10개 국가에 대한 수출에 지나치게 의존해 온 것이다. 특히 중국, 미국, 일본에 대한 의존도가 점차 더 높아지고 있는 상황이다. 세 국가의 경우에는 세계적으로도 손꼽히는 소비시장이기 때문에 무역에 의존하는 국가라면 세 국가의 비중이 상당할 수밖에 없다. 우리나라뿐만 아니라 무역에 의존하는 많은 나라가 이 세 국가의 경제 상황에 희비가 엇갈린다. 이러한 점을 고려한다고 하더라도 2001년부터 2014년까지의 기간 동안 한국 상품의 주요 판매처를 거의 확장하지 못했다는 점은 한국의 무역 구조, 나아가 한국 경제 구조의 문제점이라고 할 수 있다.

한국 무역 구조의 취약성과 의존성은 ICT 분야라고 해서 별반 다르지 않다.

[그림 6-4]는 2014년에 주요 지역별 수출 실적을 보여주고 있다. 우리나라 수출의 전체적인 경향과 같게 ICT 분야에서도 수출 대상 상위 세 개 순위는 중국, 미국, 일본이 차지하고 있다. 비교해 보면 3위 이하 순위 역시 우리나라의 전체적인 수출 대상국과 크게 다르지 않음을 알 수 있다. 다른 점은 한국 수출의 전체적인 비중과 비교해서 중국의 비중이 압도적으로 큰 점이다. 비록 홍콩이 포함되어 있지만 ICT 분야의 대중국 수출은 2014년에 ICT 전체 수출의 51%에

그림 6-4 2014년도 주요 지역별 ICT 수출 실적

(단위: 백만 달러)

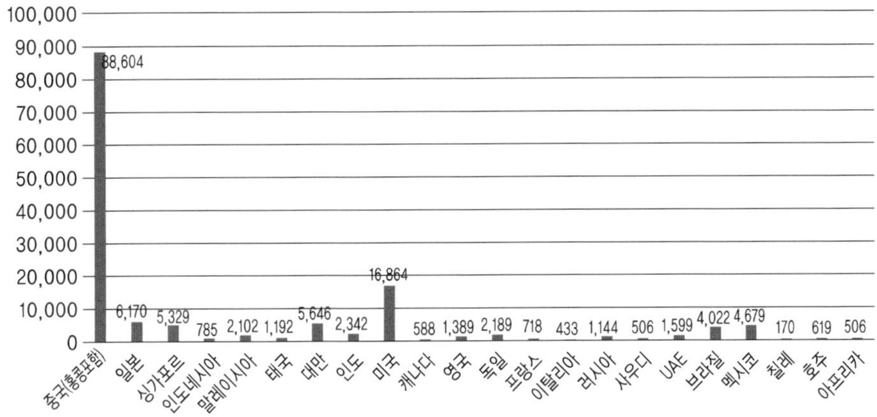

출처: 산업통상자원부(2015) 편집.

달했다. 우리나라의 전체 수출 비중에서 중국과 홍콩을 합치면 약 30% 정도이다. 전체 수출 비중에서는 중국이 미국의 약 2배의 비중을 가지고 있었으나 ICT 분야에서는 5배가 넘는 규모의 차이를 보이고 있다.

무역 중심의 경제 구조를 가진 국가에서 수출이 한 국가에 편중되어 있다면 대외 충격에 매우 취약하다. 의존하고 있는 국가의 경제 상황에 따라서 수출 상황이 돌변할 수 있기 때문이다. 갑작스런 불황뿐만 아니라 갑작스런 호황도 경제의 안정성을 떨어뜨리고 각 경제 주체의 예측가능성을 약화시킨다. 예측가능성이 낮아지고 불확실성이 높아지면 경제 주체가 안정적으로 소비하고 투자할 수 없으며, 정부의 대응도 효과가 반감된다. 우리나라 ICT산업은 대(對) 중국 수출에 의존도가 높아서 중국 시장에서의 향방에 따라서 ICT 산업 전체의 경기가 바뀌기도 한다.

예를 들면, 2014년 8월 중국에서 스마트폰 판매량에서 샤오미가 앞질렀다는 보도가 나오면서 삼성전자의 위기설이 등장했다. 실제

로 삼성전자가 비상경영 체제에 돌입했다는 보도도 등장했다. 삼성전자의 위기설은 중국 시장 1위 자리를 내주기 전에도 지속적으로 제기되었으나 중국 시장에서 1위를 내준 후에는 기정 사실로 받아들여지고 있다. 사실 중국 시장에서 1위를 빼앗긴 것만으로 삼성전자가 위기라고 하기에는 무리가 있을 수 있다. 그동안 위기설이 꾸준히 제기되어 왔고 그때마다 삼성전자는 더 나은 실적으로 위기설을 극복해 왔다. 하지만 2014년 8월 이후에 제기된 위기설에는 삼성전자가 위기를 극복했다는 분석들은 찾기 어렵다는 점에 주목할 필요가 있다. 위기설 원인의 전부는 아니지만 중국 시장에서 1위 자리를 잃은 것이 해당 기업은 물론이고 분석가들에게도 큰 충격으로 다가왔음을 알 수 있다.

이와 동시에 우리나라의 스마트폰 산업에 대한 위기설이 등장했다. 삼성전자가 중국에서 샤오미에게 스마트폰 점유율 1위 자리를 내준 것은 일시적인 현상이 아니라 가격 경쟁력에서 밀리고 품질 경쟁력에서 따라잡힌 결과라는 것이 중론이다. 삼정전자 등 한국 기업에서 내놓은 스마트폰과 비슷한 사양의 제품을 샤오미, 화웨이 등 중국 기업은 반도 안 되는 가격에 판매하고 있다. 이전에는 한국 제품이 기술, 디자인 등 분야에서 우수했지만 이제는 중국 기업도 한국 기업의 제품에 못지않은 기술과 디자인을 선보이고 있다. 게다가 현지 기업이라 점은 한국 기업들보다 중국인의 감성에 맞는 제품을 내놓을 수 있다는 장점도 갖추고 있다. 이는 한국 기업들이 중국 스마트폰 시장에서 당분간 혹은 오랜 기간 동안 고전할 수 있음을 의미한다. 중국 시장에서 위기는 중국 의존도가 높은 구조상 해당 산업 전반의 위기가 될 수밖에 없다.

2) 제조업 위주의 ICT산업 구조

우리나라 ICT산업의 문제점 중 두 번째는 제조업 위주의 산업 구조이다. 한국은 ICT산업 후발 주자로 선두 국가의 기술 흡수, 경쟁력 있는 분야에 대한 집중적인 투자, 정부의 적극적인 지원 등을 통해 몇몇 분야에서 선두 국가로 발돋움했다. <표 6-2>는 최근 5년간 우리나라의 수출 품목을 10위까지 보여준다. ICT 제품의 핵심 부품인 반도체는 최근 5년뿐만 아니라 2001년부터 한국의 주요 수출 품목의 하나였고 현재도 주력 수출 품목으로 자리하고 있다. 이외에도 평판 디스플레이 및 센서, 무선통신기기, 컴퓨터, 전자응용기기

표 6-2 최근 5년간 한국 주력 수출 품목 순위

2010년		2011년		2012년		2013년		2014년	
1위	반도체	1위	선박해양 구조물 및 부품	1위	석유제품	1위	반도체	1위	반도체
2위	선박해양 구조물 및 부품	2위	석유제품	2위	반도체	2위	석유제품	2위	석유제품
3위	자동차	3위	반도체	3위	자동차	3위	자동차	3위	자동차
4위	평판 디스플레이 및 센서	4위	자동차	4위	선박해양 구조물 및 부품	4위	선박해양 구조물및 부품	4위	선박해양 구조물 및 부품
5위	석유제품	5위	평판 디스플레이 및 센서	5위	평판 디스플레이 및 센서	5위	평판 디스플레이 및 센서	5위	무선통신기기
6위	무선통신기기	6위	무선통신기기	6위	자동차 부품	6위	무선통신기기	6위	자동차 부품
7위	자동차 부품	7위	자동차 부품	7위	무선통신기기	7위	자동차 부품	7위	평판 디스플레이 및 센서
8위	합성수지	8위	철강판	8위	철강판	8위	합성수지	8위	합성수지
9위	철강판	9위	합성수지	9위	합성수지	9위	철강판	9위	철강판
10위	컴퓨터	10위	컴퓨터	10위	전자응용기기	10위	전자응용기기	10위	전자응용기기

출처: 한국무역협회(http://www.kita.net).

등이 수출 품목 중 상위권을 차지하면서 한국이 ICT산업의 강국이라는 것을 보여주고 있다. 그러나 한편으로는 한국은 ICT산업의 선두 주자임에도 불구하고 주요 수출 품목이 디바이스, 부품에 한정되어 있다는 약점을 가지고 있다. 소프트웨어와 ICT 서비스 분야의 수출은 2001년부터 조사해도 10권 안에는 포함되어 있지 않다.

미국, 중국과 한국의 소프트웨어 산업 규모를 비교해 보면 <표 6-3>과 같다. 한국의 경우에는 자료의 한계로 인해 주요 소프트웨어 기업 60개의 매출액을 가지고 비교했다.

표 6-3 미국, 중국, 한국 소프트웨어 산업 매출액 비교

(단위: 억 달러)

미국	2010	2011	2012	2013
	5,054	5,446	5,775	6,005
중국	2010년	2011년	2012년	2013년
	2.08	2.88	3.91	4.78
한국	2010	2011	2012	2013
	0.13	0.14	0.14	0.14

* 한국의 경우 주요 SW 기업 60개 매출액의 합.
출처: 미래창조과학부(2013), 소프트웨어정책연구원 자료 취합.

소프트웨어 산업은 패키지 소프트웨어 분야 및 IT 서비스 분야의 합계로 파악한다. 우리나라는 2011년을 기준으로 패키지 소프트웨어 매출액이 5,000억 원을 초과한 기업은 없으며 IT 서비스 기업 중 매출액이 5,000억을 초과하는 기업은 24개이다. 따라서 60개 주요 기업의 매출액 합계는 한국 소프트웨어 산업의 매출 규모를 파악하는 데 무리하게 과소평가된 수치는 아니다. 과소평가를 염두에 두고 2013년 우리나라의 소프트웨어 산업 매출 규모를 2천만 달러라고 본다고 해도 중국의 1/20 규모에 불과하다. 미국은 한국의 수십 배에 이르는 규모를 가진 중국과도 비교가 곤란할 정도로 큰 규모의 소프트웨어 산업 규모를 가지고 있다.

우리나라의 소프트웨어 수출 규모도 미미하긴 마찬가지이다. 구체적으로 살펴보면 <표 6-4>와 같다. 표에서 나타난 것처럼 우리나라 ICT 산업 수출 중 소프트웨어 및 IT 서비스가 차지하는 비중은 2009년에 전체 ICT 수출 중 0.84%에 불과했으며 2012년에 겨우 1%를 넘었고 2015년에 3%를 조금 넘는 수준이다. 소프트웨어 및 IT 서비스 부문의 수출액이 높은 성장률을 보이고는 있으나 워낙 규모가 작아 조금만 증가해도 큰 성장을 이룬 것처럼 보인다. 이마저도 2012년, 2013년의 성장률을 2014년에는 이어가지 못했다.

표 6-4 우리나라 연도별 소프트웨어 수출 현황

(단위: 억 달러, %)

구분		2009	2010	2011	2012	2013	2014
패키지SW	수출액	1.6	3.0	3.3	8.7	21.0	26.4
	(성장률)	(20.0)	(89.2)	(8.8)	(162.3)	(143.2)	(25.4)
IT서비스	수출액	8.6	10.4	11.9	16.0	20.9	26.9
	(성장률)	(9.5)	(19.9)	(14.8)	(34.6)	(30.5)	(28.8)
합계	수출액	10.2	13.4	15.2	24.7	41.9	53.3
	(성장률)	(11.0)	(30.7)	(13.5)	(62.4)	(70.0)	(27.1)
ICT 산업 전체 수출		1,209.50	1,539.40	1,566.20	1,552.40	1,694.10	1,738.80
비중		0.84	0.87	0.97	1.59	2.47	3.06

출처: 소프트웨어정책연구소(http://spri.kr/post/4501).

전 세계 소프트웨어 시장 및 ICT 관련 제조업 시장의 규모 파악 및 비교는 제조업 중심의 한국 ICT산업이 얼마나 많은 기회를 잃고 있는지 보여준다. 가트너(Gartner)에서 제시한 전 세계 ICT 시장 규모는 <표 6-5>와 같다. 소프트웨어 및 IT 서비스 시장은 디바이스 시장의 2배에 달하는 규모를 보이고 있다. 우리나라의 산업 구조와는 달리 세계 시장은 디바이스보다는 소프트웨어 및 IT서비스가 시장의 주요 분야인 것이다.

▌표 6-5▌Gartner가 제시한 전 세계 IT 시장 규모

(단위: 십억 달러)

구분	2012	2013	2014	2015
디바이스	670	677	699	744
데이터센터시스템	140	140	142	146
SW 및 IT서비스	1,217	1,232	1,288	1,351
통신서비스	1,647	1,628	1,642	1,676
IT 총계	3,674	3,675	3,770	3,917

출처: 정보통신정책연구원(2015) 재인용.

[그림 6-5]는 ICT 산업 각 분야 간 비교를 더욱 현실감 있게 보여준다. 평판 TV, LCD 패널, 휴대폰, 반도체는 우리나라 ICT산업의 주요 분야이자 수출 주요 품목이다. 여기서도 소프트웨어 시장은 패키지 소프트웨어 및 IT 서비스 분야를 합쳐서 집계하고 있다. 소프트웨어 시장의 규모는 그림에 나타난 5개 분야 중 가장 큰 11,030억 달러로서 평판 TV, LCD 패널, 휴대폰, 반도체의 합계인 9,447억 달러보다도 큰 규모를 가지고 있다.

그림 6-5 2015년 주요 ICT 시장 규모 비교

(단위: 억 달러)

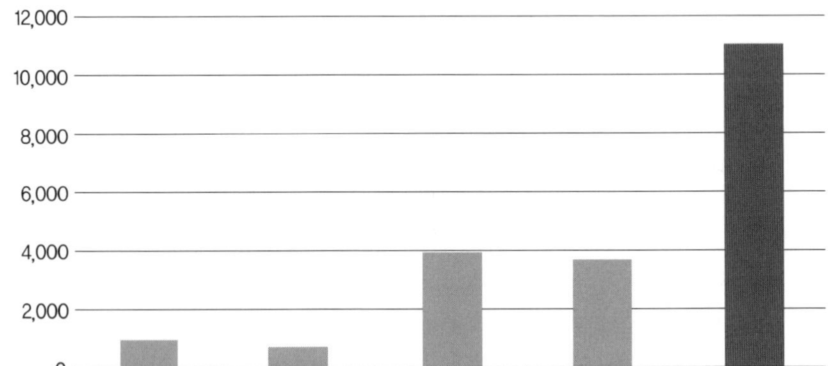

	평판TV	LCD패널	휴대폰	반도체	소프트웨어
■시장 규모	993	765	3,953	3,736	11,030

출처: 소프트웨어정책연구소(http://spri.kr/post/4535).

정리하면 우리나라의 ICT산업은 제조업 위주의 구조를 가지고 있으며 소프트웨어 시장에서 경쟁력은 매우 저조한 상황이다. 한국 경제에서 ICT 제조업의 기여를 폄하할 수는 없지만 소프트웨어 산업이 발전하지 못한 산업 구조는 세계 ICT 시장 중 큰 부분인 소프트웨어 시장을 놓치는 결과로 이어지고 있다. 제조업에 치우친 ICT 산업 구조의 문제점은 기업, 소비자, 언론 매체, 학계, 정부 등 주요 행위자들 사이에서 공유되고 있다.

인식이 공유되고 있음에도 불구하고 편향된 ICT산업 구조가 개선될 여지가 별로 보이지 않는 문제점이 있다. 원인은 다음과 같다. 우선 소프트웨어의 특징을 들 수 있다. 특정 소프트웨어 사용은 잠금 효과(lock-in effect)를 발생시킨다. 한국에서 문서 작성에는 한컴을 사용하고, 숫자를 다루는 작업은 엑셀을 사용하며, 발표는 파워포인트를 사용하는 것이 일반적이다. 한컴 대신 워드를 사용할 수 있고 엑셀과 파워포인트 대신 한컴 오피스를 사용할 수 있음에도 대부분의 사람이 그렇지 않은 것은 이미 해당 프로그램에 익숙해져 있기 때문이다. 익숙한 것을 바꾸기 위해서는 비용을 수반하게 되며 이는 변화를 거부하는 원인이 된다. 이 때문에 후발 주자의 경우에 획기적인 편리성 등 소비자의 이목을 끌 만한 기능을 가진 제품을 출시하지 않는 한 선도 주자와 경쟁하기가 어렵다. 한국에서 익스플로어 점유율이 세계적으로 특이하게 높은 것, 윈도우가 PC 등 운영체제로서 독점하고 있는 이유 등도 잠금 효과로 설명할 수 있다.

다음으로 소프트웨어 시장에서의 비용적 특징이 후발 주자의 등장을 어렵게 한다. 소프트웨어는 코드의 집합체이다. 애초 개발하기는 어렵지만 소프트웨어가 개발되고 최초 생산되면 이후 추가 생산을 위한 한계비용은 최소한으로 줄일 수 있다. CD 한 장에도 담을 수 있는 것이 소프트웨어이며 판매를 위한 유통 비용도 매우 적다. 이러한 특성으로 인해 후발 주자가 가격으로 경쟁할 환경이 조성되지 못한다. 스마트폰의 경우에 한국 기업들은 처음에는 애플의 제품보다 싼 가격으로 경쟁하고 끝내 성능 측면에서 따라잡는 전략을 구사해 왔다. 하지만 윈도우를 대체할 새로운 운영 체제를 개발했다고 해도 마이크로소프트와 가격으로 경쟁하는 것은 어렵다. 다양한 수단을 통해 마이크로소프트는 가격 측면에서도 우위를 점할 수 있기 때문이다. 그 실례가 1990년대 벌어진 넷스케이프(Netscape)와 익스플로어(Explore) 간의 경쟁이다. 넷스케이프가 이 경쟁에서 패한 이유는 성능, 운영 체제와 호환성 등 다양한 이유가 있었지만 당시 마이크로소프트는 끼워팔기 등을 통해 가격적인 측면에서 우위를 점했던 것이 결정적이었다.

마지막으로 우리나라 기업과 정부의 문제를 들 수 있다. 한국의 대표적인 ICT 기업의 대부분은 ICT 관련 제조업을 통해 성장했다. 이를 통해 세계적인 기업으로 성장한 후에는 새로운 시장을 개척하겠다는 의지는 보여야 함에도 불구하고 해오던 방식, 편한 방식을 고수하고 단기 이익에 집착하면서 거대한 소프트웨어 시장에 도전하는 것을 등한시했다. 삼성전자, LG전자, 팬택 등 굴지의 스마트폰 관련 기업이 있었음에도 불구하고 여전히 운영 체제는 구글에 의존하는 현실이 이를 보여준다. 스마트폰 제조를 통한 이익 달성에만 집중하니 관련 OS 등 소프트웨어가 발전할 수도 없고 이를 통해 생태계가 구성될 수도 없이 작은 시장에 안주하게 되었다. 가격 경쟁력을 가진 중국 기업 등 후발 주자의 등장은 이 시장마저 위협하고 있다.

정부의 문제는 다음과 같다. 한국 ICT산업은 대표적으로 정부에 의해 전략적으로 초기에 육성되고 시장 경쟁력을 갖춰간 분야이다. 현재까지도 한국 정부는 다양한 비전, 계획, 로드맵 등을 통해 산업이 나아갈 방향을 제시하려고 하고 있다. 정부가 산업활동이 얼마나 개입해야 하는지는 논외로 두더라도 장기적인 방향과 비전(vision)

을 일관되게 제시할 필요가 있다. 부처 간 협의도 없이 당시 유행하는 트렌드에 따라서 중구난방으로 제시되는 일련의 계획들은 산업에 도움도 주지 못할뿐더러 도리어 방해할 가능성이 크다. 애플의 사업 전략이 애플 생태계로 알려지면서 생태계란 개념이 유행한 2012년에는 각 부처가 너도나도 생태계를 구축하겠다, 구축을 지원하겠다고 나섰으나 현재까지 효과를 거둔 정책은 찾아보기가 어렵다.

3) ICT 기술 발전 속도 감소

IMD(International Institute for Management Development)는 1989년부터 매년 상반기에 『IMD 세계 경쟁력연감(*The IMD World Competitiveness Yearbook*)』을 발표하고 있다. 『IMD 세계경쟁력연감』은 경제 및 비(非)경제적 요소를 모두 포함하는 복합적 개념의 국가경쟁력을 평가하고 있다. 2015년은 기존의 평가 대상에 몽골(Mongolia)을 추가해 61개 국가를 대상으로 평가 실시했다. 이 지표는 국외 기관이 평가하는 우리나라의 경쟁력 수준을 파악할 수 있고 세부지표가 제공되어 개선해야 할 점을 중범위 수준에서 파악할 수 있다는 점에서 의의가 있다. 2015년 우리나라의 기술 인프라 순위 및 세부지표 순위는 <표 6-6>과 같다.

우선 기술 인프라 전체 순위는 13위로 나타나 2014년에 비해 하락했음을 알 수 있다. 세부지표 중 기업의 요구에 대한 통신기술의 충족도는 12위로 나타나고 있는데 2014년에 비해서는 3계단 올랐지만 ICT 강국으로 평가받는 우리나라로서는 만족할 만한 수준은 아니다. ICT 인프라 측면에서는 인터넷 대역폭 속도는 61개국에서 48위에 그치고 있어 개선이 필요함을 알 수 있다. 정보기술의 사용 용이성이라는 지표에서는 2011년 39위에 비해서는 2015년 20위로 대폭 개선되었으나 2013년에 20위를 달성한 이후 등락을 거듭하고 있다. 수준급 엔지니어 공급 정도는 2013년 23위를 달성한 이후 2014

▌표 6-6▌ 우리나라 기술 인프라 세부 지표 순위 추이

기술경쟁력 세부지표	2011	2012	2013	2014	2015	순위 변동
GDP 대비 통신 분야 투자 비중	20	20	8	8	9	↓1
3분당 국내전화요금	14	18	15	14	15	↓1
인구 천 명당 이동전화 가입자 수	41	40	42	43	44	↓1
1분당 이동전화 요금	32	30	33	14	15	↓1
기업의 요구에 대한 통신기술의 충족도*	9	4	12	15	12	↑3
사람과 기업 간에 통신 등을 이용해 접속 가능한 정도*	6	4	12	11	11	–
전 세계 사용 컴퓨터 수 대비 점유율	11	11	11	11	11	–
인구 천 명당 컴퓨터 수	19	19	19	16	18	↓2
인구 천 명당 인터넷 사용자 수	15	15	15	15	16	↓1
유선 브로드밴드 요금	27	27	34	36	37	↓1
인구 천 명당 브로드밴드 가입자 수	3	5	5	5	5	–
인터넷 대역폭 속도	45	42	47	47	48	↓1
정보기술의 사용 용이성*	39	35	20	18	20	↓2
수준급 엔지니어 공급 정도*	41	48	23	28	29	↓1
기업 간 기술 협력 정도*	31	37	37	39	35	↑4
공공 및 민간 부문 벤처의 기술 개발 지원 정도*	17	20	17	18	21	↓3
법적 환경의 기술 개발 및 응용 지원 정도*	35	37	32	34	31	↑3
기술개발자금의 충분성*	26	33	37	42	34	↑8
기술규제의 기업 발전 및 혁신 지원 정도*	31	37	38	30	30	–
첨단기술제품의 수출액	4	7	6	6	5	↑1
제조업 수출액 중 첨단기술제품 비중	5	6	7	7	6	↑1
서비스업 수출액 중 ICT 비중	–	–	–	–	41	–
사이버보안이 기업에서 절절히 다뤄지는 정도*	30	23	38	58	39	↑19
종합순위	14	14	11	8	13	↓5

주: 분야별 강점 지표(빗금 음영)는 10위 이내의 지표, 약점 지표(회색 음영)는 25위 이하를 의미, * 설문 지표

자료: IMD, IMD World Competitiveness Online 2015, 2015. 5.

출처: 한국과학기술평가원(2015).

년, 2015년 계속 하락했는데 이공계 기피 현상, 엔지니어에 대한 처우 개선 등이 해결되지 않는 이상 순위 상승이 어려울 수 있다. 기

업 간 기술 협력 정도도 35위에 그치고 있는데 기업 간 협업을 통해 기술 등 문제를 해결해 가는 방식보다는 인수합병 등을 통해 기술을 기업 내로 끌어들이는 방식을 선호하는 한국 기업의 문화 특성이 그 원인 중 하나로 여겨진다. 기술개발자금의 충분성은 34위로 낮은 편인데 공공 및 민간 부문 벤처의 기술 개발 지원 정도도 21위로 높지 않다. 법적 환경의 기술 개발 및 응용 지원 정도가 31위, 기술규제의 기업 발전 및 혁신 지원 정도가 30위로 나타나 공공 부문이 규제 개선을 통한 기업 지원 또한 원활하지 않아 보인다. 보안 측면에서는 2014년에 최악의 평가를 받았다. 이는 2013년, 2014년에 걸쳐 금융권 등 다양한 분야에 대한 해킹 문제가 발생한 것이 반영되어서라고 여겨진다. 기술 인프라 세부 지표를 보면 부족한 부분이 많음에도 불구하고 기술 인프라 전체 순위가 13위로 나타난 것은 통신 분야에 대한 투자, 국내 전화요금 수준, 브로드밴드 가입자 수, 첨단제품의 수출액 및 제조업 중 첨단제품의 순위 등이 지속적으로 높은 순위를 유지해 주었기 때문이다. 이 결과는 우리나라의 현재 환경이 기술 개발보다는 존재하는 기술이 도입해 제품을 만들고 수출하는 데 더 적합함을 보여주는 결과라고도 볼 수 있다.

ICT산업 관련 주요 국가들과 우리나라의 가술 수준 차이를 검토해 보기 위해 미래창조과학부와 한국과학기술기획평가원에서 발간하는 기술수준평가 보고서를 활용할 수 있다. 이 조사는 2년에 한 번씩 이뤄지며 ① 전자 · 정보 · 통신, ② 의료, ③ 바이오, ④ 기계 · 제조 · 공정, ⑤ 에너지 · 자원 · 극한기술, ⑥ 항공 · 우주, ⑦ 환경 · 지구 · 해양, ⑧ 나노 · 소재, ⑨ 건설 · 교통, ⑩ 재난 · 재해 · 안전 등 10대 기술 분야별 기술 수준을 평가한다.

전자 · 정보 · 통신 분야 국가전략기술의 우리나라와 주요국 간 기술 격차 및 변동 현황은 <표 6-7>과 같다.

2014년 기술 수준 평가에 의하면 전자 · 정보 · 통신 분야 최고국

표 6-7 전자·정보·통신 분야 국가전략기술의 우리나라와 주요국 간 기술 격차 변동(2012~2014)

국가	기초연구 격차(년)[3]			응용·개발연구 격차(년)[4]			기술 격차(년)[5]		
	2012	2014	증감	2012	2014	증감	2012	2014	증감
중국	2.2	1.7	−0.5	2.7	2.0	−0.7	2.4	1.8	−0.6
일본	−1.5	−1.5	0.0	−1.0	−1.0	0.0	−1.3	−1.2	−0.1
EU	−1.2	−3.1	−0.3	−0.6	−0.9	−0.3	−1.0	−1.2	0.2
미국	−3.2	−3.1	0.1	−2.5	−2.3	0.2	−2.9	−2.7	−0.2

출처: 미래창조과학부·한국과학기술평가원(2015).

은 미국이라고 볼 수 있다. 2014년에 주요국 중 전반적인 기술 수준은 미국, EU와 일본, 한국, 중국 순으로 볼 수 있다. 우리나라의 경우 최고국인 미국과 전자·정보·통신 분야에서 2012년에 2.9년 격차가 나던 전반적인 기술 수준이 2014년에는 2.7년으로 0.2년 감소했다. 일본과 격차도 1.3년에서 1.2년으로 0.1년 줄었으나 EU와의 격차는 0.2년 증가했다. 주목할 것은 중국과의 격차이다. 중국과 한국은 2012년에 한국이 중국에 비해 전반적인 기술 수준이 2.4년 앞서 있었지만 2014년에 들어서는 1.8년으로 0.6년이 줄어들었다. 우리나라의 입장에서는 선진국과의 기술 격차 간격은 더디게 좁혀지는 반면 후발 주자인 중국과의 기술 격차는 빠르게 좁혀지고 있는 것이다. 특히 응용·개발연구 격차가 빠르게 좁혀지고 있다. 이렇게 선진국을 더디게 따라가면서 후발 주자가 빠르게 추적해 올 때 넛크래커(nut cracker)될 위기라고 표현하기도 한다. 이는 중간 정도의 기술을 가진 국가가 선도 국가의 기술 수준을 따라잡지 못하고 후발 추자에게 기술 수준의 추적을 허용함으로써 시장에서 경쟁력을

3) 기초연구는 특수한 응용, 사업을 직접적 목표로 하지 않고, 자연 현상 및 관찰 가능한 사물에 대한 새로운 지식을 획득하기 위해 행해지는 이론적 또는 실험적 연구를 의미한다.

4) 응용·개발연구는 기초 연구의 결과 얻어진 지식을 이용해, ① 주로 실용적인 목적과 목표 하에 새로운 과학적 지식을 획득하거나, ② 새로운 제품 및 장치를 생산하거나, ③ 이미 생산 또는 설치된 것을 실질적으로 개선하기 위한 체계적 연구를 의미한다.

5) 기초연구 수준과 응용·개발연구 수준을 평균한 값을 최고국 100%로 재보정한 결과이다.

잃어 가는 상황을 뜻한다.

세부 기술의 주요국 간 기술 격차를 보면 <표 6-8>과 같다. 기술 대부분이 매우 빠르게 중국에게 따라잡히고 있음을 알 수 있다.

표 6-8 전자·정보·통신 분야 국가전략기술의 우리나라와 주요국 간 기술 격차

기술명	對중국 기술 격차		對일본 기술 격차		對EU 기술 격차		對미국 기술 격차	
	2012	2014	2012	2014	2012	2014	2012	2014
1. 차세대 유무선 통신 네트워크 기술(5G)	−1.9	−1.5	1.1	0.5	0.9	0.7	2.4	1.9
2. 지식기반 빅 데이터 활용 기술	−2.2	−1.6	2.5	1.4	1.6	1.4	4.0	3.4
3. 신개념 컴퓨팅 기술(양자·뉴로 등)	−1.3	−0.4	2.2	2.4	2.2	2.4	4.3	4.4
4. 데이터 분산처리 시스템 기술	−1.2	−2.0	0.9	0.5	0.8	0.5	3.0	2.3
5. 방송통신융합서비스 기술	−3.0	−1.8	0.9	0.4	1.1	0.8	2.4	1.8
6. 초고집적 반도체 공정 및 장비기술	−3.7	−3.2	1.1	1.0	0.4	0.4	2.0	2.2
7. 인간친화형 디스플레이 기술	−3.3	−2.9	0.5	0.7	−1.1	−0.8	1.6	1.3
8. 초정밀 디스플레이 공정 및 장비 기술	−3.8	−3.1	1.1	1.6	−0.8	0.5	0.7	1.3
9. 지식정보보안 기술	−1.7	−0.8	0.7	0.6	1.3	1.3	3.4	2.8
10. 가상·증강현실 기술	−1.9	−1.6	1.0	0.9	1.3	1.0	2.3	2.0
11. 지능형 인터렉티브 기술	−2.7	−1.6	2.1	1.8	2.3	2.4	4.3	3.7
12. 감성공학적 디자인 기술	−3.0	−2.5	1.6	2.1	1.5	2.9	5.0	4.4
13. 감성 인지 및 처리 기술	−2.6	−2.1	2.1	2.0	1.6	2.2	3.8	4.0
14. 신개념 사용자 경험 기술	−2.8	−2.0	0.5	1.2	0.0	1.2	2.7	3.0
15. 융합 서비스 플랫폼 기술	−1.7	−1.3	1.1	1.0	1.4	1.3	2.8	2.7
16. 초고속 반도체 디바이스 기술	−3.0	−1.8	1.7	1.6	1.1	1.0	2.6	2.7
17. 친환경 초절전형 반도체 회로 기술	−2.0	−0.8	1.1	1.8	0.7	1.6	3.0	3.2
18. 실감형 감성 콘텐츠 기술	−1.7	−1.4	0.5	0.6	0.8	1.2	1.8	2.2
19. 정보·전자·통신 분야	−2.4	−1.8	1.3	1.2	1.0	1.2	2.9	2.7

출처: 미래창조과학부·한국과학기술평가원(2015).

표 안의 명암 표시는 2014년까지 2년 이상의 기술 차이가 있는 기술들이다. 이 기술들은 상대적으로 중국과 기술 격차 측면에서 여유가 있다고 할 수 있다. 특히 우리나라의 전략 수출 상품인 반도체와 디스플레이와 관련해 초고집적 반도체 공정 및 장비 기술과 인간친화형 디스플레이 기술, 초정밀 디스플레이 공정 및 장비기술은 아직 2.9년에서 3.2년까지의 기술 격차가 나고 있어 당분간 중국에 비해 기술 경쟁력을 유지할 수 있을 것으로 보인다.

그 외 아직 기술 격차가 있는 기술들은 데이터 분산처리 시스템 기술, 감성공학적 디자인 기술, 감성 인지 및 처리 기술, 신개념 사용자 경험 기술이 있다. 이 분야들은 기술 격차로 인해 아직 중국 기업들이 본격적으로 시장에 뛰어들지 못한 분야라고 볼 수 있다. 이 기술들을 중심으로 대(對)중국 경쟁력을 확보하는 전략을 수립할 수도 있지만 문제는 이들 분야에서 우리나라도 최고국과 차이가 중국과 한국과의 차이만큼 혹은 그 이상 벌어져 있다는 점이다.

정리하자면 현재 우리나라 ICT산업의 기술 상황은 선두 주자를 더디게 따라가면서 후발 주자에게 빠른 추격을 허용하고 있다. 특히 중국의 추격이 놀라울 정도이다. 이 추세라면 향후 5년 이내 한국과 중국은 비슷한 기술 수준을 갖게 되리라고 짐작할 수 있다. 그럴 경우에 품질로 버텨왔던 우리나라 ICT산업이 큰 타격을 받을 수 있다. 이처럼 우리나라의 기술 역량이 떨어지는 이유는 앞서 IMD 세계경쟁력 지수에서 알 수 있듯이 이는 우리나라 산업환경이 전반적으로 기술 개발 및 발전보다는 기술의 활용과 제품 제작 및 판매 위주로 구성되어 있기 때문이라고 할 수 있다. 우리나라 ICT산업에서 중국시장 진출 및 중국 기업과의 경쟁은 매우 중요한 사항이기 때문에 대(對)중국 경쟁력을 지속적으로 확보할 필요가 있지만 빠르게 따라오는 중국을 상대로 향후 모든 분야에서 기술 우위를 유지하기는 어려울 전망이다. 다만, 현재 기술 격차가 상대적으로 더 있는 분야에서 중국보다 기술 우위를 유지할 필요가 있다. 하지만 이 분야 역시 현재 우리나라가 세계 1위인 반도체와 디스플레이 이외에는 선두 주자와 한국과의 기술 격차 역시 상당히 벌어져 있는 실정이다.

제 2 절 한국 정부의 ICT산업 정책

우리나라 ICT산업에서 정부는 매우 중요한 행위자이다. "산업화는 뒤처졌지만 정보화는 앞서가자"라는 구호 아래 정부는 ICT산업 분야에 전폭적인 지원을 했다. 이는 현재 우리나라 ICT 기업이 세계적으로 경쟁력을 갖추게 된 원동력의 하나라고 볼 수 있다. 여기에서는 이명박 정부와 박근혜 정부의 ICT정책을 검토하면서 성과과 비판점을 논의하고자 한다.

1 이명박 정부의 ICT산업 정책

1) 정부 조직의 변화

이명박 정부는 다음과 같은 배경에 따라 ICT산업 정책을 추진했다. 우선 글로벌 외환위기라는 외부로부터 온 거시경제 충격을 극복해야 했다. 이를 위해 신성장 동력을 발굴하고자 했으며 <표 6-9>와 같이 3개 분야 17개 신성장 동력 목록을 제시했다.

<표 6-9>에서 알 수 있듯이 이명박 정부의 ICT산업 정책의 큰 방향은 ICT산업은 다른 분야와 융합을 통해 시너지 효과를 낼 수 있도록 하는 것이었다. 그 일환으로 2000년대 초반부터 활발하게 논의되던 방송과 통신 융합 추세에 대응하기 위해 방송통신위원회를 신

▌표 6-9▌ 이명박 정부가 제시한 3개 분야 17개 신성장 동력

분야	신성장동력	선정 사유
녹색 기술 산업	1. 신재생에너지	기후 변화·자원위기 해결 능력 및 미래 거대 시장 잠재력 등
	2. 탄소 저감 에너지	기후 변화·자원위기 대응, 우리나라 잠재력 유망
	3. 고도 물처리	녹색성장 연관성 및 미래 시장 유망 등
	4. LED 응용	에너지 절약 및 시장 잠재력 등
	5. 그린 수송 시스템	전후방 산업 파급 효과 및 세계시장 유망 등
	6. 첨단 그린도시	삶의 질 향상 및 일자리 창출 등
첨단 융합 산업	7. 방송통신 융합산업	국내 IT경쟁력 및 신시장 창출 등
	8. IT융합 시스템	주력산업(조선 등)의 경쟁력을 IT를 활용해 지속적으로 확보
	9. 로봇 응용	전후방 산업 효과 및 세계 시장 유망 등
	10. 신소재·나노융합	다른 산업 필수 기반산업 및 신산업 창출 등
	11. 바이오제약(자원)·의료기기	세계 유망시장 및 신산업 창출 등
	12. 고부가 식품산업	미래 식량자원 문제 해결 및 고부가가치화 등
고부가서비스 산업	13. 글로벌 헬스케어	일자리 창출 효과 및 새로운 비즈니스 모델 창출
	14. 글로벌 교육 서비스	일자리 창출 효과 및 새로운 비즈니스 모델 창출 등
	15. 녹색 금융	다른 산업 필수 기반산업 및 새로운 비즈니스 모델 창출 등
	16. 콘텐츠·소프트웨어	일자리 창출 효과 및 세계시장 유망 등
	17. MICE·융합관광	일자리 창출 효과 및 새로운 비즈니스 모델 창출 등

출처: 대한민국 정부(2014).

설했다. 또한 실물경제 융합과 지식정보화 흐름에 대응해 지식 기반형, 기술 혁신형 경제로 탈바꿈을 유도하는 전략을 추진하기 위해 ICT 진흥 정책을 지식경제부로 이관했다. 이전까지 ICT 산업 전반을 담당하고 있던 정보통신부는 폐지되고 ICT정책을 방송통신위원회, 지식경제부, 행정안전부, 문화체육관광부 등 네 부처로 분산되었다.

2) 이명박 정부 ICT산업 정책 추진 내용

<표 6-10>은 이명박 정부에서 수행해 온 ICT산업과 관련된 정

책들이다. 이명박 정부의 경제 정책 기조는 녹색 성장이었다. ICT산업 정책도 이에 맞춰 에너지 문제 및 환경문제에 대응할 수 있도록 관련 기술과 융합·발전할 수 있도록 추진되었다.

표 6-10 이명박 정부 기간 중 수행되어 온 ICT산업 관련 정책 내용

계획	내용
국가정보화기본계획 (2008~2012)	창의와 신뢰의 선진 지식정보사회 비전을 구현하기 위해 창의적 소프트 파워, 첨단 디지털 융합 인프라, 신뢰의 정보사회, 일 잘하는 지식정부, 디지털로 잘사는 국민 등 5개 목표, 20대 의제, 72개 과제 제시
국가정보화실행계획 (2009~2012)	IT 산업의 수요 확대, 일자리 창출 등 경제위기 극복에 기여하고, 정부효율화, 국민·기업의 행정 부담 경감 등 통한 국가경쟁력 제고 목표로 205개 추진 과제 제시
소프트웨어산업 발전전략	SW산업 균형발전과 상생, SW 기술경쟁력 확보와 중소 SW사업자의 공공정보화사업 참여 확대를 위해, 품질 경쟁력 강화를 위한 대기업 참여 사업금액 하한의 상한 조정 및 국계법/SW산업진흥법 개정으로 SW분리 발주
그린 IT 국가전략	IT 통한 녹색성장을 위해 에너지와 환경문제에 대응하는 IT 산업 전략
신성장동력종합추진계획	녹색기술산업, 첨단융합산업, 고부가 서비스산업 등 3대 분야 17개 신성장 동력 중 IT는 방송통신 융합, IT융합, 콘텐츠·SW 등 3개 산업이 직접 연관
IT KOREA 5대 미래전략	IT 융합, SW, 주력 IT, 방송통신, 인터넷 등 5대 핵심 전략 추진 및 2009~2013년간 189.3조 원(정부 14.1조 원, 민간 175.2조 원) 투자
무선인터넷 활성화추진계획	무선인터넷의 국제적 경쟁력 강화 차원에서 이용자 신뢰도 제고 및 핵심 콘텐츠 활성화 도모
사물통신 기반 구축 기본계획	미래 방송통신 융합 시대에 대비하는 유무선 통신 인프라 구축전략
클라우드 컴퓨팅 활성화종합계획	IT 기반의 녹색성장의 구체적 기술전략으로 클라우드 컴퓨팅의 기반 및 활용 추진
소프트웨어강국 도약전략	공공시장의 제도 개선을 통한 건전한 생태계 조성 및 임베디드 SW 집중 육성으로 SW 신시장 창출
공생발전형 SW 생태계 구축전략	SW 공정거래질서 확립, SW 기초체력 강화, SW 융합 활성화, 지속적 추진 체계 확보 등 4대 핵심 정책 부문과 11개 정책과제

출처: 방송통신위원회·한국정책학회(2012).

3) 이명박 정부 ICT산업 정책의 성과와 비판

2012년 4월에 열린 제28차 국가경쟁력강화위원회에서는 이명박 정부의 ICT정책의 성과를 <표 6-11>과 같이 제시하고 있다.

표 6-11 이명박 정부 ICT정책 성과

성과	내용	정책
IT와 산업 간 융합 촉진	주력산업 고부가가치화와 글로벌 수출 성과 달성 융합 IT제품의 글로벌 경쟁력 제고	IT KOREA 미래전략(2009), IT융합 확산 전략(2010), 산업융합촉진법 제정(2011), SW강국 도약전략(2010), 차세대 모바일 주도권확보전략(2011), 콘텐츠 산업진흥 기본계획(2011)
방송통신 융합 기반 확충	세계적인 IT인프라 고도화로 본격적인 4G 시대로 전환 스마트 미디어 시대 개막과 대중화 선도	인터넷멀티미디어방송사업법 제정(2008), 방송통신미래서비스전략(2010)
공생발전 생태계 조성	HW 대비 취약한 SW, 콘텐츠 산업의 도약 IT중소기업의 수출 및 고용 증대	산업발전법 개정(2011), SW산업진흥법 개정 추진(2011~), 중소기업전용 TV홈쇼핑 설립(2012)
국민생활의 스마트화	취약계층 정보 격차의 완화 정보보호 관리체계 정비 및 스마트워크 · 스마트정부 · 스마트교육 등 본격 추진	개인정보보호법 제정(2011), 미래인터넷 발전전략(2011), 사이버안보 마스터플랜(2011), 스마트워크 추진전략(2010), 스마트전자정부 계획(2011), 스마트교육 추진전략(2011)

출처: 국가경쟁력강화위원회(2012.4).

이명박 정부의 ICT산업 정책에 대한 비판은 다음과 같이 제시되고 있다. 우선 ICT 관련 조직 개편으로 정보통신부가 폐지되므로 인해 진흥과 규제, 정책과 현장의 분절적 현상이 나타났다는 비판이 있다. 이명박 정부에서 콘텐츠(C)-플랫폼(P)-네트워크(N)-기기(D)로 구성된 ICT 생태계는 문화부, 행정안전부, 지식경제부 및 방송통신위원회로 분할되었다. 분할된 기관들은 이명박 정부 임기 동안 협의를 통해 통합된 모습으로 ICT정책을 제시하지 못하고 중복적이고 일관성을 상실한 종합계획을 남발했다는 지적이다.

다음으로 스마트 시대의 도래 이후 콘텐츠(C)－플랫폼(P)－네트워크(N)－기기(D)를 아우르는 생태계의 구축이 요구되었음에도 불구하고 조직이 나뉜 네 부처가 통일된 목소리를 내지 못해 기업들에게 방향을 제시하시 못하고 도리어 혼란을 가중시켰다는 평가이다. 그뿐만 아니라 ICT 정책 기능이 분산되어 국민과 고객에 대한 접촉 창구가 다원화되었다는 문제점도 지적되고 있다.

또한 대기업 주도의 경제 성장을 추구하다 보니 대안으로 ICT를 기반으로 하는 중소기업, 벤처산업, 스타트업을 활성화하고 청년 일자리를 창출해 성장을 견인할 수 있는 기회를 잃었다는 지적도 존재한다. 윤건・이건(2013)이 우리나라 ICT 기업 및 전문가들을 대상으로 한 설문조사를 통해 제시한 연구에서는 정책 대상자와 전문가의 평균 점수는 각각 3.49, 3.03으로 두 집단 모두 ICT산업에 대한 정부의 역할이 '소극적'이라고 평가했다. 그리고 C－P－N－D에 대한 균형적인 투자가 이뤄지고 있는지에 대한 평가에 대해서는 1점(균형)에서 10점(불균형)까지의 척도에서 정책 대상자들의 평가 점수는 7.11, 전문가의 평가 점수는 7.93으로 두 집단 모두 정부의 ICT 투자가 불균형적이라고 평가했다.

2 박근혜 정부의 ICT산업 정책

1) 정부 조직의 변화

박근혜 정부는 이명박 정부 시기에 ICT정책에 대한 비판을 수용하고 경제 기조로 내건 '창조경제' 구축을 위해 미래창조과학부를 신

표 6-12 박근혜 정부의 ICT산업 조직 개편

구분	산업통상자원부	방송통신위원회	행정자치부	문화체육관광부
존치	임베디드SW	방송통신(규제) 주파수(방송용) 편성평가정책 방송 광고정책 · 진흥기획 방송정 책기획 · 채널정책 지상파방송정책 개인정보윤리	전자정부 정부통합전산센터 국가데이터베이스 개인정보 보호	문화산업정책 영상콘텐트산업 게임콘텐트산업 ICT R&D 컴퓨터 그래픽 인력 양성
이관	SW산업 SW융합 SW진흥	방송통신(진흥) 주파수(통신용) 방송통신 진흥정책 · 녹색기술 융합정책 전파 정책기획 · 방송관리 디지털방송정책 뉴미디어정책 통신정책 기획 · 경쟁정책 · 이용제도 · 자원정책 네트워크 기획 · 정보 보호 인터넷정책 지능통신망 정보 보호	국가 정보화 기획 정보문화 기능 정보통신산업 정보통신정책	디지털콘텐트 데이터베이스산업 스마트 콘텐트 방송통신 콘텐트

출처: 정충식 · 진영빈(2013).

설했다. 박근혜 정부에서는 콘텐츠(C)－플랫폼(P)－네트워크(N)－기기(D)를 아우르는 생태계의 구축을 위해 ICT 관련 정책 기능을 미래창조과학부에 이관하고자 했다. 하지만 야당의 견제 등 정치적인 이유로 인해 ICT 관련 정책 기능이 모두 미래창조과학부에 이관되지는 못했다. <표 6－12>는 미래창조과학부로 이관된 기능을 정리한 것이다.

미래창조과학부는 박근혜 정부의 ICT 중심 조직이라고 할 수 있으며 <표 6－13>과 같은 조직과 기능을 가지고 있다.

표 6-13 미래창조과학부의 조직과 기능

조직		주요 기능
본부	1차관 (창조경제 및 과학기술)	창조경제 실현전략 수립·추진 과학기술정책 총괄, 연구개발 예산 배분·조정·평가 기초·거대과학정책의 추진 신성장 동력 발굴 기획 및 산업기술 연구개발 산·학·연 협력 및 과기 분야 정부출연 연구기관 육성·지원 과학벨트 및 연구개발특구 육성
	2차관 (정보통신방송)	방송통신 융합, 방송 진흥, 전파관리 ICT 연구개발 및 산업 진흥 소프트웨어 산업·융합 및 디지털 콘텐츠 국가정보화 기획·정보보호·정보문화 과학기술 및 정보통신 인재 양성 통신 및 전파 정책 기획
소속 기관	국립중앙과학관	과학기술 분야 자료 수집, 연구, 전시, 교육, 행사 등
	국립과천과학관	과학기술 분야 자료 수집, 연구, 전시, 교육, 행사 등
	우정사업본부	우편·예금·보험사업 운영
	국립전파연구원	전파자원 및 전파 이용 방법의 개발·연구 등
	중앙전파관리소	불법 무선국 단속, 전파감시 및 혼신조사·제거 등

출처: 미래창조과학부(2014).

2) 박근혜 정부 ICT산업 정책 추진 내용

박근혜 정부의 ICT정책은 '창조경제'라는 경제 정책의 큰 틀 안에서 이뤄지고 있다. 박근혜 정부는 ICT 산업의 글로벌 경쟁력을 높여 새로운 시장과 양질의 일자리를 창출을 목표로 한다. 이명박 정부와 비교하면 박근혜 정부의 ICT정책도 융합을 강조한다. 이명박 정부에서는 전방위적인 비(非)ICT 산업과의 결합을 추구했다면 박근혜 정부에서는 ICT와 콘텐츠 분야와 융합을 강조하고 있으며 이를 통한 창업을 강조한다. 이 정부의 ICT 정책 방향은 <표 6-14>와 같다.

2015년 미래창조과학부 업무 보고에 따르면 2015년 현재 <표 6-15>와 같은 방향으로 ICT산업 정책이 추진되고 있다.

표 6-14 박근혜 정부의 ICT정책 방향

일자리 창출	행복 기술	전산업에 ICT 융합으로 신시장, 신일자리 창출, 스마트 워크 추진
	창업Korea	대학에 창업기지 건설, 실버창업교육센터, 단계별 창업 지원 시스템(패자부활환경 등), 콘텐츠 창업 적극 지원
	K-move	벤처기업 해외 진출 확대, 청년 해외취업 대폭 확대
정부혁신 (Gov 3.0)	투명한 정부	공공정보 전면 개방
	유능한 정부	국가클라우드컴퓨팅센터, 빅데이터기반 미래예측 지원, 데이터 거버넌스 체계
	서비스 정부	부처 간·민간 간 협력 강화, 수혜자 유형별 행정 서비스
ICT산업 활성화	ICT생태계	자유로운 인터넷 환경 조성, WIFI1만 개소, 기가인터넷, LTE 보다 40배 빠른N/W, 글로벌 표준의 다양한 공인인증 서비스
	산업 육성	엔젤 투자 확대 및 창업 활성화, 정보통신아카데미 설립, 정보통신기술거래소 설립
	콘텐츠	콘텐츠코리아랩, 콘텐츠거래소, 아이디어인큐베이팅시스템, 콘텐츠영재 1천만 육성, 위풍당당 콘텐츠코리아펀드
	SW산업	공공 차원 제도적 지원(법령 개정, 저가 수주 및 임금문제 등), 응용 소프트웨어 육성 및 활성화, SW기반 생태계 조성 및 브레인웨어 시대 개척

출처: 한국정보화진흥원(2013b).

표 6-15 2015년 미래창조과학부의 ICT산업 정책 추진 내용

목표	내용
창조경제 확산의 모멘텀 확보	기업성장 단계별 활성화 대책 마련 등으로 창조경제 생태계 기반 확충 창조경제혁신센터와 창조경제타운을 통해 성과 창출 기반 구축
과학기술을 통한 신산업 창출 역량 강화	범부처 국가 과학기술 정책을 총괄·기획·조정 기능을 차질없이 수행 ICT에 이어 대한민국을 먹여 살릴 미래 유망산업 핵심 어젠다 발굴 중소·중견기업 기술 파트너로서 출연(연)의 지원 기능을 더욱 강화
ICT 산업 고도화의 초석 마련	ICT 분야 정책 컨트롤 타워 신설 및 글로벌 정책·외교 강국 도약 2014년 사상 최대 ICT 수출(1,739억 달러) 달성 SW중심사회 원년 선언을 통해 SW 붐업 환경 조성
국민 부담 완화를 위한 규제개혁 선도	경제적 파급 효과가 큰 핵심 규제 개선 국민 부담 완화를 위한 기존 규제 정비

출처: 미래창조과학부(2015).

3) 박근혜 정부 ICT산업 정책의 성과와 비판

현 정부의 ICT산업 정책이 진행 중이기 때문에 성과를 평가하는 것은 시기적으로 이를 수 있다. 현상을 보자면 2013년에서는 국내 IT산업 수출은 9.1% 증가한 1,694억 달러로 총수출액의 30.3%를 차지하며 무역수지 흑자를 견인했고, ICT산업의 경제 성장 기여율은 20% 대에서 30%대로 상승했다. 또한 2014년에는 2013년보다 2.6% 증가한 1,738.8억 달러 수출을 달성했다. 이로 볼 때 박근혜 정부의 ICT산업 정책은 어느 정도 효과를 거두고 있다고 볼 수 있다.

한편으로는 다음과 같은 문제들이 지적되고 있다. 우선 창조경제라는 개념이 확실하지 않다는 점이다. ICT산업 정책은 창조경제라는 정부의 정책 기조 안에서 이뤄지는데 창조경제의 개념이 모호하니 ICT산업 정책도 방향성을 잃게 될 수 있다는 우려가 있다. 다음으로 미래창조과학부의 역할 문제이다. 애초에 미래창조과학부는 콘텐츠(C)－플랫폼(P)－네트워크(N)－기기(D)를 아우르는 생태계의 구축을 지원하고 각 분야 정책 대상자들의 의견을 하나의 창구를 통해 받아들이기 위해 설립된 조직이다. 그럼에도 불구하고 조직 설립 당시 ICT 관련 기능을 모두 이관받지 못하고 ICT와 과학기술을 같은 조직에 두는 바람에 조직의 역할이 모호해졌다는 지적이 있다.

제 3 절 한국 ICT산업 정책의 발전 방향

1 기본 방향

우리나라 ICT산업 정책의 기본 방향은 다음과 같다. 우선 생태계 관점에서 산업정책을 재구성해야 한다. ICT산업 분야에서 생태계라는 개념은 이제 낯설지 않은 개념이다. 그럼에도 불구하고 우리나라 ICT산업 분야에서 생태계를 구성하기 위한 시도를 찾기는 어려운 실정이다. 생태계를 구성하는 기반인 플랫폼의 중요성이 강조됨에도 불구하고 기존에 있는 플랫폼에 참여자로서 참여할 뿐 플랫폼을 구성하려는 시도가 적다. 스마트 시대에 정부의 ICT산업 정책은 생태계 관점에서 이뤄져야 한다. 정책 대상자들 간 생태계를 구성하도록 유인하고, 나아가 정보와 자원 부족으로 참여를 못하고 있는 대상에게는 적절한 정보와 자원을 지원해 줄 수 있어야 한다.

다음으로 ICT 생태계가 원활히 작동될 수 있도록 지원 및 촉진하는 역할을 해야 한다. 우리나라 ICT 산업은 정부가 선도한 대표적인 산업 분야이다. 당시는 정부보다 정보가 풍부하고 인재가 많은 기업이 드물었고, ICT 기술의 발전 양상 및 소비자들의 요구가 지금처럼 복잡하고 다양한 시기가 아니어서 가능했다. 현재 한국 ICT 기업들은 세계적으로도 경쟁력을 인정받고 있으며 정부만큼이나 뛰어난 정보력과 인재들을 갖추고 있다. 이런 상황에서 정부가 섣불리 정책 대상을 선도하려 한다면 정책 불순응과 실패가 일어날 가능성이 높다. 따라서 ICT 관련 기업들이 각자의 사업, 파트너와의 협업 등을 원활히 해나갈 수 있도록 제도 및 규제 개선 등에 역량을 집중할 필요가 있다.

마지막으로 사물 인터넷(IoT), 커넥티드 카(connected car), 웨어러블 디바이스(wearable device), 빅 데이터(big data) 등 새로운 기술에 대응할 필요가 있다. ICT 분야는 기술 발전 속도가 매우 빠르다. 현재 핵심 기술이 언제 구시대의 기술이 될지 예상하기도 어렵다. 그럼에도 불구하고 새로운 기술을 수용하는 것은 기업들에 위험 부담을 주게 된다. 위험에 대한 걱정으로 머뭇거리는 사이에 후발 주자가 되고, ICT 분야에서는 후발 주자는 대부분의 경우에 경쟁에서 매우 불리하다. 따라서 정부는 새로운 기술의 위험 및 가능성에 대해 면밀히 검토하고 기업들에게 이 정보를 제공할 필요가 있다. 새로운 기술에 대한 상세한 정보가 있다면 기업들은 수용 여부를 결정하는 것이 한결 쉬워진다. 이때 중요한 것이 정보 공유이다. 정부가 새로운 기술에 대해 철저하게 조사하고 검토를 했다고 해도 해당 결과물이 공유되지 않는다면 그 조사는 무용지물이다. 정보보안에도 주의를 해야겠지만 그로 인해 필요한 기업이 해당 정보를 사용하지 못하는 경우는 없어야 한다.

2 구체적 방향

1) 협업을 조성하는 정책 필요

ICT산업 정책에서 요구되는 협업은 크게 세 가지이다. 우선 민간과의 협업이다. 정부는 이전의 산업을 선도하는 입장에서 벗어나 민간 주도의 정책을 형성할 필요가 있다. 특히 플랫폼 구축 역량이 낮은 한국의 입장에서는 스마트폰(smartphone), 스마트 TV(smart TV), 웨어러블 디바이스 등 다양한 플랫폼 사업자들과 수평적인 관계에서 ICT 정책을 논의하고 형성해 나갈 필요가 있다.

다음으로는 글로벌 협업이다. 국내 기업의 국외 진출, M&A 추진, 외국 기업과 협업 추진 등에서 정부는 국내 기업의 특허 보호, 협업을 위한 정보 제공 등 다양한 역할을 통해 이를 촉진해야 한다.

글로벌 협업 대상 중 중국과의 협업에서 전향적인 자세가 필요하다. 이전에 중국과의 협업은 한국이 기술 및 자본을 제공하고 중국이 생산기지 역할을 했다면 이제는 중국과 대등한 파트너십 구축이 필요하다. 중국과 같이 큰 시장을 가진 나라에는 한국이 매력적인 협업 상대라는 것을 적극적으로 나타낼 필요가 있고 정부가 이 역할을 해야 한다. 구체적으로는 중국과 협업의 시작점으로서 중국과 협업을 할 수 있는 아이템을 개발하고 이에 참여할 한국 기업들을 모집할 수도 있다. 예를 들면 한국은 2G, 3G, LTE, LTE－A가 동시에 제공되는 이동통신 환경을 갖추고 있으며 다양한 통신기기가 사용된다. 이는 이동통신 기기와 IT 서비스의 안정성 등을 시험하기에 매우 적합한 조건이다. 인구가 많은 중국에서는 향후 다양한 통신 세대들과 통신 기기들이 동시에 사용될 가능성이 높다. 그때를 대비한 중국 기업 제품 시범 사용이 한국에서는 가능할 것이다.

마지막으로 부처 간 협업이다. 현재 미래창조과학부가 ICT 주무 부서로 활동하고 있지만 ICT와의 융합이 강조되는 이때에는 다양한 부처들이 정책 국면에서 행위자가 될 수 있다. 이때 각 부처의 이익과 권한을 내세우기보다는 생태계 관점에서 문제에 접근해 해결할 필요가 있다.

2) 전향적인 규제 체계 형성

ICT산업이 발전하기 위해서는 전향적 규제 체계를 형성할 필요가 있다. 클라우드 컴퓨팅(cloud computing), 빅 데이터(big data), 스마트 헬스케어 서비스(smart health care service), 스마트 시티(smart city) 등 새로운 서비스 도입에 현재의 규제가 장애가 되지 않도록 적극적이고 전향적인 규제 개혁이 필요하다.

과도한 규제가 적용된 다양하게 찾아볼 수 있다. 우리나라의 의료기기법상 의료기기에 대한 정의가 광범위하게 되어 있다. 이에 따라서 단순한 건강관리 및 예방 기기도 의료기기로 간주되어 엄격한 규제를 적용받는다. 스마트폰에 단순 건강관리 기능이 포함된 경우, 스마트 기기에 연결되는 스마트 헬스케어 제품 등도 의료기기 제조업 허가와 제품별 제조 허가를 받아야 되는 식의 복잡한 각종 인허가 절차가 적용된다.

갤럭시 S5에 내장된 심박수 측정 센서도 의료기기법상 허가 문제로 비활성화된 채 시판되었다가 식품의약품안전처에서 운동 및 레저용 심박수 측정기기는 체온, 혈압, 혈당과 같은 질병의 진단 및 치료 등 의료 목적과는 차이가 있다는 판단에 따라 의료기기 범주에서 제외하기로 하여 판매가 허가된 바 있다. 산소포화도 센서를 갖춘 갤럭시 노트4가 출시되면서 똑같은 논란이 벌어졌었다(송민선, 2014).

또한 핀테크 산업이 부상하고 있지만 인터넷 전문은행에 대한 금산 분리 규제가 발전을 가로막고 있다고 지적된다. 중국의 알리바바(Alibaba)나 미국의 페이팔(PayPal) 등 글로벌 기업과 경쟁하려면 서비스에 승부를 걸어야 하는데 여기에 가장 걸림돌이 금산 분리 규제라는 것이다(한국인터넷진흥원, 2015).

3) ICT 정책조직의 변화

ICT산업에 대한 정책이 방향성을 잃지 않기 위해서는 ICT 정책조직도 중요하다. 현재 ICT 분야에 관련된 정부 조직은 미래창조과학부, 방송통신위원회, 문화체육관광부, 산업통상자원부, 행정자치부, 중소기업청 등이 있다. 이들이 제시하는 ICT 관련 정책은 일반적으로 중복 여부 등이 사후적으로 조정된다. 사후 조정도 중요하지만 사전 기획 단계에서 조직 간 협력하고 조정될 필요가 있다. 이를 위해 미래전략수석의 기능을 기후 변화 등 환경문제보다는 미래 먹거리 창출을 위한 정책 기획 조정, 규제 개혁, 더불어 ICT와 과학기술의 결합 등의 이슈에 초점을 맞출 필요가 있다. 또한 정보통신전략위원회를 정부 3.0위원회와 더불어 태스크포스, 워킹그룹의 형태로 개편할 필요가 있다. 이를 통해 ICT와 관련된 이슈에 대해 실질적으로 위원회가 작동하도록 해야 한다. 장기적으로 '정보매체혁신부' 등 ICT생태계를 지원할 수 있는 전담 행정조직의 설치를 고민해야 한다.

참고 문헌

국내 문헌

강원택・윤성이・조희정・이상신 (2012). SNS를 활용한 정치홍보 연구: 19대 총선 사례를 중심으로. 한국언론진흥재단.

고경민・송효진 (2007). 인터넷 확산과 민주주의의 관계: 사회경제적・지역적 요인별 비교연구. 국가전략, 13(3).

고한석 (2013). 빅데이터 승리의 과학, 서울: 이지스퍼블리싱.

과학기술정책연구원 (1998). 출연연구소의 구조조정 실태. 과학기술정책(1998.12).

관계부처 합동 (2013a). 창조경제 실현계획.

——(2013b). 공공데이터의 제공 및 이용 활성화 기본계획(13년~17년).

국가경쟁력강화위원회 (2012.4). IT 성과와 향후 과제. 제28차 국가경쟁력위원회 회의자료.

국가법령정보센터. www.law.go.kr.

국회입법조사처 (2013). 19대 국회의원 인터넷・SNS 이용 현황과 특징. NARS 정책보고서 제28호.

권헌영 (2009). 인터넷 규제를 위한 규범 형성의 과제. 토지공법연구, 46.

김기봉・최태정 (2014). 미 NIC 「Global Trends 2030」 주요 내용 및 시사점. 한국과학기술기획평가원. 조사자료.

김난도・이준영・김정은・이향은・권혜진・전미영 (2010). 트렌드 코리아 2011. 서울: 미래의 창.

김대기・주원균・김은진・이용호 (2014). 공공데이터 유형화를 위한 분류체계 설계에 관한 사례 연구: 미래창조과학부 산하기관의 공공데이터를 중심으로, 디지털정책연구, 12(4).

김동완 (2013). 빅데이터 분야별 활용 사례, 경영논총, 34.

김동욱 (2014). 스마트지식사회의 기회와 도전: 기술 발전, 위험 확산, 그리고 정책 대응. Social Science Korea(SSK) 중형 단계 진입 보고서.
김동욱 외 (2012). 다가온 미래: 스마트 라이프. 서울: 삼인.
김성옥 (2013). 한중 ICT산업 발전 현황 비교 및 대응 방안. 정보통신정책연구원. Premium Report.
김성옥 외 (2013). 중국 인터넷 기업 해외 진출에 따른 한중 협력 방안 연구. 경제・인문사회연구회 중국종합연구 협동연구총서.
김성태 (2011). 스마트사회를 향한 대한민국 미래전략. 서울: 법문사.
김유승 (2014). 기록으로의 공공데이터 관리를 위한 제도적 고찰: 공공데이터의 제공 및 이용 활성화에 관한 법률 분석을 중심으로. 한국기록관리학회지, 14(1).
김정언 (2010). 스마트워크 추진 현황과 활성화 방안. 정보통신정책연구원. Premium Report.
김제완・이동훈・배성훈 (2014). 공공데이터 민간 활용에 관한 몇 가지 법적 쟁점. 법조, 63.
김종업・최종석・최현재 (2013). 공공데이터 개방과 활용: 영국의 사례를 중심으로. 한국지방정부학회 2013 동계학술대회 발표논문집.
김주원 (2011). 스마트 공공보건의료 서비스 도입 방안. IT정책연구시리즈, 7호. 한국정보화진흥원.
김준환・이항 (2012). 소셜러닝 참여 의도에 영향을 미치는 변인 탐색. e-비즈니스연구, 13(2).
김화섭 (2011). 중국 제12차 5개년 계획의 평가와 시사점. 산업연구원. KIET 산업경제.
대외경제정책연구원 (2005). 중국 경제발전전략 변화가 한국에 주는 기회와 위협.
대한민국 정부 (2014), 이명박정부 국정백서 6권.
디지털조선일보 (2014). "구글, 페이스북, 아마존, 애플을 위협하는 중국 IT 기업들." 검색일 2015.7.20.
매일경제 (2013). "이스라엘을 통해 배우는 '창조경제'." 2013년 3월 18일. http://bizion.mk.co.kr/-bbs/board.php?bo_table=trend&wr_id=74
미디어리서치. www.mediaresearch.co.kr
미래창조과학부 (2013). 2013 소프트웨어산업 연간보고서.
——(2014a). 2014 과학기술연감.
——(2014b). 미래창조과학부 업무계획.
——(2015). 미래창조과학부 업무계획.
미래창조과학부・한국과학기술평가원 (2015). 2014년 기술수준평가.
박원준 (2014). 창조경제 기반 조성을 위한 공공데이터 개방과 활용 사례. 동향과 전망: 방송・통신・전파, 통권 제72호.
박치성・명성준 (2009). 정책의제 설정 과정에 있어 인터넷의 역할에 관한 탐색적 연구:

2008년 미국산 쇠고기 재협상 사례를 중심으로. 한국정책학회보, 18(3): 41-61.
방송통신위원회(2010). 종합편성 및 보도전문 방송채널 승인 기본계획 의결 보도 자료.
——(2011). 글로벌 스마트워크 강국 구현을 위한 스마트워크 활성화 본격 추진. 보도 자료, 2011.1.6.
——(2012). 민간 부문의 클라우드 도입 실무 가이드라인: 퍼블릭·프라이빗 클라우드를 중심으로.
——(2013a). 2013년 방송산업 실태조사 보고서.
——(2013b). 방송매체 이용 행태 조사.
——(2013c). 「2012년도 방송에 대한 평가 결과 공개」 보도자료.
——(2013d). 동향과 전망: 방송·통신·전파, 통권 제60호.
——(2013e). 2013년도 방송시장 경쟁 상황 평가.
——(2013f). 방송콘텐츠사업 실태조사 및 진흥계획 수립.
——(2013g). 2013년도 방송사업자 재산 상황 공표 자료.
——(2014a) 미 유료TV의 온라인 동영상 서비스 현황. 트렌드 포커스.
——(2014b) 온라인 동영상 서비스 이용자 조사. 현장 서베이.
——(2014c). 「방통위, 2014년도 종편·보도PP 재승인 의결」 보도자료.
——(2014d). 「방통위, '13년도 종합편성 및 보도전문 PP 사업계획 이행 실적 점검 결과 발표」 보도자료.
——(2014e). 방송매체 이용 행태 조사.
방송통신위원회·한국정책학회(2012). ICT산업 경쟁력 제고를 위한 방송통신 산업 실태 파악 및 발전 방안 연구.
방송통신전파진흥원(2013). 동향과 전망: 방송·통신·전파, 통권 제60호.
배병환·안인회(2015). 중국 ICT 기업 동향 분석 및 시사점. *Internet & Security*, 3월호.
백준봉 외(2013). 한중 FTA 추진 동향 및 ICT 분야 주요 이슈. KT경제경영연구소.
산업통상자원부. 2015년 1월 9일 보도자료.
삼성경제연구소(2013). 스마트 뉴딜(New Deal): 공공데이터 개방과 기업의 활용. *CEO Information*.
선여미·김학균(2010). IT 기반으로 실현되는 Flexible Working. KT경제경영연구소.
소프트웨어정책연구소. http://spri.kr/
손강렬·임종태(2009). 품질문제 요인분석을 통한 데이터 품질 개선방안 연구: 국가R&D 정보 연계 방식 중심. 한국콘텐츠학회논문지, 9(1).
손현진(2013). 경제사회 활성화를 위한 디지털 공공정보 개방에 대한 법제 개선 방안 연구. 한국법제연구원.
송민선(2014). 의료·ICT 융합 관련 규제 현황. 정보통신정책연구, 26(23).

송석현 (2013). 정부 3.0 실현과 일자리 창출을 위한 공공데이터 개방 및 이용활성화. 월간자치, 8월호.

송효진 (2013). 공공정보의 민간개방 사례와 향후 정책 전망. 지역정보화 동향분석, 제3호.

송효진 · 황성수 (2014). 정부3.0 추진에 따른 공공데이터 개방과 지방정부의 방향성 모색: 공공데이터법에 관한 이해와 개방 사례를 중심으로. 한국지역정보학회지, 17(2).

신태섭 (2011). 종편채널 출범과 미디어렙법 소고. 광고연구, 91.

신태용 · 김화섭 (1996). 중국의 산업정책 전개와 한 · 중 산업협력 방안. 산업연구원.

신현기 · 우지숙 (2011). 트위터에서 일어나는 정치적 담론활동에 대한 탐색적 연구: 2010년 6 · 2 지방선거 관련 트윗글 내용분석을 중심으로. 언론과 사회, 19(3).

안전행정부 (2011). Smart 정부시대 일하는 방식 선진화 방안연구 최종보고서.

——(2014a). 공공데이터 관리지침(2014.03.06).

——(2014b). 보도자료(2014.06.11).

——(2014c). 제3회 공공데이터전략위원회 회의 자료(2014.09.16).

——(2014d). 보도자료(2014.09.17).

어윤봉 (2007). 중국의 IT 정책 동향. 주간기술동향, 통권 1288호.

양건문 (2007). 중국 산업정책 변화와 한 · 중 산업협력 방향. KIET 산업경제.

양윤직 (2013). 종합편성 채널의 현황과 과제. KAA 2013.03.04.

연합뉴스 (2013). "非ICT 산업, 14년 연속 무역적자." 최현석 기자. 2013.12.16.

윤건 · 이건 (2013). 국내 ICT산업정책의 방향성 탐색을 위한 전문가 델파이 연구. 행정논총, 51(1).

윤성이 (2003). 16대 대통령 선거와 인터넷의 영향력. 한국정치학회보, 37(3).

——(2012). 소셜 네트워크의 확산과 민주주의 의식의 변화. 한국정치연구, 21(2).

윤소영 (2013). 공공데이터 활용을 위한 링크드 데이터 국가 연계체계 구축에 관한 연구. 정보관리학회지, 30(1).

윤홍근 (2014). 종합편성채널의 브랜드 정체성과 브랜드 체계. 한국콘텐츠학회논문지, 14(2).

이문형 · 정만태 · 김석진 (2005). 중국 제11차 5개년계획의 산업정책 방향과 시사점. 산업연구원.

이문형 외 (2011). 중국 제12차 5개년 계획의 방향과 우리의 대응. 산업경제연구원.

이민훈 · 박창식 · 양수진 (2011). 마을을 여는 체험 마케팅. *CEO Imformation*.

이보경 (2014). 스마트 헬스케어 시장을 여는 열쇠, 모바일 의료기기. 디지에코 보고서, issue& trend, KT경제경영연구소.

이선희 · 유선실 (2014). 모바일 헬스케어 애플리케이션 현황 및 전망. 초점, 26(17): 통권 585호.

이세진 (2013). 삼성 갤럭시 노트II의 크리슈머 마케팅 사례연구. 광고학연구, 24(4).

이승엽·이상우(2013). 온라인 동영상 서비스의 유료방송에 대한 대체현상 연구. 정보통신정책연구, 20(4).
이시직(2014). 공공데이터 제공 및 이용 활성화를 위한 법·제도적 개선 방안. 정보통신방송정책, 26(3).
이윤희(2014a). 고령화 시대의 대안, 스마트 헬스케어. 한국정보화진흥원. 2014 March.
──(2014b). 국내 SNS 이용 현황과 주요 이슈 분석. *Internet & Security Focus*. August 2014.
이은민(2002). 중국 IT산업의 정책과 시사점. 정보통신정책, 14(23).
이재성·김홍식(2010). 스마트워크 현황과 활성화 방안 연구. 한국지역정보학회지, 13(4).
이창호·배애진(2008). 뉴미디어를 활용한 다양한 사회운동 방식에 대한 고찰: 2008년 촛불집회를 중심으로. 한국언론정보학보, 44.
이코노믹 리뷰(2015). "'꽌시' 텐센트 VS '상인' 알리바바 "결제시장 전면전", 검색일 2015. 7.26.
장우영·김석주(2014). 트위터 선거 캠페인과 정치 동원: 2011년 서울시장 재보궐선거 사례를 중심으로. 한국지역정보학회지, 17(1).
장주병(2013.10). 공공데이터의 제공 및 이용 활성화에 관한 법률 중요 내용. 한국정보화진흥원 발표 자료.
전승우 외(2013). 실리콘밸리 해법으로 본 한국형 창업 방정식. LGERI 리포트.
전자신문(2013a). "[미리 읽는 미래 특허전쟁] 이스라엘 기술이전 허브 'YEDA'". 2013년 11월 26일. http://www.etnews.com/201311260077
──(2013b). "미·일·중, 전략은 달라도 핵심은 '창조경제'…세계는 창조경제로 이동 중". 2013년 3월 25일. http://www.etnews.com/201303250447.
전주상공회의소(2012). 2012년 매출 1000대 기업 전라북도 본사 기업 현황 보고서.
정병주(2010). 스마트워크 추진 정책 및 전략. KISDI 세미나 발표 자료.
정보통신기술진흥센터(2014). 주요 ICT 분야의 중국 R&D 정책 현황 및 성과와 향후 전망. 해외 ICT R&D 정책동향, 제3호.
──(2015a). 일본의 지역 경쟁력 강화를 위한 텔레워크.
──(2015b). 중국 ICT 수입(輸入) 시장에서의 한국의 위상 변화.
정보통신산업진흥센터(2014). 중국 정보통신(ICT)·방송정책 보고서. 정보통신방송해외정보(CONEX).
정보통신정책연구원(2013a). 2013년 KI 시청자평가 조사 보고서.
──(2013b). 방송콘텐츠산업 실태조사 및 진흥계획 수립.
──(2014a). 방송채널사용사업자(PP)의 광고 매출 추이 분석. KISDISTAT Report.
──(2014b). 2013년 '방송프로그램 시청자만족도 평가지수 (KI) 조사' 결과.

———(2014c). 2011~2014 미디어 보유와 이용 행태 변화. KISDISTAT Report 2014.12.23.
———(2015). 2015년 ICT 시장 전망.
정승호 · 정덕훈(2013). 공공기관의 데이터 품질에 영향을 미치는 요인에 관한 연구. 정보처리학회논문지, 2(4).
정준화 · 김동욱(2013). 스마트사회 개인정보 위험의 대상과 방식 연구. 한국지역정보학회지, 16(3).
정충식 · 진영빈(2013). 미래창조과학부 출범에 따른 ICT 관련 산하기관 기능 재배분. 한국거버넌스학회보, 20(3).
정혜실(2014). 헬스케어 웨어러블 디바이스의 동향과 전망. 보건산업브리프, Vol. 115.
제18대 대통령직인수위원회 홈페이지. http://18insu.pa.go.kr/
조선비즈(2015). "삼성전자 스마트폰 中 점유율 3위로 밀려". 검색일 2015.8.2.
조선일보(2012). "추격형 R&D를 넘어 창조형 R&D로". 2012년 7월 11일.
조영신(2012). 종합편성채널의 경제학: 갈림길의 선택. 방송문화연구, 24(1).
조윤애(2007). 중국의 기술혁신 역량 변화의 시사점. 산업경제분석, 2007년 5월.
주중한국대사관(2001). 중화인민공화국 국민경제와 사회발전 10.5계획 요강(번역).
중앙일보(2011). "노벨상 강소국 이스라엘… 국토 전체가 '실리콘 와디'" 2011년 10월 7일. http://article.joins.com/news/article/article.asp?total_id=6358626&cloc=olink|article|default.
진홍윤(2014). 중국 주요 인터넷기업의 M&A동향. 정보통신방송정책, 26(11).
차두원 · 유지연(2013). 창조경제 개념과 주요국 정책 분석. 한국과학기술기획평가원.
차여진(2011). 소셜미디어를 활용한 대학 수업 사례연구: 트위터, 유투브, 위키를 중심으로. 경희대학교 교육대학원 석사학위 논문.
최계영 외(2012). ICT패러다임 변화와 중장기 정책과제. 정보통신정책연구원.
최민재(20130. 스마트폰 방송 및 동영상 서비스의 가정TV 시청 대체효과 연구. 한국방송학보, 27(3).
KT경제 연구소(2010). IT 기반으로 실현되는 Fexible Working.
———(2015). 2015 모바일 트렌드 전망.
테크홀릭(2014). "짝퉁에서 삼성 턱밑까지…'샤오미 성장 스토리'". 검색일 2015.7.30.
통계청. http://kosis.kr/
한국경제(2014). "중국 IT산업 이끄는 TABX…作名의 힘". 2014.9.27. 기사. 검색일 2015.7.24.
한국경제매거진(2014). "[SPECIAL REPORT] 삼성 넘보는 중국 IT 기업의 비밀". 검색일 2015.7.29.
한국과학기술기획평가원(2013). 창조경제 개념과 주요국 정책 분석.

한국과학기술평가원(2015). IMD 2015 세계경쟁력연감 분석, KISTEP 통계브리프 2015년 8월.
한국무역협회. http://stat.kita.net/
한국방송통신위원회(2011). 방통위, 글로벌 스마트워크 강국 구현을 위한 스마트워크 활성화 본격 추진. 보도자료. 2011년 1월 6일.
한국인터넷진흥원(2012). 인터넷 & 시큐리티 이슈. 4월호.
——(2015a). Power Review, 이슈 & 트렌드, 2015년 7월호.
——(2015b). *Industrial Internet Issue Report*, 6월호.
한국정보화진흥원(2010). 미래사회의 새로운 가능성과 ICT의 역할. *IT & Future Strategy*, 제1호.
——(2011a). 미국의 텔레워크 정책 분석 및 시사점. *Smartwork Insight*, 제2호.
——(2011b). 미래사회의 신학습모델, 소셜 러닝의 부상. *IT & Future Strategy*, 제4호.
——(2011c). 스마트사회 실현을 위한 신국가정보화전략 분석 1. 핀란드 IT & Society, Vol.1.
——(2011d). 스마트사회 실현을 위한 신국가정보화전략 분석 1. 핀란드 IT & Society, Vol.3.
——(2011e). *IT Issue Weekly*, 9월 29일.
——(2012a). 스마트 시대의 미래 변화 전망과 IT 대응 전략.
——(2012b), 공공데이터 민간개방의 경제적 파급효과 분석 연구.
——(2013a). 고령화 사회, 고령자 복지 향상을 위한 스마트 헬스케어 추진 방안. 정책연구 2013-13.
——(2013b). 박근혜 정부의 ICT정책 분석 및 과제.
——(2014). 2014 국가정보화백서.
한국콘텐츠진흥원(2011). 2011 방송영상산업백서.
——(2012). 2012 방송영상산업백서.
——(2013a). 2013 방송영상산업백서.
——(2013b). 사물인터넷이 열어갈 새로운 세상: 문화기술 및 콘텐츠 분야에 IoT 적용 가능성. CT이슈분석.
——(2014). 빅데이터 시장 현황과 콘텐츠산업 분야에 대한 시사점. 코카포커스, 77호.
한국행정연구원(2015). 대한민국 역대 정부 주요 정책과 국정운영 8권. 대영문화사.
한상우(2014). 소셜러닝 커뮤니티에서 학습자의 지식소싱 행위가 지식활용 성과에 미치는 영향. 정보관리학회지, 31(2).
한윤·이상우(2012). N스크린 서비스와 홈TV 간 대체 및 보완관계에 대한 실증적 연구: 국내 대표 N스크린 서비스인 티빙을 중심으로. 한국콘텐츠학회논문지, 12(5).

행정안전부 (2010). 2010정보화 통계집.
행정안전부 · 문화체육관광부 · 방송통신위원회 (2010). 공공정보의 새로운 가치 창출을 위한 공공 정보 민간 활용촉진 계획.
현대경제연구원 (2011). 스마트시대의 도래와 우리의 대응. 지식경제 봄호.
호진원 · 이미영 (2013). IT활용 감사의 효과성 향상을 위한 데이터 품질관리 방안 연구, 한국사회와 행정연구, 23(4).
홍범석 · 전춘미 (2014). 중국 정부의 ICT 진흥정책 추진 현황 및 시사점. 디지에코 보고서.
홍연웅 (2014). 공공데이터 이용 활성화를 위한 정책에 관한 연구. 한국데이터정보화학지 25(4).
홍현민 · 정준호 · 김문진 · 허완 (2012). Next Smart: 네스트 스마트. 서울: 리더스펍.
황용석 (2001). 인터넷 이용과 정치 참여에 관한 탐색적 연구. 한국언론학보, 45(3).
CONEX · KISA (2010). 중국 방송통신 정책 보고서.
——— (2011). 중국 방송통신 정책 보고서.
NIPA (2015). 중국 ICT 수입(輸入) 시장에서의 한국의 위상 변화.

국외 문헌

James, M. L. et al. (1995). An exploratory study of the perceived benefits of electronic bulletin board use and their impact on other communication activities. *Journal of Broadcasting & Electronic Media*, 39.
Kayany J. M. & Yelsma. P. (2000). Displacement effects of online media in the socio-technical contexts of households. *Journal of Broadcasting & Electronic Media*, 44(2).
Kaye, B. K. & Johnson, T. J. (2003). From here to obscurity?: Media substitution theory and traditional media in an on-line world. *Journal of the American Society for Information Science and Technology*, 54(3).
OECD (2010). *Information Technology Outlook*.
OCED, https://data.oecd.org/ict/ict-goods-exports.htm
OECD iLibrary, http://www.oecd-ilibrary.org
Robinson, J. P. & Kestnbaum, M. (1999). The personal computer, culture and other uses of free time. *Social Science Computer Review*, 17(2): 209-216.
WHO (2011). mHealth－new horizons for health through Mobile technologies. *Global observatory for eHealth Senes*, Volume 3.

www.baidu.com
www.china.alibaba.com
www.gov.cn
www.kita.net
www.law.go.kr
www.mediaresearch.co.kr
www.mi.com/en
www.tencent.com
http://article.joins.com/news/article/article.asp?ctg=19&Total_ID=13990352
http://kohes.or.kr
http://news.donga.com/3/all/20120914/49400027/1
http://www.oecd-ilibrary.org
e-나라지표 사이트. http://www.index.go.kr/potal/main/EachDtlPageDetail.do?idx_cd=1495
embrain, 2014.01., 종합편성채널(종편) 관련 인식조사.
중국정부 홈페이지. www.gov.cn
Open Data Baromrter. http://barometer.opendataresearch.org/

찾아보기

저자 소개

김동욱

〈학력〉

- 1987 ~ 1993 미국 오하이오주립대학교 정책학 박사
- 1982 ~ 1984 서울대 행정대학원 행정학 석사
- 1978 ~ 1982 서울대 경제학과 경제학사

〈주요 경력〉

- 2014 ~ 현재 서울대학교 행정대학원 원장
- 2013 ~ 현재 공공데이터전략위원회 위원
- 2011 ~ 2013 정보통신정책연구원 원장
- 2010 ~ 2011 Internet &Information Security 편집위원장
- 2009 ~ 2011 인터넷주소정책심의위원회 위원장
- 2008 ~ 2012 행정안전부 정책자문위원회 정보화분과위원장
- 2008 ~ 2009 한국연구재단 설립위원회 위원
- 2006 ~ 2008 방송통신융합추진위원회 위원
- 2005 ~ 2008 전자정부특별위원회 위원
- 2005 ~ 2006 서울대학교 행정대학원 부원장
- 한국행정학회 연구이사(2003), 총무위원장(2004, 2007), 부회장(2014)
- 한국정책학회 부회장(2010)
- 1994 ~ 현재 서울대학교 행정대학원 교수

정보미디어 정책평가와 과제

펴낸날 제1판 제1쇄 2015년 8월 31일
지은이 김동욱
펴낸이 임춘환
펴낸곳 도서출판 대영문화사
주소 서울특별시 용산구 청파로 61길 5(청파동 1가) 제일빌딩 2층
등록 1975년 12월 26일 제3-16호
전화 (02)716-3883, (02)714-3062
팩스 (02)703-3839
홈페이지 http://www.dymbook.co.kr

ISBN 978-89-7644-535-3
값 15,000원

* 잘못된 책은 바꾸어 드립니다.